머 리 말

6억 이상의 인구와 20여개국 이상의 나라에서 사용하고 있고 심지어 영어의 나라, 미국에서도 보편적으로 사용하는 **스페인어를 영어와 함께 배우면 어떨까?**

왜냐하면, 스페인어와 영어는 같은 라틴어에서 파생된 언어라 문장 구조가 비슷하고 단어도 비슷하니 영어도 익히면서 스페인어를 쉽게 배울 수 있지 않을까?

글로벌 시대에 살아가고 있는 우리들에게 영어의 중요성을 설명하지 않더라도 그 의미를 다 알고 있습니다. 한국에서 학교를 다니고 있는 학생이라면 어려서부터 싫든 좋든간에 영어를 접하고 배웁니다. 그래서 고등학교를 졸업할 때에는 어느정도 영어를 이해하고 사용할 수준까지 도달하게 됩니다.

이렇게 영어를 배운 학생들은 전공선택, 여행 등의 여러 이유로 스페인어 등 제 2 외국어를 접하게 되죠. 하지만 또 다시 영어를 배울 때처럼 처음부터 새로운 언어를 익혀야 하는 어려움을 겪는 모습이 일반적입니다. 그런 이유로 중도에 포기하는 사람들도 많이 있습니다.

그래서 이 책은 영어를 어느정도 하는 사람이라면 스페인어를 쉽게 배우고 표현할 수 있도록 다양하고 폭넓은 상황을 설정하여 『이런 때는 우리말을 영어로, 영어를 스페인어로 어떻게 표현하지?』라는 의문에 답할 수 있도록 꾸몄습니다. 이렇게 공부하면 **스페인어와 영어를 한꺼번에 익힐 수 있어 일석이조의 효과**가 있을 겁니다.

1. 먼저, 기본적인 **스페인어 문법을 공식화**하여 쉽게 익히도록 하였습니다.
2. 회화편에서는 **우리말을 제시하고 영어로, 영어를 스페인어로 표현**하였습니다.
   또한 스페인어를 우리말로 표기하여 초보 학습자들도 쉽게 회화가 가능하도록 하였습니다.
3. 장면별로 **빈도수가 많은 표현들 위주로 선정**하여 수록하였습니다.
4. **추가적인 문법 설명과 알아 두면 좋은 표현 등을 제시**하여 학습자가 그 내용을 쉽게 이해할 수 있도록 하였습니다.
5. 아울러 학습자들이 더 재미를 느끼도록 **스페인에 관한 문화 등을 소개**하였습니다.

끝으로, 이 책을 활용하여 **영어 뿐만아니라 스페인어도 마스터**하여 세계화 시대의 리더로 가일층 발전하기를 간절히 바랍니다.

추 천 사

스페인어권 지역에 오래 근무했던 외교관으로 항상 한 가지 고민이 있었다. 아무리 스페인과 라틴아메리카 국가이지만 스페인어 뿐만 아니라 영어도 사용해야 했기 때문이었다. 그런데 한국어-영어와 한국어-스페인어를 별도로 사용하는 것에 익숙해져 영어와 스페인어를 함께 사용하는데 항상 불편이 많았다. 이번에 출간된 '영어와 함께 스페인어 마스터'는 이러한 불편을 해소 하는데 크게 도움이 될 것 같다. 이 책에 나오는 영어와 스페인어 표현들은 현지인들이 일상생활에서 자연스럽게 사용하는 말들에 아주 가깝다. 고일권 저자는 추천자가 주스페인대사로 재직할 때 외교관으로 함께 근무했던 특별한 인연이 있고, 저자가 현지 그대로의 스페인어를 익히기 위해 얼마나 많은 노력을 했는지 잘 알고 있다. 이 책은 이러한 결과의 산물이라고 생각하며, 독자들에게 적극 추천하고 싶다.

전 주스페인대사 전홍조

정보화 시대에 우리가 갖추어야 할 가장 기본적인 능력은 외국어 구사 능력입니다. 스페인어는 전 세계 24개국에서 6억 명 이상의 인구가 사용하고 있습니다. '영어와 함께 스페인어 마스터'는 스페인어 학습을 위한 최적의 지침서입니다. 영어와 스페인어를 비교 학습하는 효율성, 일상생활에서 자주 사용하는 표현의 다양성, 스페인어 문법 설명의 명료성, 스페인어와 스페인 문화 배우기를 통한 균형성. 이러한 기준들로 엮어져 혼자서 스페인어 학습하기에 수월하고 완성도 높은 교재이므로 적극 추천 합니다.

한국외국어대학교 스페인어과 명예교수 정경원

영어와 스페인어는 매우 달라 보이지만, 사실 둘은 제법 닮았습니다. 발음과 강세, 동사의 인칭별 변화 등 연속되는 공격을 당해 내느라 미처 알아차리지 못할 뿐이죠. 이 책은 영어, 스페인어, 그리고 한국어 사이를 연결할 수 있도록 도와주겠다며 여러분에게 손을 내밉니다. 경험자로서 말씀드리자면, 믿고 잡으셔도 됩니다. 세 언어가 똘똘 뭉쳐 절대 뚫리지 않는 방패로 거듭날 테니까요.

덕성여대 스페인어과 조교 이수경

저자는 멕시코에서의 유학생, 스페인에서의 외교관으로 근무한 현지 체험을 바탕으로 스페인어 배움과 관광에 도움이 되어줄 '영어와 함께 스페인어 마스터' 책을 출간하였습니다. 이 책을 통하여 스페인과 중남미, 스페인어를 이해하고 실력을 쌓는데 중요한 길잡이가 될 것이라 확신합니다. 또한 영어와 함께 사용할 수 있도록 구성되어 있어 해외에서 무역을 하거나, 중남미 사람들을 상대로 사업을 하는 분들에게 꼭 필요한 책이라고 감히 추천드립니다. 아무튼 이 귀중한 책을 통하여 보다 넓은 세상과 소통하기를 바랍니다.

유럽 한인 경제인단체 총연합회 회장 고광희

스페인어를 공부하려고 한다면 이 책보다 더 좋은 선택은 없을 것이다. 저자가 멕시코와 스페인에 체류하는 동안 경험한 다양한 상황별 필수 표현이 곳곳에 담겨져 있어 실용적이다. 우리들에게 익숙한 영어식 표현을 스페인어식 표현과 비교할 수 있는 기회를 제공함으로써 언어에 대한 넓이와 깊이 뿐만아니라 장인의 세심한 완성미까지 느껴지게 하는 책이다. Dele C1 성적을 보유하고 있어도 곁에 두고 보기에 손색이 없다.

Kotra 상임이사, 전 마드리드무역관장 류재원

해외 주재원으로 근무했거나, 외국 바이어와 상담을 해본 사람이라면 저자의 기지에 무릎을 '탁' 칠 것 같다. 사실, 스페인어와 영어를 혼용해야 할 경우가 생각보다 많기 때문이다. 나 혼자만 외국어를 잘 한다고 상대와의 대화가 원활한 것은 아니다. 슬쩍 끼어드는 스페인어나 영어 한마디가 상대의 머쓱함을 한순간에 날려주기도 한다. 책의 내용을 들여다보니, 타국에서 유학생, 외교관 생활을 하며 느꼈을 저자의 고충과 애환이 곳곳에 묻어있다.

덕성여대 스페인어과 교수 이종득

스페인어를 처음 배울 때 우리는 자연히 영어를 떠올립니다. 영어로 유추하는 것이 한국인이 스페인어를 배울 때 효과적인 방법이란 것을 은연중에 알고 있는 겁니다. 그럼에도 영어를 활용해 스페인어 문법과 실생활 표현을 알려주는 교재는 흔치 않습니다. 이 책은 영어라는 징검다리를 놓고 여러분을 스페인어의 세계로 초대합니다.

한국외대 통번역대학원 석사 과정, 장호빈

책 한 권을 통해 2개 언어를 학습하고 더불어 스페인어를 통해 전 세계 24개국 6억명의 새로운 사람들과 소통할 수 있는 좋은 기회라고 생각합니다. 또한 미국 내 히스패닉 인구 증가에 따른 스페인어 중요성이 나날이 높아지며 미국 대통령 후보들도 스페인어 연설을 하는 시대에 살고 있습니다. 책에서 저자분의 스페인어권 세계 및 두 언어에 대한 학문적 깊이 및 예시, 표현들의 실용성이 두드러지는 바, 이 책과 함께 전 세계 가장 중요한 언어 중 두 언어를 즐기실 수 있을거라 확신합니다.

스페인 꼼뿔루텐세 대학교 졸, 현 현대종합상사 근무, 허결

책의 구성

1 기본문법

A 모음

문법공식 1. 스페인어의 모음

스페인어에서는 다섯 개의 모음이 있다. a(아), e(에), i(이), o(오), u(우)

① a, e, i, o, u 모음 중 a, e, o는 강모음이고 i, u는 약모음이다.

a '아'	mapa 마빠	지도	cara 까라	얼굴
e '에'	bebé 베베	아기	general 헤네랄	장군
i '이'	ira 이라	분노	viento 비엔또	바람
o '오'	oso 오소	곰	ojo 오호	눈
u '우'	luz 루스	빛	lucha 루차	싸움

→ **문법공식으로 스페인어 문법을 배워봐요!**
명료하게 문법을 공식으로 설명해주어 쉽게 배울 수 있어요!

2 기본대화

A 안녕하세요 가르씨아씨.
　Good morning! Mr. Garcia.
　부에노스 디아스!　세뇨르 가르씨아
　¡Buenos días! Señor García.①

B 안녕하세요. 김 선생님
　Good morning! Mr. Kim.
　부에노스 디아스!　세뇨르 김
　¡Buenos días! Sr. Kim.

A 어떻게 지내세요?
　How are you doing?
　꼬모 에스따 우스뗃?
　¿Cómo está usted?

B 덕분에 잘 지냅니다. 당신은요?
　I'm fine, thank you. And you?
　에스또이 비엔, 그라씨아스.　이 우스뗃?
　Estoy bien, gracias. ¿Y Ud?②

A 저 역시 잘 지내고 있어요.
　I'm fine, too.
　요 땀비엔　에스또이 비엔.
　Yo también estoy bien.

→ **기본대화와 주요표현을 익혀봐요!**
기본대화를 통해 대화의 방법을, 주요표현을 통해 다양한 표현을 배워봅시다!

주요표현

안녕하세요. (일반적으로)
Hi.
올라!
¡Hola!

안녕하세요. (아침)
Good morning.
부에노스 디아스
Buenos días.

안녕하세요. (오후)
Good afternoon.
부에나스 따르데스
Buenas tardes.

안녕하세요. (저녁)
Good evening.
부에나스 노체스
Buenas noches.

만나서 반가웠습니다.
Nice to meet you.
엔깐따도 데 꼬노쎄를레
Encantado de conocerle.

→ **영어와 스페인어를 한번에 익혀봐요!**
파란색으로 표시되어 있는 영어식 표현(단어, 문장 등)을 스페인어식 표현과 비교해봐요!

3

1. dejar 동사 : 영어의 'to let, allow, leave' 등과 비슷하게 사용

* 일반적으로 '~놓다, 놓아두다'의 의미로 사용한다.

    Dejo pasar a la gente.   나는 사람들이 지나가도록 **놔두었다**.
    Ana **dejó** los papeles en el suelo.   아나는 바닥에 종이들을 **놓아 두었다**.

* '맡기다, 남기다, 떠나다 등'의 의미로도 사용합니다.

    Él le **dejó** por heredero a su hijo.   그는 그의 아들을 상속자로 **맡겼다**.
    Mi mujer **deja** su gato a un vecino.   나의 부인은 고양이를 이웃에게 **맡긴다**.
    Ese contrato me **ha dejado** mil euros de ganancia.
    그 계약은 나에게 1,000유로를 **남겼다**.
    Juana **ha dejado** a su primo trescientos mil euros.
    후아나는 그의 사촌에게 30만 유로를 **남겨 주었다**.
    Ella **dejó** la ciudad este mes.   그녀는 이번 달에 도시를 **떠났다**.

* dejar의 추가 표현들
  - dejar + de +동사원형 : ~하는 것을 그만두다
    Mi amigo **dejó de** llorar.   나의 친구는 우는 것을 그만두었다.

자세한 문법 공부!

기본대화와 주요표현에서
다룬 내용을 가지고
해당하는 문법을 익혀봅시다!

4

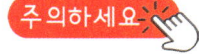

짚고 넘어가요!

꼭 알아야 할 부분은 "참고하세요"와 "주의하세요"
를 통해 배우고 넘어가도록 해요!

5

스페인에 대해 알아봐요!

스페인 알기와 잠깐 쉬어가기를 통해
스페인의 문화, 음식, 명소 등에 관한
지식을 알아보도록 해봐요!

목차

머리말
추천사
책의 구성

Capítulo 1 기본 문법

Lección 1 스페인어 발음 16
Lección 2 음절과 악센트 21
Lección 3 문장의 구성과 종류 23
Lección 4 명사 28
Lección 5 관사 33
Lección 6 대명사 37
Lección 7 형용사와 부사 45
Lección 8 동사 48

Capítulo 2 기본 표현

Lección 1 인사 64
Lección 2 만남 65
Lección 3 작별 67
Lección 4 감사 68
Lección 5 사과 69
Lección 6 축하 70
Lección 7 칭찬 74
Lección 8 부탁 75
Lección 9 도움 76
Lección 10 거절 79
Lección 11 시간 및 날짜 80

Capítulo 3 감정 표현

Lección 1 기쁨 86
Lección 2 슬픔 87
Lección 3 놀라움 90
Lección 4 긴장 93
Lección 5 실망 94
Lección 6 비난과 욕설 95
Lección 7 다툼 96
Lección 8 불평 100

Capítulo 4 의견 표현

Lección 1 동조 104
Lección 2 동의 106

Lección 3 반대 108
Lección 4 농담 109
Lección 5 비밀 120
Lección 6 오해 121
Lección 7 화제 122
Lección 8 대화잇기 127
Lección 9 대화끝내기 128

Capítulo 5 해외 여행
(항공, 숙박, 식당)

Lección 1 항공권 예약 134
Lección 2 항공권 변경 135
Lección 3 항공권 발권 138
Lección 4 출국 심사 139
Lección 5 기내에서 142
Lección 6 공항 도착 143
Lección 7 수하물 찾기 144
Lección 8 호텔 예약 145
Lección 9 호텔 체크아웃 148
Lección 10 식사 예약 149
Lección 11 식사 주문 150
Lección 12 음료/후식 주문 151

Capítulo 6 관광

Lección 1 관광 정보 156
Lección 2 관광 안내소 159
Lección 3 관광 버스 160
Lección 4 관광 중에 161
Lección 5 관광 가이드 162
Lección 6 관광 주의사항 163
Lección 7 사진 촬영 164
Lección 8 분실/도난 신고 165

Capítulo 7 교통

Lección 1 교통 수단 170
Lección 2 교통 소요시간 171
Lección 3 버스 정류장 172
Lección 4 버스 이용 173
Lección 5 택시 이용 179
Lección 6 택시 승차 180
Lección 7 지하철 역 181
Lección 8 지하철 타기 182
Lección 9 기차 이용 183
Lección 10 기차 승차 184

목차

Lección 11 렌트카 이용 185
Lección 12 렌트카 반납 186
Lección 13 차량 운전 190
Lección 14 차량 수리 191

Capítulo 8 쇼핑

Lección 1 쇼핑센터 찾기 194
Lección 2 상품 찾기 195
Lección 3 상품 고르기 196
Lección 4 가격 문의 197
Lección 5 가격 할인 198
Lección 6 계산 하기 199
Lección 7 포장/배달 200
Lección 8 화장품 가게 201
Lección 9 옷 가게 202
Lección 10 신발 가게 204
Lección 11 마트 가기 205
Lección 12 교환/환불 207

Capítulo 9 전화

Lección 1 전화 받기 210
Lección 2 전화 걸기 211
Lección 3 전화 끊기 215
Lección 4 전화 통화 216
Lección 5 전화 연결 217
Lección 6 메시지 부탁 218
Lección 7 전화 안내 219

Capítulo 10 만남과 약속

Lección 1 이성 소개 222
Lección 2 데이트 신청 225
Lección 3 데이트 중 226
Lección 4 데이트 후 227
Lección 5 애정 표현 228
Lección 6 청혼 하기 231
Lección 7 초대 하기 232
Lección 8 손님 맞이 233
Lección 9 식사 대접 234
Lección 10 작별 인사 235
Lección 11 약속 정하기 236
Lección 12 약속 변경/취소 237

Capítulo 11 스포츠와 오락

Lección 1 경기장 관람 240
Lección 2 경기 진행 241
Lección 3 경기 응원 242
Lección 4 경기 결과 243
Lección 5 축구 경기 244
Lección 6 야구 경기 245
Lección 7 골프 경기 246
Lección 8 헬스장 247
Lección 9 컴퓨터 활용 248
Lección 10 공연 티켓 249
Lección 11 공연 관람 250
Lección 12 영화관 251
Lección 13 미술관 252
Lección 14 야외 공원 253

Capítulo 12 일상생활

Lección 1 부동산 256
Lección 2 세탁소 257
Lección 3 카센터 260
Lección 4 미용실 261
Lección 5 은행 262
Lección 6 우체국 263
Lección 7 약국 264
Lección 8 병원 265
Lección 9 도서관 266
Lección 10 학교진학 267
Lección 11 대학지원 268

Capítulo 13 개인생활

Lección 1 생년월일 274
Lección 2 기상 및 취침 275
Lección 3 가족 관계 276
Lección 4 개인 신상 277
Lección 5 여가와 취미 278
Lección 6 날씨 279
Lección 7 집안 일 280
Lección 8 음식 만들기 281
Lección 9 식사 282

Capítulo 1
기본문법

스페인어 발음, 음절과 악센트, 문장의 구성과 종류, 명사, 관사 , 대명사, 형용사와 부사, 동사

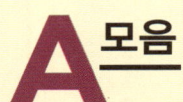

Lección 1   스페인어 발음

A 모음

문법공식 1. 스페인어의 모음

스페인어에서는 다섯 개의 모음이 있다. a(아), e(에), i(이), o(오), u(우)

① a, e, i, o, u 모음 중 a, e, o는 강모음이고 i, u는 약모음이다.

a '아'	mapa 마빠	지도	cara 까라	얼굴
e '에'	bebé 베베	아기	general 헤네랄	장군
i '이'	ira 이라	분노	viento 비엔또	바람
o '오'	oso 오소	곰	ojo 오호	눈
u '우'	luz 루스	빛	lucha 루차	싸움

② 스페인어의 2중 모음은 강모음+약모음, 약모음+강모음, 혹은 약모음+약모음으로 구성된다.

강모음 + 약모음	aire 아이레	공기	autor 아우또르	작가
	reir 레이르	웃다	reunión 레우니온	회의
	boina 보이나	베레모	bou 보우	트롤어선
약모음 + 강모음	piano 삐아노	피아노	lengua 렝구아	혀
	piel 삐엘	피부	suegro 수에그로	장인
	idioma 이디오마	언어	antiguo 안띠구오	선배

| 약모음+약모음 | ruido 루이도 | 소음 | ciudad 씨우달 | 도시 |

❸ 스페인어에는 네 개의 3중 모음이 있으며 하나의 음절로 간주하고 이중 강모음이 음절의 중심이 된다.

iai	cambiáis 깜비아이스	바꾸다 (2인칭 복수)	enviáis 엠비아이스	보내다 (2인칭 복수)
iei	cambiéis 깜비에이스	바꾸다 (접속법 2인칭 복수)	enviéis 엠비에이스	보내다 (접속법 2인칭 복수)
uai	menguáis 멩구아이스	줄어들다 (2인칭 복수)	averiguáis 아베리구아이스	알아보다 (2인칭 복수)
uei	mengüéis 멩구에이스	줄어들다 (접속법 2인칭 복수)	averigüéis 아베리구에이스	알아보다 (접속법 2인칭 복수)

참고하세요

① 스페인어에서 모음은 5개, 자음은 22개로서 총 27개 문자로 구성되어 있다. 본서에서는 혼동을 피하기 위해서 기존의 알파벳 체제(총 30개 문자, CH, LL, RR)를 사용하였다.
② 스페인어 모음 중에서 'a'발음의 입의 크기가 가장 크게 벌어지고 다음으로 'e', 'o' 그 다음으로 'i', 'u'이다.

주의하세요

① 강모음과 강모음이 연결되어 있는 것은 2중 모음이 아니라 각자 별도의 관계를 갖는다.

ma-re-a   조수   o-cé-a-no   대양
마-레-아   오-쎄-아-노

B 자음

문법공식 2. 스페인어의 자음

스페인어 모음 a, e, i, o, u 를 제외한 나머지 문자가 자음이며, 이중 발음이 변화되지 않는 자음은 b, ch, d, f, h, j, l, ll, m, ñ, p, q, r, rr, s, t, v, y, z 이다.

b 'ㅂ'	barco 바르꼬	배	ch 'ㅊ'	chica 치까	소녀
d 'ㄷ'	dato 다또	서류	f 'ㅍ/ㅎ'	café 까페/헤	커피
h '무음'	hombre 옴브레	남성	j 'ㅎ'	jefe 헤페/헤	우두머리
l 'ㄹ'	leche 레체	우유	ll 'ㅇ'	botella 보떼야	병
m 'ㅁ'	maestro 마에스뜨로	교사	ñ	mañana 마냐나	오전/내일
p 'ㅃ'	papá 빠빠	아버지	q 'ㄲ'	queso 께소	치즈
r 'ㄹ'	cara 까라	얼굴	rr 'ㄹㄹ'	tierra 띠에르라	땅
s 'ㅅ'	sal 살	소금	t 'ㄸ'	todo 또도	모두
v 'ㅂ'	vaca 바까	암소	y	ayuda 아유다	도움
z 'ㅅ/ㅆ'	zapato 싸빠또	구두			

참고하세요

① 'h'는 어떤 경우라도 발음되지 않는 무음이다.
② 'll'은 a, e, i, o, u 와 함께 lla(야), lle(예), lli(이), llo(요), llu(유)로 발음한다. 단, 아르헨티나와 우르과이의 경우 '보떼쟈' 식으로 'y', 'll'을 'ㅈ'로 발음한다.
③ 'ñ'은 a 앞에서 냐(ña), o 앞에서 뇨(ño) 등으로 발음한다.
④ 'q'는 ue와 합하여 que '께'로, ui와 합하여 qui '끼'로 발음한다.
⑤ 'r'이 단어의 첫머리에 올 때에는 강한 진동음 'ㄹㄹ'로 발음한다.
⑥ 'y'는 '이' 발음이나 a 앞에서 야(ya), o 앞에서 요(yo) 등으로 발음한다.
⑦ 'z'는 스페인에서는 'ㅆ'로 발음하나, 중남미에서는 'ㅅ'로 발음한다.

문법공식 3. 변화되는 자음

스페인어 자음 c, g, n, x는 뒤에 오는 문자에 따라 발음을 달리한다.

c	모음 a, o, u와 합칠때는 'ㄲ(k)' 발음이 되며 e, i와 합칠때는 'ㅆ(θ)'의 발음이 되고 cc가 될 경우에는 'ㄱㅆ(kθ)'의 발음이 된다.			
	cama 까마	침대	comprar 꼼쁘라르	사다
	cuchillo 꾸치요	칼	centro 쎈뜨로	중심
	cine 씨네	극장	acción 악씨온	행동

g	모음 a, o, u와 합칠때는 'ㄱ' 발음이 되며 e, i와 합칠때는 'ㅎ'의 발음이 된다. gue와 gui인 경우에는 '게', '기'로 발음되고 gue나 gui의 경우라도 u위에 두 점이 찍히면 각각 구에(güe), 구이(güi)로 발음한다.			
	gato 가또	고양이	gozar 고싸르	즐기다
	agua 아구아	물	general 헤네랄	장군
	gigante 히간떼	거인	gueto 게또	빈민가
	guión 기온	시나리오	vergüenza 베르구엔싸	수치

n	우리말의 'ㄴ'과 같은 발음이나 c, g, j, q 앞에 올때는 'ㅇ'과 같은 발음이 된다.			
	negro 네그로	검정	noche 노체	밤
	blanco 블랑꼬	흰색	sangre 상그레	피
	naranja 나랑하	오렌지	tanque 땅께	탱크

x	일반적으로 'ㄱㅅ'으로 발음되나 경우에 따라(뒤에 자음이 올 때 또는 단어의 처음에 올 때) 'ㅅ'으로 발음되며 토착어를 표기할 때는 'g'으로 발음된다.			
	examen 엑사멘	시험	extranjero 에스뜨랑헤로	외국인
	México 메히꼬	멕시코	Texas 떼하스	텍사스

문법공식 4. 이중 자음

이중 자음은 총 12개가 있으며 음절 분해시 분리되지 않는다

종류	bl, br, cl, cr, dr, fl, fr, gl, gr, pl, pr, tr.			
	ha-blar 아-블라르	말하다	fru-ta 프루-따	과일
	a-brir 아-브리르	열다	in-glés 잉-글레스	영어
	cli-ma 끌리-마	기후	ne-gro 네-그로	흑인
	cre-o 끄레-오	믿는다	plan 쁠란	계획
	dra-ma 드라-마	연극	pri-ma 쁘리-마	사촌(여)
	flor 플로르	꽃	tres 뜨레스	셋

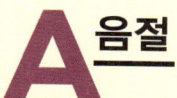 

Lección 2 음절과 악센트

A 음절

문법공식 5. 음절

음절의 중심은 모음이고 자음은 독립된 음절을 이룰 수 없다.

1 모음과 모음사이의 자음은 뒤의 모음과 결합한다.

bola ⇒ bo-la　　공　　　　casa ⇒ ca-sa　　집
볼라　　　　　　　　　　　까사

2 모음과 모음사이에 있는 두 개의 자음은 각각 앞뒤의 모음에 결합한다.

dulce ⇒ dul-ce　달콤한　　estado ⇒ es-ta-do　상태
둘쎄　　　　　　　　　　　에스따도

3 약모음 위에 악센트 부호가 찍히면 강모음화 된다.

día ⇒ dí-a　　낮, 일(日)　sílaba ⇒ sí-la-ba　음절
디아　　　　　　　　　　　실라바

B 악센트

문법공식 6. 악센트 위치의 규칙성

스페인어의 악센트 위치는 모음과 N, S로 끝나는 단어는 뒤에서 두 번째 음절에, 자음으로 끝나는 단어는 마지막 음절에 악센트가 있다.

❶ 모음과 N, S로 끝나는 단어는 뒤에서 두 번째 음절에 악센트가 있다.

oficina ⇒ o-fi-**ci**-na　　사무실　　amigo ⇒ a-**mi**-go　　친구
오피씨나　　　　　　　　　　　　　　아미고

joven ⇒ **jo**-ven　　젊은이　　jueves ⇒ **jue**-ves　　목요일
호벤　　　　　　　　　　　　　　　후에베스

❷ 자음으로 끝나는 단어(N, S 제외)는 마지막 음절에 악센트가 있다.

estar ⇒ es-**tar**　　있다　　español ⇒ es-pa-**ñol**　　스페인어
에스따르　　　　　　　　　　　　　에스빠뇰

참고하세요

① 악센트 위치의 규칙성에서 벗어나 불규칙한 악센트를 갖는 단어가 있다. 이때에는 악센트를 반드시 찍어 주어야 한다.

camión　　　　　　트럭　　　　árbol　　　　　　나무
까미온　　　　　　　　　　　　아르볼

② 단어는 변하지 않고 악센트를 붙여 의미를 달리할 수 있다.

cómo(어떻게) - como(~처럼)　　　él(그) - el(정관사)
꼬모　　　　　　　　　　　　　　　엘

sé(알다) - se(인칭대명사)　　　　sí(예) - si(만약)
세　　　　　　　　　　　　　　　　시

주의하세요

① 일반적으로 한 단어가 복수가 되면 악센트가 없어지거나 새로 악센트를 붙여야 한다.

estación ⇒ estaciones　　역　　orden ⇒ órdenes　　명령
에스따씨온　　　　　　　　　　　오르덴

Lección 3 문장의 구성과 종류

A 문장의 구성

문법공식 7. 문장의 기본 구성

스페인어는 기본적으로 명사구로 이루어지는 주부와 동사구로 이루어지는 술부로 구성되어 있다.

① 보통 스페인어 문장은 영어와 마찬가지로 주부와 술부로 구성되어 있다. 주부는 「무엇이~」로, 술부는 ~다, ~했다」로 설명되어지는 것으로 주부의 중심이 되는 것은 주어이고, 술부의 중심이 되는 말은 동사이다. 다음과 같은 문장을 보자.

El estudiante que está al lado del Sr. Kim / **habla** muy bien el español.
김 선생 옆에 있는 학생이 스페인어를 매우 잘 말한다.

② 위 문장에서 주어는 estudiante이며 동사는 habla라는 것을 쉽게 알 수 있다. 즉, 주어(주부)와 동사(술부)을 쉽게 구분하고 사용할 수 있으면 스페인어를 빨리 배울 수 있다.

주의하세요

① 스페인어에서는 주어를 생략할 수 있다.

Yo hablo español. ⇒ Hablo español.		나는 스페인어를 말한다
Tú eres de Corea del Sur. ⇒ Eres de Corea del Sur.		너는 한국출신이다
Ella es muy bonita. ⇒ Es muy bonita.		그녀는 매우 예쁘다

문법공식 8. 문장의 주요소

스페인어 기본 문장을 구성하는 주어와 동사이외에도 목적어(objeto)와 보어(complemento)가 주요 골격을 형성한다.

기본 문법 23

❶ 목적어는 명사, 대명사 등이 올 수 있으며 직접목적어와 간접목적어로 나눌 수 있고, 보어는 주로 명사, 대명사, 형용사 등이 올 수 있으며 서술보어와 상황보어로 나눈다.

목적어	Mi amigo quiere <u>al maestro</u>.	나의 친구는 선생님을 좋아한다.
보어	Mi amigo es <u>maestro</u>.	나의 친구는 선생이다.

❷ 위에서 보듯이 목적어는 동사와 보어는 주어와 밀접한 관계를 나타내고 있다.

문법공식 9. 문장형식

스페인어 주요 문장형식은 5가지 형식으로 나누어 이해할 수 있다.

스페인어 문장의 주요 요소를 이용하여 분류하면 다음의 5개 형식으로 나눠질 수 있다.

❶ 제 1형식 : S(주어) + Vi(자동사) + M(수식어)

Yo(S) **voy**(Vi) **al parque**(M).
나는 공원에 간다.

❷ 제 2형식 : S(주어) + Vi(자동사) + Cp/Cc(서술보어/상황보어)

Ella(S) **es**(Vi) **profesora**(Cp).
그녀는 선생이다.

Él(S) **va a ser**(Vi) **soldado**(Cc)
그는 군인이 될 것이다.

❸ 제 3형식 : S(주어) + Vi/Vt(자동사/타동사) + Oi/Od(간접목적어/직접목적어)

Yo(S) **escribo**(Vi) **a mis amigos**(Oi).
나는 친구들에게 편지를 쓴다.

El estudiante(S) **estudia**(Vt) **español**(Od).
학생은 스페인어를 공부한다.

4 제 4형식 : S(주어) + Vt(타동사) + Od(직접목적어) + Oi(간접목적어)

Mi madre(S) **da**(Vt) **el desayuno**(Od) **a mi padre**(Oi).
⇒ **Mi madre**(S) **le**(Oi) **da**(Vt) **el desayuno**(Od) **(a mi padre)**.
나의 어머니는 아버지에게 아침을 준다.

> **주의하세요**
>
> ① 간접(직접) 목적어는 필요에 따라 동사 앞에 올 수 있다. 이때는 간접(직접) 목적 대명사를 사용하여야 한다.

5 제 5형식 : S (주어) + Vi/Vt (자동사/타동사) + Oi/Od (간접/직접목적어) + Cp/Cc (서술/상황보어)

Estos zapatos(S) **me quedan**(Vi) **a mí**(Oi) **muy bien**(Cp).
이 구두는 나에게 잘 맞는다.

Yo(S) **vi**(Vt) **a un niño**(Od) **llorando**(Cp) **en la calle**(M).
나는 길에서 울고있는 한 소년을 보았다.

Él(S) **hizo**(Vt) **a su hijo**(Od) **médico**(Cc).
그는 그 아들을 의사로 만들었다.

> **참고하세요**
>
> ① 1, 2형식의 문장들은 목적어가 없이 자동사로 구성되어 있으며, 3~5형식의 문장들은 대부분이 타동사로 구성되나 영어와 달리 예외로 자동사가 사용되는 경우가 있다.
>
> ② 5형식에서의 보어는 2형식의 보어와 근본적으로 다르다. 2형식의 보어는 주어와 관계있는 반면에 5형식의 보어는 바로 앞의 목적어와 관련이 있다.

문법공식 10. 8품사

문장속의 용도에 따라 단어를 8개의 품사로 크게 분류할 수 있다.

❶ 명사 : 사람이나 사물을 나타내는 품사. 【세부내용 : p28 참조】

hombre(남성), mano(손), llave(열쇠), foto(사진), nube(구름)

기본 문법

❷ 관사 : 명사 앞에 놓여 단수, 복수, 성, 격 등을 나타내는 품사. 【세부내용 : p33 참조】
　　el, los, la, las, un, unos, una, unas

❸ 대명사 : 명사를 대신하여 사용하는 품사. 【세부내용 : p37 참조】
　　yo(나), nosotros(우리들), ellos(그들), el suyo(그의 것), me(나를, 나에게)

❹ 형용사 : 명사의 성질, 형태, 수량 등을 나타내는 품사. 【세부내용 : p45 참조】
　　bueno(좋은), feliz(행복한), grande(큰), nuevo(새로운), dos(두개의)

❺ 부사 : 동사, 형용사, 다른 부사를 수식하는 품사. 【세부내용 : p47 참조】
　　muy(매우), siempre(항상), bien(잘), seguramente(확실히)

❻ 동사 : 사람이나 사물의 동작을 나타내는 품사(주어 및 시제에 따라 형태가 변한다).
　　ser(~이다), estar(있다), hacer(하다, 만들다), poder(할 수 있다)　【세부내용 : p48 참조】

❼ 전치사 : 명사, 대명사 앞에 위치하여 다른 말들과의 관계를 나타내는 품사.
　　a, con, de, en, hacia, para, por, sobre 등　【세부내용 : p110 참조】

❽ 접속사 : 말과 말, 구와 구, 절과 절을 이어주는 품사. 【세부내용 : p187 참조】
　　y(그리고), pero(그러나), o(또는), que(~하니), porque(왜냐하면)

B 문장의 종류

문법공식 11. 문장의 종류

> 스페인어 문장에는 평서문, 의문문, 명령문, 감탄문이 있고 각각의 문장은 긍정과 부정의 형태를 갖는다.

① **평서문** : 사실 및 사건을 그대로 나열한 문장.
   Esta comida es muy sabrosa.　　　　　　　이 음식은 너무 맛있다

② **의문문** : 의문이나 질문을 나타내는 문장.　　　　　【세부내용 : p129 참조】
   ¿Es él Carlos?　　　　　　　　　　　　　그가 까를로스 입니까?
   ¿Qué lección te gusta más?　　　　　　무슨 과목을 너는 더 좋아하니?

③ **명령문** : 명령을 할 때 쓰이는 문장.　　　　　　　【세부내용 : p97 참조】
   Dígamelo　　　　　　　　　　　　　　　나에게 그것을 이야기 하십시오.
   A empezar.　　　　　　　　　　　　　　자. 시작합시다.

④ **감탄문** : 놀람이나 감탄 등을 표현하는 문장.　　　【세부내용 : p91 참조】
   ¡Qué bonito!　　　　　　　　　　　　　아름답구나!
   ¡Cuántos alumnos han estado ahí!　　얼마나 많은 학생들이 거기에 있었는지!

스페인 알기

스페인에는 어떤 사람이 살았을까?

　기원전 3천년 경에 아프리카 대륙에서 지브롤터 해협을 건너 이베로 부족이 들어와 반도 남부에 거주한다. 기원전 900년 경에는 북유럽의 켈트인들이 남하하여 반도 서북부 지역에 정착한다. 이후 높은 문명을 가진 페니키아인과 그리스인들이 들어와 올리브, 포도, 문자 등을 전파하였고 기원전 38년에 로마인들이 스페인을 로마제국으로 편입하였다. 이를 통해 스페인은 빠르게 로마화가 되면서 건축, 행정체계, 언어 등이 발전하였고 신앙도 그리스도교로 통일되었다. 5세기 경 로마제국이 약해지면서 많은 게르만족들이 프랑스를 지나 반도로 남하하였고 이들 가운데 서고트족은 이베리아 반도에 고트 왕국을 세웠다. 하지만 형제간의 왕위 다툼으로 인한 내분을 틈타 아프리카 북부에 있던 무어족이 711년에 서고트 왕국을 무너뜨리고 반도에 약 800년 동안 찬란한 문명을 건설한다. 이들 아랍인들은 개방성과 포용성을 통해 스페인을 그리스도교, 이슬람교, 유대교가 함께 조화롭게 공존하는 사회로 만들었고 지금까지도 여러분야에서 커다란 영향을 미치고 있다.

Lección 4 명사

A 남성과 여성

문법공식 12. 어미에 의한 성의 구분

명사의 어미가 o, or. ma, ta, n이나 자음으로 끝나면 남성, a, d, ión, ie, z, umbre로 끝나면 여성이 된다.

① 남성 : 남성어미(o, or, ma, ta, n)나 자음으로 끝나는 명사는 대부분이 남성이다.

(el) hermano	형제	(el) amor	사랑
(el) clima	날씨	(el) planeta	행성
(el) pan	빵	(el) mes	달
(el) bar	간이식당	(el) frac	연미복

② 여성 : 여성어미(a, d, ión, ie, z, umbre)로 끝나는 명사는 대부분이 여성이다.

(la) casa	집	(la) ciudad	도시
(la) atención	주의	(la) superficie	표면
(la) paz	평화	(la) costumbre	풍습

참고하세요

① 'e'로 끝나는 명사는 남성도 있고 여성도 있으며, 'l'로 끝나는 명사는 여성이 많다.

(el) café	커피	(la) noche	밤
(el) cristal	유리	(la) sal	소금
(la) cárcel	감옥	(la) piel	피부

주의하세요

① 위의 문법공식에 예외적인 단어들이 있다.

| '남성' | (el) mapa 지도 | (el) césped 잔디 | (el) pie 발 | (el) arroz 쌀 |
| '여성' | (la) foto 사진 | (la) flor 꽃 | (la) razón 이유 | (la) mano 손 |

문법공식 13. 의미에 의한 성의 구분

명사의 의미가 남성이면 'el'을 여성이면 'la'를 붙인다.

① 남성 의미

(el) padre	아버지	(el) hombre	남자
(el) macho	수컷	(el) caballo	숫말

② 여성 의미

(la) madre	어머니	(la) mujer	여자
(la) hembra	암컷	(la) yegua	암말

③ 남성, 여성이 동일한 명사가 있으며 관사를 통하여 남성과 여성을 구분한다.

남성		여성	
(el) periodista	신문기자(남)	(la) periodista	신문기자(여)
(el) guitarrista	기타리스트(남)	(la) guitarrista	기타리스트(여)
(el) artista	예술가(남)	(la) artista	예술가(여)
(el) joven	젊은이(남)	(la) joven	젊은이(여)
(el) estudiante	학생(남)	(la) estudiante	학생(여)
(el) turista	관광객(남)	(la) turista	관광객(여)
(el) dentista	치과의사(남)	(la) dentista	치과의사(여)
(el) cantante	가수(남)	(la) cantante	가수(여)
(el) testigo	증인(남)	(la) testigo	증인(여)
(el) patriota	애국자(남)	(la) patriota	애국자(여)

기본 문법

문법공식 14. 남성과 여성의 변화

"o"로 끝나는 남자명사는 "a"로 바꿔 여자명사로 만들 수 있다. "or"끝나는 남자 명사는 "a"를 덧붙여서 여성 명사로 만들 수 있다.

(el) niño	어린이(남)	(la) niña	어린이(여)
(el) muchacho	소년	(la) muchacha	소녀
(el) gato	고양이(남)	(la) gata	고양이(여)
(el) doctor	의사(남)	(la) doctora	의사(여)
(el) pintor	화가(남)	(la) pintora	화가(여)
(el) español	스페인사람(남)	(la) española	스페인사람(여)
(el) león	사자(남)	(la) leona	사자(여)

문법공식 15. 의미에 의한 성의 구분

남성 또는 여성일 때에 의미가 달라지는 명사가 있다.

el cabeza	두목	la cabeza	머리
el capital	자본	la capital	수도
el cólera	콜레라	la cólera	분노
el corte	절단	la corte	조정
el cura	사제	la cura	치료
el cometa	혜성	la cometa	연
el frente	전선	la frente	이마
el guía	안내자	la guía	안내서

el orden	질서	la orden	명령
el pendiente	귀걸이	la pendiente	경사면
el policía	경찰관	la policía	경찰
el pez	물고기	la pez	송진
el radio	반지름	la radio	라디오
el tema	주제	la tema	집념

B 명사의 수

문법공식 16. 명사의 수

명사에는 단수와 복수가 있으며 자음으로 끝나면 'es'를 모음으로 끝나면 's'를 붙여준다.

① 자음으로 끝나는 명사는 '~es'를, 모음으로 끝나는 명사는 '~s'를 붙인다.

pincel	붓	⇒	pinceles	붓들
ciudad	도시	⇒	ciudades	도시들
cama	침대	⇒	camas	침대들
modelo	모델	⇒	modelos	모델들

주의하세요

① 모음으로 끝났더라도 그 모음에 악센트가 있으면 '~es'를 붙이고 ~é, ó로 끝나면 '~s'만 붙인다.

rubí ⇒ rubíes	루비들	bambú ⇒ bambúes	대나무들
café ⇒ cafés	커피들	dominó ⇒ dominós	도미노들

❷ 명사가 z로 끝나면 z를 c로 바꾸어 주고 c로 끝나면 qu로 바꾸고 '~es'를 붙인다.

lápiz ⇒ lápices   연필들   frac ⇒ fraques   연미복들

❸ 단수와 복수가 동일한 명사가 있다.

la(las) crisis	위기	el(los) oasis	오아시스
el(los) compás	콤파스	el(los) sacapuntas	연필깎이
el(los) cumpleaños	생일	el(los) lunes~viernes	월~금요일
el(los) paraguas	우산	la(las) tesis	논문

❹ 주로 복수로 쓰이는 명사가 있다.

(las) gafas	안경	(los) guantes	장갑
(las) medias	스타킹	(los) pantalones	바지
(las) vacaciones	방학	(los) zapatos	구두

참고하세요

① 명사의 남성복수로 전체의 의미를 표현할 수 있다.

el padre	아버지	⇒	los padres	부모
el esposo	남편	⇒	los esposos	부부
el hombre	남자	⇒	los hombres	사람들

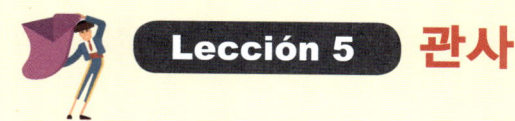

Lección 5 관사

A 관사의 종류

문법공식 17. 정관사 · 부정관사

관사는 정관사와 부정관사로 나누고 명사를 구체화 하거나 한정하는 기능을 가지며 명사의 부류에 속하지 않는 것을 명사화 시키고 명사 앞에 위치한다.

❶ 관사의 종류

구분	정관사		부정관사	
	단수	복수	단수	복수
남성	el	los	un	unos
여성	la	las	una	unas
중성	lo			

❷ 성수의 일치 : 정관사 및 부정관사는 명사의 성·수에 일치한다.

el tesoro	(그)보물	⇒	los tesoros	(그)보물들
la cama	(그)침대	⇒	las camas	(그)침대들
un chico	어느 소년	⇒	unos chicos	어떤 소년들
una chica	어느 소녀	⇒	unas chicas	어떤 소녀들

❸ 여성명사 중 a, ha에 악센트가 있을 경우에는 la(una) 대신 el(un)를 붙인다.

el(un) agua ⇒ las(unas) aguas   물
el(un) hacha ⇒ las(unas) hachas   도끼

❹ 명사의 부류에 속하지 않는 형용사 및 동사원형을 명사화 할 수 있다.

bueno ⇒ el bueno   선한 자   ver ⇒ el ver   보는 것

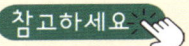

① 전치사 a나 de 다음에 정관사(el)가 오면 al, del이 된다.

al cine(a + el cine)　　　　　　　　del padre(de + el padre)

B 관사의 종류

문법공식 18. 정관사의 용법

정관사는 명사 그 자체의 전체 및 특정한 사람과 사물 등을 나타날 때 사용한다.

1 명사 그 자체의 전체 및 특정한 사람과 사물을 나타날 때 사용한다.

El hombre es mortal.	인간은 죽는다.
El hombre es mi primo.	남자는 나의 사촌이다.
Yo compro el libro.	나는 책을 산다.

2 국명, 강, 바다, 산, 섬, 배, 언어의 명칭을 나타낼 때 사용한다.

El Salvador	엘살바도르	La Argentina	아르헨띠나
El río Han	한강	El Pacífico	태평양
La montaña Hanra	한라산	El español	스페인어

주의하세요

① 국명에 관사를 붙이지 않는 경향이 있다. hablar 다음에는 관사를 생략하나 중간에 부사가 오면 붙인다.

Hablo español. ⇒ Hablo muy bien el español.　　나는 스페인어를 매우 잘 말한다.

3 존경과 직위를 표할 때 사용한다.

El Señor Kim es mi dueño. 김씨는 나의 주인이다.
El General López es de Madrid. 로뻬쓰 장군님은 마드리드 출신이다.

주의하세요

① 호칭을 사용할 때는 무관사이다.

¿Cómo está, Señor Kim? 김씨, 안녕하세요?

참고하세요

① 전치사(de, con, en) 다음에 오는 명사 앞에 전치사를 생략하나 소유적인 의미와 한정적인 표현일 때에는 정관사를 생략하지 않는다.

El libro del Señor Lee. 이씨의 책.
~ con el agua que ella me dio. 그녀가 나에게 준 물로.

② medio, otro 뒤에서 또는 대학이름과 전공분야 앞에서 관사를 생략한다.

Deme medio kilo de uvas. 나에게 반 킬로 포도를 주세요.
Estudio en Letras. 나는 문학과에서 공부한다.

문법공식 19. 부정관사의 용법

부정관사는 정관사와 달리 구체화 되지 않는 경우에 사용된다.

1 명사를 강조할 때 사용한다.

Es un héroe. 그는 영웅이다.
Tiene una hermana bonita. 그는 아름다운 여동생을 가지고 있다.

2 ser 동사의 보어가 될 때 첨가한다. 단, 복수일 때는 생략한다.

Es un coche. 차입니다.
Son coches. 차들입니다.

3 일정한 수나 비유적인 의미를 나타낼 때 사용한다.

Tengo unos diez libros. 나는 약 10권의 책을 가지고 있다.
Él habla como un rey. 그는 왕인 것처럼 말한다.

참고하세요

① ser 동사의 보어가 직업, 국적, 종교 등의 의미를 가진 명사라면 부정관사를 쓰지 않는다. 그러나 수식어가 붙으면 첨가한다.

José es dentista. 호세는 치과의사이다.
José es un dentista muy simpático. 호세는 매우 친절한 치과의사이다.

② 관사의 생략 : 개별화, 구체화 되지 않는 부류를 나타낼 때 생략한다.

Hay libros. 책들이 있다.
Vende cuadernos. 노트들을 판다.

③ 중성관사 lo + 형용사는 추상명사를 나타낸다.

Lo bueno es que él es joven. 좋은 점은 그가 젊은이라는 것이다.

④ 동격은 무관사이다.

Seúl, capital de Corea. 서울, 한국의 수도.

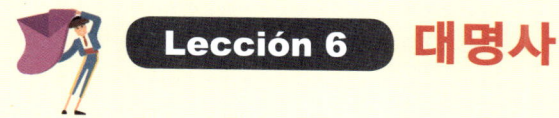

Lección 6 대명사

A 인칭대명사

문법공식 20. 인칭대명사 종류

인칭대명사는 격변화가 있으며 단수형과 복수형이 있다.

1 인칭대명사의 종류

구 분		주격		간접 목적격	직접 목적격	재귀격	전치사격
단수	1인칭	yo	나	me	me	me	mí
	2인칭	tú	너	te	te	te	ti
	3인칭	él ella usted	그 남자 그 여자 당신	le(se)	lo la	se	él ella usted
복수	1인칭	nosotros/as	우리들	nos	nos	nos	nosotros
	2인칭	vosotros/as	너희들	os	os	os	vosotros
	3인칭	ellos ellas ustedes	그 남자들 그 여자들 당신들	les(se)	los las	se	ellos ellas ustedes

문법공식 21. 직접목적대명사

직접목적어는 동사 바로 앞에 오며 부정사, 현재분사, 긍정명령형에는 어미에 붙여 쓴다.

1 일반적인 용법

Él **me** ama.　　　　　　　　　　그는 **나를** 사랑한다.

Ella **te** quiere.　　　　　　　　그녀는 **너를** 좋아한다.

El profesor **lo**(le) llama.　　　교수는 **그를** 부른다.

> **주의하세요**
>
> ① 스페인에서는 '그를'이라고 할 때는 'lo'를 '당신을' 할 때는 'le'를 사용하며 중남미에서 전부 'lo'를 사용한다.

2 부정사, 현재분사, 긍정명령형에는 어미에 붙여 쓴다.

Yo quiero **ver a María**.　　　　나는 **마리아를** 보고 싶다(부정사).

⇒ Yo quiero **verla**. 또는 Yo **la** quiero **ver**.

Ella está **comiendo el pan**.　　그녀는 **빵을** 먹고 있다(현재분사).

⇒ Ella está **comiéndolo**. 또는 Ella **lo** está **comiendo**.

Beba el refresco.　　　　　　　음료수를 마셔요(명령형).

⇒ **Bébalo**.

> **참고하세요**
>
> ① 현재분사, 명령형일 경우 악센트는 원래위치에 붙여준다.
> 　　Ella está **comiéndolo**　　　　**Bébalo**
> ② 직접(간접)목적어는 조동사 앞에 위치할 수 있다.
> 　　Yo **la** quiero **ver**　　　　　Ella **lo** está **comiendo**

문법공식 22. 간접목적대명사

간접목적어는 직접목적어처럼 사용용법이 비슷하다. 동사 바로 앞에 오며 부정사, 현재분사, 긍정명령형에는 어미에 붙여 쓴다.

1 일반적인 용법

Él **me** regaló un pañuelo.　　　그는 **나에게** 손수건(한장)을 선물했다.

Ella **te** da el pan.　　　　　　그녀는 **너에게** 빵을 준다.

Él **le** regala un libro a Julia.   그는 **훌리아에게** 책을 선물한다.

② 부정사, 현재분사, 긍정명령형에는 어미에 붙여 쓴다.

Yo quiero **hablar a María**.   나는 **마리아에게** 말하고 싶다(부정사).
⇒ Yo quiero **hablarle**. 또는 Yo **le** quiero **hablar**.
Ella está **hablando a Juan**.   그녀는 **후안에게** 말하고 있다(현재분사).
⇒ Ella está **hablándole**. 또는 Ella **le** está **hablando**.
Habla tú **a Julio**.   **훌리오에게** 말해(명령형).
⇒ **Háblale**.

참고하세요

① 목적어가 1, 2인칭이면 a + 전치격을 생략해도 무방하나 3인칭일 때는 혼동을 피하기 위하여 a + 전치격을 중복해서 사용할 때가 많다.

Él **le** quiere **hablar a María**.   그는 **마리아에게 말하고** 싶다.

② 직접목적어, 간접목적어가 같이 사용될 경우에는 간접목적어가 앞에 온다. 단, 두 개의 목적어가 3인칭일 경우에는 간접목적어는 단·복수를 막론하고 'se'가 된다.

José **me lo** da.   호세는 **나에게 그것을** 준다.
José **se lo** da (el dinero) **a María**.   호세는 **마리아에게 그것(돈)을** 준다.

문법공식 23. 재귀대명사

재귀대명사 se는 '자기 자신에게' 또는 '자기 자신을' 나타내는 대명사로 타동사를 자동사화 시킨다.

① 형태

구분	단 수		복 수	
1인칭	**me** lavo (나에게, 나를)	나는 씻는다	**nos** lavamos (우리에게, 우리를)	우리는 씻는다

2인칭	te lavas (너에게, 너를)	너는 씻는다	os laváis (너희들에게, 너희들을)	너희들은 씻는다
3인칭	se lava (그에게, 그를)	그는 씻는다	se lavan (그들에게, 그들을)	그들은 씻는다

❷ 일반적인 용법 : 타동사를 자동화

acostar ⇒ acostarse ¿A qué hora te acuestas?
눕히다   눕다   너는 몇 시에 자니?

bañar ⇒ bañarse ¿Cuándo se baña?
목욕시키다 목욕하다   당신은 언제 목욕합니까?

casar(결혼시키다), casarse(결혼하다)	despertar(깨우다), despertarse(깨다)
divertir(즐겁게하다), divertirse(즐기다)	levantar(일으키다), levantarse(일어나다)
reunir(모으다), reunirse(모이다)	sentar(앉히다), sentarse(앉다)
tender(넓히다), tenderse(펼쳐지다)	vestir(입히다), vestirse(입다)

참고하세요

① 'se'가 붙으므로써 주의해야 할 동사

mirarse	바라보다	preguntarse	자문하다
hacerse	~이 되다	encontrarse	~한 상태로 있다

② 'se'를 반드시 붙여서 사용하는 동사

acordarse de	기억하다	arrepentirse de	후회하다
atreverse a	감히 ~하다	burlarse de	비웃다
quejarse de	불평하다	suicidarse	자살하다

❸ 무인칭의 표현에 사용

Se alquila habitación.　　　　　　　　방을 세 놓습니다.
Se compra coche.　　　　　　　　　　차를 삽니다.
Se trabaja mucho en Corea.　　　　한국에서는 일을 많이 한다.

❹ 수동의 의미를 표현

Se alquilan habitaciones(주어).　　　방들이 임대되어진다(수동형 se).

Se alquila habitaciones(목적어).　　　방들을 세 놓습니다(무인칭형 se).

> **참고하세요**
>
> ① 위 문장은 모두 "방을 세 놓는다"라는 뜻이다. 앞의 문장은 동사가 복수로 사용되어 있으므로 se 수동형임을 알 수 있고, 밑의 문장은 동사가 단수로서 habitaciones가 동사의 목적어로 사용되어 있으므로 무인칭의 se를 나타낸다.
>
> 아래 문장 모두 "책을 판다"라는 뜻이지만 표현에 차이가 있다.
> Se venden libros (주어).　　　책들이 팔려진다(수동형).
> Se vende libros (목적어).　　　책들을 판다(무인칭형).

⑤ 상호의 의미를 표현 : 항상 동사는 복수로 사용

Nos amamos el uno al otro.　　　우리는 서로 사랑한다.
Os odiáis mutuamente.　　　너희들은 서로 미워한다.
Se abrazan.　　　서로 포옹한다.
Manuel y Carmen se besan.　　　마누엘과 까르멘은 서로 입맞춘다.

⑥ 강조의 의미를 표현 : 주로 자동사에서 사용

Me voy a la escuela.　　　나는 학교로 떠난다.
Tú quieres salirte de casa.　　　너는 집을 나가버리고 싶어한다.

dormir(잠자다), dormirse(잠들다)	huir(도망가다), huirse(도망쳐버리다)
ir(가다), irse(가버리다, 떠나다)	morir(죽다), morirse(죽어버리다)
salir(나가다), salirse(나가버리다)	venir(오다), venirse(오게되다)

문법공식 24. 전치격 인칭대명사

전치사와 함께 사용되는 대명사이며 전치사 다음에 mí, ti, él 등을 붙인다.

기본 문법

① 형태

구 분	단 수	복 수
1인칭	mí (conmigo)	nosotros
2인칭	ti (contigo)	vosotros
3인칭	él, ella, usted	ellos, ellas, ustedes
기타(재귀격)	sí (consigo)	sí (consigo)

② 일반적인 용법

Él viene a la escuela **para mí**. 그는 **나를 위해** 학교에 온다.
Ella piensa **en ti**. 그녀는 **너를** 생각하고 있다.
Yo quiero ir al teatro **con Ud**. 나는 **당신과 함께** 극장에 가고 싶다.
José va a Corea **con vosotros**. 호세는 **너희들과 함께** 한국에 간다.

> 주의하세요

① 1, 2인칭 단수시에 con과 함께 사용할 때에는 conmigo, contigo가 된다.
Julio va a ir al campo **conmigo**. 후리오는 **나와 함께** 시골에 갈 예정이다.
Yo quiero hablar **contigo**. 나는 **너와** 이야기하고 싶다.

② 1, 2인칭 단수라도 entre, según 전치사와는 yo, tú 형태를 취한다.
entre tú y yo   너와 나 **사이에**   **según** tú   너에 의하면

③ 재귀대명사 전치격은 '자기 자신을 위하여' 또는 '자신이'라는 것을 표현할 때 쓰이며 para + 3인칭 단·복수는 para sí로 con + 3인칭 단·복수는 consigo가 된다.

Él trabaja **para sí**. 그는 **자기 자신을 위해** 일한다.
Ella lleva su maleta **consigo**. 그녀는 그녀 가방을 **자기 자신이** 가지고 간다.
Ella lo compró **consigo**. 그녀는 **그녀 자신이** 직접 그것을 샀다.

B 지시대명사

문법공식 25. 지시대명사(형용사)

명사(형용사)를 대신하여 사용하면서 지시하는 대명사(형용사)로서 명사의 성·수에 일치하여야 한다.

1 지시대명사(형용사)의 종류

구 분	단 수			복 수	
	남성	여성	중성	남성	여성
화자와 근접	este	esta	esto	estos	estas
청자와 근접	ese	esa	eso	esos	esas
쌍방으로부터 이격	aquel	aquella	aquello	aquellos	aquellas

2 일반적인 용법

Este es del señor Rodriguez.　　이것은 로드리게스씨의 것입니다(지시대명사).
Esta chica es estudiante.　　이 소녀는 학생입니다(지시형용사).
¿Qué es **esto**?　　이것은 무엇입니까? (지시대명사).
Ese dinero es todo.　　그 돈이 전부입니다(지시형용사).

> **참고하세요**
>
> ① 중성지시대명사는 단수만 있고 복수는 없으며 일반적으로 구체화되지 않는 생각이나 사물 등에 사용한다.
>   ¿Qué es **eso**?　　그것이 무엇이지?
>   **Eso** es un libro.　　그것은 책이야.
>
> ② 전자와 후자로 쓰이는 aquel과 este
>   Manuel y Francisco son amigos.　　**Aquel** es profesor y **este** es oficial.
>   마누엘과 프란시스꼬는 친구이다.　　**전자는** 교수이고 **후자는** 장교이다.

C 소유대명사

문법공식 26. 소유대명사

정관사 + 소유형용사 후치형으로 나타내며 명사의 성·수에 일치하여야 한다.

❶ 소유대명사의 종류

구 분	단 수	복 수
1인칭	**el mío** (la mía)	**el nuestro** (la nuestra)
2인칭	**el tuyo** (la tuya)	**el vuestro** (la vuestra)
3인칭	**el suyo** (la suya)	**el suyo** (la suya)

❷ 일반적인 용법

Este es **el mío**.   이것은 **나의 것**입니다.
¿Cuál es **el tuyo**?   **너의 것**이 어떤 것이냐?.
Mi bolígrafo y **el suyo**.   나의 펜과 **그의 펜**.

> **참고하세요**
>
> ① el mío(나의 것)의 복수형은 los míos(나의 것들)이고 el nuestro(우리들의 것)의 복수형은 los nuestros(우리들의 것들)이다.
> Estos son **los míos**.   이것들은 **나의 것들**이다.
> Mis bolígrafos y **los suyos**.   나의 펜들과 **그들의 펜들**.

Lección 7 형용사와 부사

A 형용사

문법공식 27. 형용사의 성·수 일치

명사를 수식하는 형용사는 그 명사의 성·수에 따라 형태가 달라진다.

① 'o'로 끝나는 남성형용사는 'o'가 'a'(복수일 때는 'os'와 'as')로 바뀌면서 여성형용사가 된다.

구분	단수	복수
남성	el chico lind**o** 귀여운 소년	los chicos lind**os** 귀여운 소년들
여성	la chica lind**a** 귀여운 소녀	las chicas lind**as** 귀여운 소녀들

② 'o'가 아닌 모음과 자음으로 끝나는 형용사는 수식하는 명사의 성과 관계없이 복수만 변화한다.

구분	단수	복수
모음	el amigo pobr**e** 가난한 친구	los amigos pobr**es** 가난한 친구들
자음	el documento oficia**l** 공식적인 문서	los documentos oficia**les** 공식적인 문서들

③ 문장에서 보어로 사용된 형용사도 주어의 성·수에 일치하여야 한다.

Este chico es **lindo**. 이 소년은 귀엽습니다.
Esta chica es **linda**. 이 소녀는 귀엽습니다.
Manuel y Juana son muy **amables**. 마누엘과 후아나는 매우 친절합니다.

문법공식 28. 형용사의 위치

형용사는 일반적으로 명사의 뒤에 위치한다. 단, 한정 형용사는 명사의 앞에 위치한다.

① 형용사(성격, 특징 등)는 일반적으로 명사의 뒤에 위치한다.

| la flor **bonita** | 아름다운 꽃 | el aire **fresco** | 신선한 공기 |
| el río **tranquilo** | 잔잔한 강 | las casas **blancas** | 하얀 집들 |

② 한정 형용사(지시, 소유, 수, 의문)는 명사 앞에 위치한다. 또한 그 명사가 가지고 있는 속성을 나타내 주기 위해서는 명사 앞에 위치한다.

소유형용사	**mi** novia 나의 애인	**tu** cartera 너의 지갑	**sus** ropas 그들의 옷들
지시형용사	**este** muchacho 이 소년	**esa** ciudad 그 도시	**aquellas** flores 저 꽃들
수 형용사	**dos** hijos 두명의 아들들	**siete** tomates 7개의 토마토들	**mil** dólares 천 달러
의문형용사	¿**Qué** libro tiene? 무슨 책을 가지고 있어요?	¿**Cuántos** habitantes tiene Seúl? 서울시의 인구는 몇 명입니까?	
속성 표현	**buen** amigo 훌륭한 친구	**dulce** miel 달콤한 꿀	**blanca** nieve 하얀 눈

> **참고하세요**

① 형용사의 위치에 따라 뜻이 변하는 경우가 있다.

| un jefe **pobre** | 가난한 상사 | un **pobre** jefe | 불쌍한 상사 |
| un jefe **grande** | 연로한 상사 | un **gran** jefe | 위대한 상사 |

② 남성 단수명사 앞에 위치할 때 어미가 탈락하는 형용사가 있다. 단, grande는 남성/여성 단수명사 앞에 위치 할 때에는 "de"가 생략된다.

| un **buen(o)** amigo | 훌륭한 친구 | el **primer(o)** día | 첫 날 |
| **algún(o)** día | 어느 날 | un **gran(de)** jefe | 위대한 상사 |

B 부사

문법공식 29. 부사 만들기

형용사 + mente, con + 명사로 부사를 만들 수 있다.

① 'o'로 끝나는 형용사는 'o'를 'a'로 바꾸고 어미에 'mente'를, 'o'가 아닌 형용사는 어미에 그대로 'mente'를 붙인다.

형용사	부사
clar**o** 명확한	clar**amente** 명확하게
lind**o** 귀여운	lind**amente** 귀엽게
general 일반적인	general**mente** 일반적으로
fácil 쉬운	fácil**mente** 쉽게

② 'con + 추상명사'는 부사가 된다.

con claridad   명확하게   con facilidad   쉽게

con frecuencia   자주   con rapidez   빠르게

참고하세요

① 두 개의 부사(~mente)가 연속적으로 나오면 앞의 부사의 ~mente를 생략한다.
　　El muchacho habla **claro y lindamente**.　소년은 **명확하고 귀엽게** 말한다.

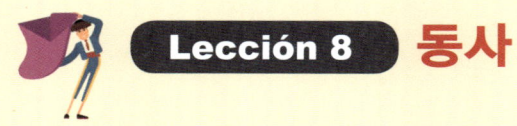

Lección 8 동사

A. 직설법 현재

문법공식 30. 규칙 동사

스페인어 동사는 각 인칭, 단·복수에 따라 변화한다.

❶ 동사의 변화

구 분	hablar	comer	vivir
yo	hablo	como	vivo
tú	hablas	comes	vives
él/ella/Ud.	habla	come	vive
nosotros	hablamos	comemos	vivimos
vosotros	habláis	coméis	vivís
ellos/ellas/Uds.	hablan	comen	viven

❷ 일반적인 용법

Yo **hablo** inglés. — 나는 영어를 **말한다**.
Tú **comes** paella. — 너는 빠에야를 **먹는다**.
Ella **vive** en Seúl con su madre. — 그녀는 어머니와 함께 서울에 **산다**.
Nosotros **hablamos** coreano. — 우리는 한국어를 **말한다**.
Vosotros **coméis** bulgogi. — 너희들은 불고기를 **먹는다**.
Uds. **viven** en Madrid. — 당신들은 마드리드에 **산다**.

문법공식 31. 불규칙 동사

스페인어 동사 중 어간이 불규칙하게 변하는 단어가 있다.

❶ 대표적인 불규칙 동사의 변화

구 분	-e- ⇒ -ie-	-o- ⇒ -ue-	-e- ⇒ -i-
yo	siento	puedo	pido
tú	sientes	puedes	pides
él/ella/Ud.	siente	puede	pide
nosotros	sentimos	podemos	pedimos
vosotros	sentís	podéis	pedís
ellos/ellas/Uds.	sienten	pueden	piden

❷ -e-가 -ie-로 변하는 동사

pensar	생각하다	sentar	앉히다
entender	이해하다	querer	좋아하다
convertir	변화시키다	preferir	~을 더 좋아하다

❸ -o-가 -ue-로 변하는 동사

contar	계산하다	encontrar	만나다
soler	언제나 ~을 하다	volver	돌아오다
dormir	자다	morir	죽다

❹ -e-가 -i-로 변하는 동사

competir	경쟁하다	despedir	작별하다
reír	웃다	repetir	반복하다
seguir	계속하다	servir	봉사하다

5 주요 불규칙 동사

dar(주다)	**doy**, das, da, damos, dais, dan
decir(말하다)	**digo**, **dices**, **dice**, decimos, decís, **dicen**
estar(있다)	**estoy**, **estás**, **está**, estamos, estáis, **están**
haber(있다)	**he**, **has**, **ha**, **hemos**, habéis, **han**
hacer(하다)	**hago**, haces, hace, hacemos, hacéis, hacen
ir(가다)	**voy**, **vas**, **va**, **vamos**, **vais**, **van**
saber(알다)	**sé**, sabes, sabe, sabemos, sabéis, saben
ser(~이다)	**soy**, **eres**, **es**, **somos**, **sois**, **son**
ver(보다)	**veo**, ves, ve, vemos, veis, ven
venir(오다)	**vengo**, **vienes**, **viene**, venimos, venís, **vienen**

B 불완료과거와 단순과거

문법공식 32. 불완료 과거

불완료과거는 과거의 어느 일정기간 동안 지속된 동작 또는 습관된 행위 등을 표현한다.

1 동사의 변화

구 분	hablar	comer	vivir
yo	habl**aba**	com**ía**	viv**ía**
tú	habl**abas**	com**ías**	viv**ías**

él/ella/Ud.	habl**aba**	com**ía**	viv**ía**
nosotros	habl**ábamos**	com**íamos**	viv**íamos**
vosotros	habl**abais**	com**íais**	viv**íais**
ellos/ellas/Uds.	habl**aban**	com**ían**	viv**ían**

❷ 일반적인 용법

* 과거에 어떤 행동이 지속되었거나 진행중이었던 것을 표현

Mientras José **se duchaba**, ella **cocinaba** en el comedor.
호세가 **샤워**를 하고 있을 때에 그녀는 부엌에서 **음식을 준비**하고 있었다.

Mi familia **vivía** en España cuando yo **era** niño.
내가 **어렸을** 때에 나의 가족은 스페인에 **살고 있었다**.

* 과거에 반복되는 불규칙 또는 규칙적 행위를 표현

Antes yo **veía** la película cuando **estaba triste**.
전에 나는 기분이 **우울할** 때에 영화를 **보곤했다**.

Todos los sábados yo **iba** al campo y a veces **pescaba** en el río.
토요일마다 나는 시골에 **갔었고** 가끔 강에서 **낚시**를 하곤했다.

* 과거의 "시간"이나 "나이"를 말할 때 사용

Eran las once de la noche cuando yo llegué a casa.
내가 집에 도착했을 때 저녁 11시 **였다**.

Yo **tenía** treinta años cuando me casé.
내가 결혼했을 때 서른 살**이었습니다**.

❸ 주요 불규칙 동사

ser(~이다)	era, eras, era, éramos, erais, eran
ir(가다)	iba, ibas, iba, íbamos, ibais, iban
ver(보다)	veía, veías, veía, veíamos, veíais, veían

> **문법공식 33. 단순과거**
>
> 현재와 구별되는 과거의 한 순간에 주어의 동작 및 상태가 끝난 것을 표현한다.

❶ 동사의 변화

구 분	hablar	comer	vivir
yo	habl**é**	com**í**	viv**í**
tú	habl**aste**	com**iste**	viv**iste**
él/ella/Ud.	habl**ó**	com**ió**	viv**ió**
nosotros	habl**amos**	com**imos**	viv**imos**
vosotros	habl**asteis**	com**isteis**	viv**isteis**
ellos/ellas/Uds.	habl**aron**	com**ieron**	viv**ieron**

❷ 일반적인 용법

* 과거의 어느 한 순간에 주어의 동작 및 상태가 모두 끝난 것을 표현

Él estudió en México el año pasado.
그는 작년에 멕시코에서 **공부했다**.

Vivieron diez años en Madrid.
그들은 10년간 마드리드에서 **살았다**.

La **conocí** a mi novia en una fiesta.
나는 나의 애인을 한 축제에서 **알았다**.

❸ 주요 불규칙 동사

dar(주다)	di, diste, dio, dimos, disteis, dieron
decir(말하다)	dije, dijiste, dijo, dijimos, dijisteis, dijeron
estar(있다)	estuve, estuviste, estuvo, estuvimos, estuvisteis, estuvieron
haber(있다)	hube, hubiste, hubo, hubimos, hubisteis, hubieron

hacer(하다)	hice, hiciste, hizo, hicimos, hicisteis, hicieron
ir(가다)	fui, fuiste, fue, fuimos, fuisteis, fueron
leer(읽다)	leí, leíste, leyó, leímos, leísteis, leyeron
pedir(주다)	pedí, pediste, pidió, pedimos, pedisteis, pedieron
poner(놓다)	puse, pusiste, puso, pusimos, pusisteis, pusieron
poder(할 수 있다)	pude, pudiste, pudo, pudimos, pudisteis, pudieron
querer(좋아하다)	quise, quisiste, quiso, quisimos, quisteis, quisieron
saber(알다)	supe, supiste, supo, supimos, supisteis, supieron
ser(~이다)	fui, fuiste, fue, fuimos, fuisteis, fueron
tener(가지다)	tuve, tuviste, tuvo, tuvimos, tuvisteis, tuvieron
ver(보다)	vi, viste, vió, vimos, visteis, vieron
venir(오다)	vine, viniste, vino, vinimos, vinisteis, vinieron

참고하세요

① leer 동사처럼 3인칭 단·복수 어미가 –ió에서 –yó로 –ieron에서 –yeron으로 변하는 동사가 있다.

| caer | 넘어지다 | creer | 믿다 |
| huir | 도망치다 | oír | 듣다 |

② pedir 동사처럼 3인칭 단·복수 모음이 –e에서 –i로 변하는 동사가 있다.

| elegir | 고르다 | reír | 웃다 |
| sentir | 느끼다 | servir | 봉사하다 |

C 접속법 현재

문법공식 34. 접속법이란?

접속법은 불확실성, 미경험성, 비현실성 등을 내포한 문장에 쓰인다. 주절의 동사의 영향을 받는 종속절의 동사에 사용되며, 이 때에 주절의 주어와 종속절의 주어가 다르다는 것이 특징이다.

❶ 동사의 변화

구 분	hablar	comer	vivir
yo	hable	coma	viva
tú	hables	comas	vivas
él/ella/Ud.	hable	coma	viva
nosotros	hablemos	comamos	vivamos
vosotros	habléis	comáis	viváis
ellos/ellas/Uds.	hablen	coman	vivan

❷ 일반적인 용법

* 다음과 같은 동사가 주절에 온다면 종속절의 동사는 접속법을 사용한다.

No creo que él **venga** a mi casa(불확실, 부정).
나는 그가 나의 집에 **오는** 것을 **믿지 않는다**.

Yo **deseo** que tú **tengas** gran éxito en el estudio(희망).
나는 네가 연구분야에서 큰 성공을 **거두는** 것을(거두기를) **바란다**.

Él le **pide** a su hijo que **estudie** bien(요구, 명령).
그는 그의 아들이 잘 **공부하는** 것을(공부하기를) **요구한다**.

Mi madre nos **permite** a nosotros que **gritemos** en casa(허가).
나의 어머니는 우리들에게 집에서 **떠드는** 것을 **허락한다**.

* 변할 수 있고 감정적인 무인칭 문장에 접속법을 사용한다.

Es bueno que Ud. **estudie** en la biblioteca.
당신은 도서관에서 **공부하는** 것이 **좋다**.

Es difícil que tú **vayas** a Francia solo.
네가 혼자 프랑스로 **가는** 것은 **어렵다**.

Es necesario que ella **ahorre** mucho.
그녀가 많이 **저축하는** 것이 **필요하다**.

* 목적이나 조건을 나타내는 문장은 접속법을, 양보나 때를 나타내는 문장은 종속절의 내용에 따라 접속법 또는 직설법으로 사용한다.

El profesor nos advierte **para que no lleguemos** tarde a la clase(목적).
선생님은 우리가 수업에 늦게 **도착하지 않도록** 경고한다.

Voy a permitir a mi hijo **con tal de que ingrese** a la universidad(조건).
나는 나의 아들이 대학교에 **입학하는 조건으로** 허락해줄 것이다.

Aunque mi padre me **perdone**, yo no entraré a casa(양보).
나의 아버지가 **용서해준다 할지라도** 나는 집에 들어가지 않을 것이다.

No comeré **cuando** ella **no venga**(때).
그녀가 **오지 않을 때에는** 나는 밥을 먹지 않을 것이다.

❸ 불규칙 동사

* 직설법 현재형에서 불규칙한 동사들은 접속법 현재형에서도 불규칙이 된다.

Salir(나가다) ⇒ **Salgo**(직설법 1인칭 현재) ⇒ **Salga**(접속법 1인칭 현재)
※ Salir의 접속법 현재 : salga salgas salga salgamos salgáis salgan

Poder(할 수 있다) ⇒ **Puedo**(직설법 1인칭 현재) ⇒ **Pueda**(접속법 1인칭 현재)
※ Poder의 접속법 현재 : pueda puedas pueda podamos podáis puedan

* 주요 동사

dar(주다)	dé, des, dé, demos, deis, den
estar(있다)	esté, estes, esté, estemos, estéis, estén
haber(있다)	haya, hayas, haya, hayamos, hayáis, hayan

ir(가다)	vaya, vayas, vaya, vayamos, vayáis, vayan
querer(좋아하다)	quiera, quieras, quiera, queramos, queráis, quieran
saber(알다)	sepa, sepas, sepa, sepamos, sepáis, sepan
ser(이다)	sea, seas, sea, seamos, seáis, sean

참고하세요

① 무인칭 문장은 접속법으로 사용하지 않고 부정사 용법으로 사용하는 경향이 강하다.
   Es difícil que tú **vayas** a Inglaterra solo.   혼자 영국에 **가는** 것은 **어렵습니다**.
   ⇒ **Es difícil irte** a Inglaterra solo.

② 이유를 나타내는 접속사 문장은 항상 직설법을 사용한다.
   Hoy trabajo mucho **porque** mi familia me **ama**.
   나의 가족이 나를 **사랑하기 때문에** 나는 오늘도 열심히 일한다.

D 접속법 과거

문법공식 35. 접속법 과거

접속법 과거는 -ra형과 -se형이 있으며 사용법은 접속법 현재(시제만 변화)와 동일하다.

① 동사의 변화

구 분	hablar	comer	vivir
yo	hablara(-se)	comiera(-se)	viviera(-se)
tú	hablaras(-ses)	comieras(-ses)	vivieras(-ses)
él/ella/Ud.	hablara(-se)	comiera(-se)	viviera(-se)

nosotros	habl**áramos**(-semos)	comi**éramos**(-semos)	vivi**éramos**(-semos)
vosotros	habla**rais**(-seis)	comie**rais**(-seis)	vivie**rais**(-seis)
ellos/ellas/Uds.	habla**ran**(-sen)	comie**ran**(-sen)	vivie**ran**(-sen)

※ 직설법 단순과거 3인칭 복수형(예, hablaron)에서 -ron을 -ra형으로 바꾸면 접속법 과거형이 된다

❷ 일반적인 용법(직설법 현재의 문장을 활용함, 시제변화에 주의)

* 다음과 같은 동사가 주절에 온다면 종속절의 동사는 접속법을 사용한다.

No creí que él **viniera** a mi casa(불확실, 부정).
나는 그가 나의 집에 **올 줄 몰랐다**.

Yo **deseaba** que tú **tuvieras** gran éxito en el estudio(희망).
나는 네가 연구분야에서 큰 성공을 **거두는** 것을 **바랬다**.

Ella le **pidió** a su hijo que **estudiara** bien(요구, 명령).
그녀는 그의 아들이 잘 **공부하는** 것을 **요구했다**.

Mi madre nos **permitió** a nosotros que **gritáramos** en casa(허가).
나의 어머니는 우리들에게 집에서 **떠드는** 것을 **허락했다**.

* 변할 수 있고 감정적인 무인칭 문장에 접속법을 사용한다.

Era bueno que Ud. **estudiara** en la biblioteca.
당신이 도서관에서 **공부한** 것은 **좋은 일이었다**.

Era difícil que tú **fueras** a Francia solo.
네가 프랑스에 혼자 **가는** 것은 **어려운 일이었다**.

Era necesario que ella **ahorrara** mucho.
그녀가 많이 **저축하는** 것이 **필요했다**.

* 목적이나 조건을 나타내는 문장은 접속법을, 양보나 때를 나타내는 문장은 종속절의 내용에 따라 접속법 또는 직설법으로 사용한다.

El profesor nos advirtó **para que no llegáramos** tarde a la clase(목적).
선생님은 우리가 수업에 늦게 **도착하지 않도록** 경고했다.

Permití a mi hijo **con tal de que ingresara** a la universidad(조건).
나는 나의 아들이 대학교에 **입학하는** 조건으로 허락했다.

Aunque mi padre me **perdonara**, yo no entraría a casa(양보).
나의 아버지가 **용서해준다** 할지라도 나는 집에 들어가지 않을 것이다.

No comería **cuando** ella **no viniera**(때).
그녀가 **오지 않았을 때에는** 나는 밥을 먹지 않았을 것이다.

① 접속법 과거형에서 주절의 동사는 주로 직설법 불완료과거, 단순과거, 조건형(법) 등이 사용된다.
  Yo **deseaba** que tú **tuvieras** gran éxito en el estudio(불완료과거).
   나는 네가 연구분야에서 큰 성공을 **거두는** 것을 **바랬다**.
  No creí que él **viniera** a mi casa(단순과거).
   나는 그가 나의 집에 오는 것을 **믿지 않았다**.
  No comería cuando ella **no viniera**(조건법).
   그녀가 **오지 않았을 때에**는 나는 **밥을 먹지 않았을 것이다**.

E 미래시제(미래형)

문법공식 36. 미래시제

미래시제는 앞으로 일어날 미래를 표현하거나 현재에서 가능성있는 추측, 부드러운 명령 등에 사용된다.

1 동사의 변화

구 분	hablar	comer	vivir
yo	habla**ré**	come**ré**	vivi**ré**
tú	hablar**ás**	comer**ás**	vivir**ás**
él/ella/Ud.	hablar**á**	comer**á**	vivir**á**
nosotros	hablar**emos**	comer**emos**	vivir**emos**
vosotros	hablar**éis**	comer**éis**	viver**éis**

| ellos/ellas/Uds. | hablar**án** | comer**án** | viver**án** |

❷ 일반적인 용법

* 앞으로 일어날 미래를 표현한다.

Yo te **llamaré** mañana.　　　　　　나는 너에게 내일 **전화할 것이다**.
Tú **limpiarás** le salón.　　　　　　 너는 거실을 **청소할 것이다**.
Ella **vivirá** en Seúl con su madre.　그녀는 어머니와 함께 서울에 **살 예정이다**.

* 가능성 있는 추측 표현에 사용한다.

Mi mamá **estará** en la habitación.　　엄마는 방에 있을 거야.
Habrá diez jóvenes en la cafetería.　커피숍에 약 10명의 청년들이 있을 거야.

* 부드러운 명령 표현에 사용한다.

Estudiarás mucho para el futuro.　　미래를 위해 열심히 공부해라.

❸ 불규칙 동사

* 자음 "d"가 추가된 동사

poner(놓다)	pondré, pondrás, pondrá, pondremos, pondréis, pondrán
salir(나가다)	saldré, saldrás, saldrá, saldremos, saldréis, saldrán
tener(가지다)	tendré, tendrás, tendrá, tendremos, tendréis, tendrán
venir(오다)	vendré, vendrás, vendrá, vendremos, vendréis, vendrán

* 모음 "e"가 없어진 동사

haber(있다)	habré, habrás, habrá, habremos, habréis, habrán
poder(할수있다)	podré, podrás, podrá, podremos, podréis, podrán
querer(좋아하다)	querré, querrás, querrá, querremos, querréis, querrán

* 기 타

decir(말하다)	diré, dirás, dirá, diremos, diréis, dirán
hacer(하다)	haré, harás, hará, haremos, haréis, harán

참고하세요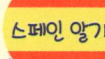

① 미래형 대신에 직설법 현재형으로 미래를 표현할 수 있다.
　　Ella **vivirá** en Seúl.　　　그녀는 서울에서 **살 예정이다**.
　⇒ Ella **va a vivir** en Seúl. (**ir + a +** 동사원형 : ~ 할 예정이다).

스페인 알기

스페인에 대하여

　스페인은 인구에 비해 땅이 넓다. 한반도의 2.3배, 하지만 전 국토의 30%만이 산이라 우리보다 쓸만한 토지가 많다. 그래서인지 도시지역외에는 어디가나 넓은 초원과 들판이 시원스럽게 보인다. 스페인 기후도 지역만큼이나 다양성을 보인다. 마드리드가 있는 중앙 고원지대는 대륙성 기후, 동부와 남부 안달루시아 지방은 지중해성 기후, 북서부 갈리시아와 북부 지방은 습한 해양성 기후를 나타난다. 특히 안달루시아 지방은 여름에 40℃ 이상 기온이 올라간다. 그래서 한 낮에 거리를 걷는 것은 매우 조심해야할 행동이다. 스페인에서의 언어는 스페인어로 칭하는 표준언어인 까스떼야노와 바르셀로나를 중심으로 한 까딸루냐 지방의 까딸란, 북서부 지역 갈리시아 지방의 가예고, 프랑스 국경과 접해있는 북부에 위치한 바스크 지방의 바스꾸엔세 등이 공용어로 사용되고 있다. 특히 바스꾸엔세는 스페인어와 너무 달라서 스페인 사람들 조차도 배우기를 힘들어 한다.

잠깐 쉬어가기

산띠아고 데 꼼뽀스뗄라 대성당 광장

산티아고 순례길 푯말

한 번쯤 꼭 가보고 싶은 산띠아고 순례길 (Camino de Santiago)

 예수의 제자 야고보는 스승의 뜻에 따라 복음을 전파하기 위해 스페인 갈리시아로 향한다. 그곳에서 설교를 한 후, 다시 예루살렘으로 돌아갔으나 헤로데 아그리파에 의해 참수를 당해 순교한다. 제자들은 자신이 설교했던 곳에 묻어달라는 야고보의 유언에 따라 그의 유해를 갈리시아로 보냈고 원주민들은 그의 유해를 그곳에 안치했다.

 세월이 흘러 813년에 갈리시아 지방의 뻴라요가 집으로 돌아가다가 유난히 밝은 별을 발견하고 그 빛을 따라갔는데 별빛이 한 무덤을 비추고 있었다. 이 소식을 들은 주교가 묘지를 발굴하도록 하였는데, 그 무덤에서 야고보 시신과 관련된 유물들이 나와 사도 야고보에 관한 신화가 탄생하게 된다.

 11~12세기에 산띠아고 순례는 가장 번성하였는데, 14세기 말부터 로마 카톨릭교회의 쇠락과 맞물려 점차 쇠퇴의 길을 걷게 된다. 사람들의 관심에서 멀어져 있던 때에, 요한 바오로 2세가 교황으로는 처음으로 산띠아고를 1982년에 방문한다. 또한 1993년 유네스코 세계문화유산으로 지정되는데, 이를 계기로 이 순례길을 찾는 사람들이 폭발적으로 증가하게 되었고 매년 약 5,000명 이상의 한국 순례자들이 이 길을 찾는다.

 스페인의 우거진 숲과 다양한 자연 풍경, 역사와 문화를 함께 경험할 수 있는 산띠아고 순례길은 거의 800km에 달하며 완주는 짧게는 30일에서 길게는 40일 정도가 걸린다. 순례자들은 순례자 여권인 끄레덴씨알(Credencial)을 발급받는다. 이 여권이 있어야만 알베르게(Albergue)라 불리는 순례자 숙소에서 잘 수 있는 자격이 주어진다. 또한 이 여권에 순례 여정에서 지나치는 성당, 숙소 등에서 도장을 받고 도보 순례자는 100km 이상을, 자전거 순례자는 200km 이상을 완주해야 한다. 최종적으로 산티아고 데 콤포스텔라에 도착하여 순례 완주 증서를 받으면 순례자 코스가 끝난다.

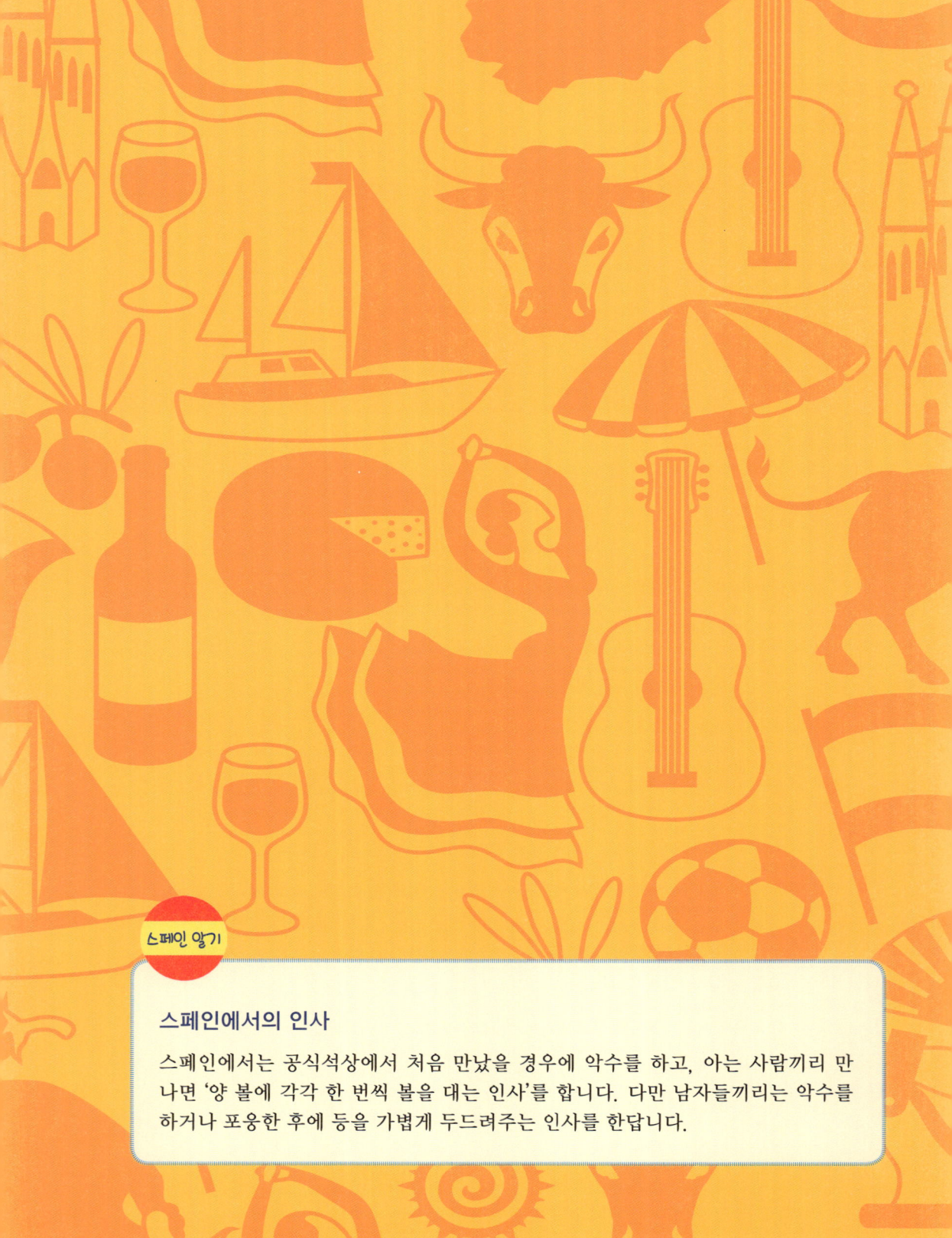

스페인 알기

스페인에서의 인사

스페인에서는 공식석상에서 처음 만났을 경우에 악수를 하고, 아는 사람끼리 만나면 '양 볼에 각각 한 번씩 볼을 대는 인사'를 합니다. 다만 남자들끼리는 악수를 하거나 포옹한 후에 등을 가볍게 두드려주는 인사를 한답니다.

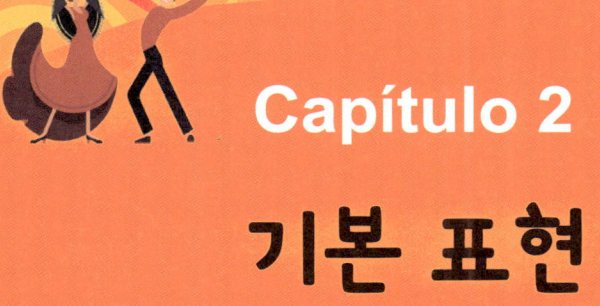

Capítulo 2
기본 표현

인사, 만남, 작별, 감사, 사과, 축하, 칭찬,
부탁, 도움, 거절, 시간 및 날짜

Lección 1 인 사

기본대화

A 안녕하세요. 가르씨아씨.
Good morning! Mr. Garcia.

부에노스 디아스!　세뇨르 가르씨아.
¡Buenos días! Señor García.[1]

B 안녕하세요. 김 선생님.
Good morning! Mr. Kim.

부에노스 디아스!　세뇨르 김.
¡Buenos días! Sr. Kim.

A 어떻게 지내세요?
How are you doing?

꼬모 에스따 우스뗃?
¿Cómo está usted?

B 덕분에 잘 지냅니다. 당신은요?
I'm fine, thank you. And you?

에스또이 비엔, 그라씨아스. 이 우스뗃?
Estoy bien, gracias. ¿Y Ud ?[2]

A 저 역시 잘 지내고 있어요.
I'm fine, too.

요 땀비엔　에스또이 비엔.
Yo también estoy bien.

주요표현

안녕하세요. (일반적으로)
Hi.

올라!
¡Hola!

안녕하세요. (아침)
Good morning.

부에노스 디아스.
Buenos días.

안녕하세요. (오후)
Good afternoon.

부에나스 따르데스.
Buenas tardes.

안녕하세요. (저녁)
Good evening.

부에나스 노체스.
Buenas noches.

만나서 반가웠습니다.
Nice to meet you.

엔깐따도 데 꼬노쎄를레.
Encantado de conocerle.[3]

참고하세요

① Señor, Señora, Señorita는 성 앞에 붙는 경칭으로 영어의 Mr., Mrs., Miss에 해당한다.
- Señor(Sr.) Kim 김 씨, Señora(Sra.) Moon 문 씨, Señorita(Srta.) Garcia 가르씨아 씨
② 영어의 you는 스페인어에서 2인칭(tú)과 3인칭(usted)으로 구별된다. 따라서 이전에 알고 지내던 사람과는 2인칭으로, 처음 본 사람이나 존칭에는 3인칭을 사용하면 된다.
③ 남성일 경우 Encantado라고 해야 하고, 여성일 경우에는 Encantada라고 해야 합니다.

Lección 2 만 남

기본대화

A: 요즘 어떻게 지내?
How have you been lately?
꼬모 아스 에스따도 레씨엔떼멘떼?
¿Cómo has estado recientemente? ①

B: 바쁘게 지냈어. 너는?
I've been busy. How about yourself?
에 에스따도 오꾸빠도. 이 뚜?
He estado ocupado. ¿Y tú?

A: 나 역시 잘 지내고 있어.
Great, too.
헤니알.
Genial.

주요표현

오래만이야.
Long time no see.
무초 띠엠뽀 신 베르떼.
Mucho tiempo sin verte.

보고 싶었어.
I've missed you.
떼 에 에차도 데 메노스.
Te he echado de menos.

무슨 좋은 일 있어요?
Any good news?
알구나 부에나 노띠씨아?
¿Alguna buena noticia?

별일 없으시죠?
How is everything?
꼬모 에스따 또도?
¿Cómo está todo?

요즘 안또니오 씨는 어떻게 지내요?
How is Antonio doing lately?
꼬모 에스따 안또니오 울띠마멘떼?
¿Cómo está Antonio últimamente?

가족들은 잘 있는지요?
How's your family?
꼬모 에스따 뚜 파밀리아?
¿Cómo está tu familia? ②

요즘 그 사람을 못 봤어요.
I haven't seen him these days.
노 로 에 비스또 에스또스 디아스.
No lo he visto estos días.

가르시아씨가 당신에게 안부를 전해더군요.
Mr. García sends his regards to you.
엘 세뇨르 가르시아 레 만다 살루도스.
El señor García le manda saludos.

> 참고하세요

① ¿Cómo has estado recientemente? 문장에서 'has estado(have been)'는 완료 시제이다. 자세한 설명은 현재완료(P 136)를 참고하세요.
② tu familia(너의 가족, 2인칭)는 su familia(당신의 가족, 3인칭)로 사용할 수 있다. 본서에서는 가급적 3인칭 문장 보다는 일상생활에서 많이 사용하는 2인칭 문장으로 표현하고자 한다.

Ser, estar 동사

1. ser 동사 : 영어의 'to be' 동사와 비슷하게 사용(이다, 있다)

* 동사의 변화 : soy, eres, es, somos, sois, son
* ser동사는 주로 출신, 직업, 성격 등 사실과 본질적인 특성을 표현할 때 사용합니다.

Yo **soy** alemán.	나는 독일 사람입니다.
Insu **es** dentista.	인수는 치과의사입니다.
Ella **es** alta y bonita.	그녀는 키가 크고 예쁩니다.
La nieve **es** blanca.	눈은 하얗다.

2. estar 동사 : 영어의 'to be' 동사와 비슷하게 사용(이다, 있다)

* 동사의 변화 : estoy, estás, está, estamos, estáis, están
* estar동사는 주로 일시적인 상태, 위치 등을 표현할 때 사용합니다.

¿Cómo **estás** tú?	너 어떠니?(현재 상태).
La comida **está** fría.	음식이 차갑다(현재 상태).
Estaba sin trabajo en 2015.	나는 2015년에 실직 중이었다(과거 상태).
Julio **está** en Seúl.	훌리오는 서울에 있습니다(현재 위치).

3. ser, estar 동사의 활용

ser 동사와 함께	estar 동사와 함께
alegre / serio 명랑한 / 진지한	alegre / triste 기쁜 / 슬픈
guapo / feo 예쁜 / 못생긴	sano / enfermo 건강한 / 아픈
bueno / malo 좋은 / 나쁜	limpio / sucio 깨끗한 / 더러운
rico / pobre 부유한 / 가난한	feliz / cansado 행복한 / 피곤한
alto / bajo 키가 큰 / 키가 작은	ocupado / aburrido 바쁜 / 심심한

참고하세요

① alegre 형용사처럼 사용하는 방법에 따라 동사를 다르게 사용할 수 있다.
  Ella **es alegre**.   그녀는 명랑하다(성격 특성).
  Ella **está alegre** ahora.   그녀는 지금 기쁘다(현재 상태).

Lección 3 작별

기본대화

A 이제 가봐야겠어요.
I have to leave now.
뗑고 께 이르메 아오라.
Tengo que irme ahora.

B 나중에 또 만나요.
See you later.
노스 베모스 마스 따르데.
Nos vemos más tarde.①

A 조만간 또 만나 뵙기를 바랍니다.
I hope we can meet again soon.
에스뻬로 께 뽀다모스 볼베르 아 베르노스 쁘론또.
Espero que podamos volver a vernos pronto.②

B 그래요, 편히 쉬세요.
All right. Take care.
또도 비엔. 꾸이다떼.
Todo bien. Cuídate.③

주요표현

이야기가 즐거웠어.
I enjoyed talking with you
디스프루떼 아블란도 꼰띠고.
Disfruté hablando contigo.

언제라도 전화하세요.
Please call me any time.
뽀르 파보르 야마메 엔 꾸알끼에르 모멘또.
Por favor, llámame en cualquier momento.

안녕, 내일 봐요.
Bye, see you tomorrow.
아디오스, 노스 베모스 마냐나.
Adiós, nos vemos mañana.

곧 봅시다.
See you soon.
노스 베모스 쁘론또.
Nos vemos pronto.

모두 잘 있어요.
Good bye everyone.
아디오스 아 또도스.
Adiós a todos.

즐거운 하루 보내세요.
Have a nice day!
께 뗑가 운 부엔 디아!
¡Que tenga un buen día!

참고하세요

① Nos vemos más tarde 문장은 Hasta luego 문장으로 바꾸어 사용할 수 있다.
② Espero que podamos volver a vernos pronto 문장에서 podamos는 'poder'의 접속법 1인칭 복수이다. 접속법에 대한 설명은 P 54를 참고하세요.
③ Cuídate는 'cuidarse(조심하다)' 동사의 2인칭 명령어(P 97)이다. 3인칭 명령어는 Cuídese이다.

Lección 4 감사

기본대화

A 친절히 도와 주셔서 감사합니다.
Thank you for your kind help.
그라씨아스 뽀르 뚜 아마블레 아유다.
Gracias por tu amable ayuda.

B 천만에요.
You're welcome.
데 나다.
De nada.①

주요표현

대단히 감사드려요. Thanks a lot.	무차스 그라씨아스. Muchas gracias.
도움을 드릴 수 있어서 기쁩니다. I'm happy I could help.	에스또이 펠리스 데 뽀데르 아유다르. Estoy feliz de poder ayudar.②
조언 고마워요. Thanks for the advice.	그라씨아스 뽀르 엘 꼰세호. Gracias por el consejo.
나 한테 너무 잘 해 주네요. You are too good to me.	에레스 데마시아도 부에노 빠라 미. Eres demasiado bueno para mí.③
제가 좋아서 한 거예요. It was my pleasure.	푸에 운 쁠라쎄르. Fue un placer.
너에게 줄 작은 선물이야. I have a small gift for you.	뗑고 운 뻬께뇨 레갈로 빠라 띠. Tengo un pequeño regalo para ti.
고맙지만 그것을 받을 수 없어. Thank you, but I cannot accept it.	그라씨아스, 뻬로 노 뿌에도 아쎕따를로. Gracias, pero no puedo aceptarlo.
이건 바로 제가 갖고 싶었던 것입니다. This is exactly what I wanted.	에스또 에스 엑삭따멘떼 로 께 께리아. Esto es exactamente lo que quería.

참고하세요

① De nada 문장은 No hay de qué 문장으로 바꾸어 사용할 수 있다.
② Estoy feliz de poder ayudar 문장에서 de + 동사원형에 대한 설명은 P 212을 참고하세요.
③ para mí, para ti에서 mí, ti는 인칭대명사 전치격이다. 세부 설명은 P 41을 참고하세요.

Lección 5 — 사 과

기본대화

A 제가 큰 실수를 했습니다.
I made a big mistake.
꼬메띠 운 그란 에로르.
Cometí un gran error.

B 괜찮습니다.
That's all right.
노 빠사 나다.
No pasa nada.①

A 감사합니다.
Thank you.
그라씨아스.
Gracias.

주요표현

너에게 사과한다.
I apologize to you.
메 디스꿀뽀 꼰띠고.
Me disculpo contigo.②

제가 잘못했습니다.
I was wrong.
에스따바 에끼보까도.
Estaba equivocado.

모두 제 잘못입니다.
It's all my fault.
또도 에스 미 꿀빠.
Todo es mi culpa.

실례가 많았습니다.
Please excuse me.
뽀르 파보르 디스꿀뻬메.
Por favor discúlpeme.

걱정을 끼쳐드려서 죄송합니다.
I'm sorry to worry you.
로 시엔또 뽀르 아베를레 쁘레오꾸빠도.
Lo siento por haberle preocupado.③

그건 걱정하지 마렴.
Don't worry about that.
노 떼 쁘레오꾸뻬스 뽀르 에소.
No te preocupes por eso.

다시는 그러지 마십시오.
Don't do it again.
노 로 아가 데 누에보.
No lo haga de nuevo.④

> **참고하세요**
>
> ① No pasa nada 문장은 Todo está bien 문장으로 바꾸어 사용할 수 있다.
> ② Me disculpo 문장은 'disculpar'(용서하다)의 재귀형 동사(disculparse, 사과·하다)이다.
> ③ Lo siento por haberle preocupado 문장은 Perdón por haberle preocupado, Lamento preocuparle 문장으로 바꾸어 사용할 수 있다.
> ④ No haga는 'hacer'의 3인칭 단수 부정명령형이다(2인칭 단수 부정명령형은 No hagas).

Lección 6 축하

기본대화

A 승진을 축하합니다.
Congratulations on your promotion.
펠리씨다데스 뽀르 수 쁘로모씨온.
Felicidades por su promoción.①

B 당신의 도움 덕분입니다.
Thanks for your help.
그라씨아스 뽀르 수 아유다.
Gracias por su ayuda.

주요표현

네가 승진했다고 들었어.
I heard you got the promotion.
에스꾸체 께 오브뚜비스떼 라 쁘로모씨온.
Escuché que obtuviste la promoción.

25번째 생일을 축하해.
Happy 25th birthday.
펠리스 베인띠씬꼬 꿈쁠레아뇨스.
Feliz 25 cumpleaños.

너의 결혼을 축하해.
Congratulations on your wedding.
펠리씨따씨온네스 뽀르 뚜 보다.
Felicitaciones por tu boda.

승리를 축하합니다.
Congratulations on your victory.
펠리씨다데스 뽀르 수 빅또리아.
Felicidades por su victoria.

졸업을 축하해.
Congratulations on your graduation.
펠리씨다데스 뽀르 뚜 그라두아씨온.
Felicidades por tu graduación.

입사를 축하합니다.
Congratulations on joining the company.
엔오라부에나 뽀르 우니르세 아 라 엠쁘레사.
Enhorabuena por unirse a la empresa.

출산을 축하해.
Congratulations on your new baby.
펠리씨다데스 뽀르 뚜 누에보 베베.
Felicidades por tu nuevo bebé.

미리 축하해요.
Congratulations in advance.
펠리씨다데스 뽀르 아델란따도.
Felicidades por adelantado.②

참고하세요

① Felicidades por su promoción 문장은 Felicitaciones(enhorabuena) por su promoción 문장으로 바꾸어 사용할 수 있다.
② Felicidades por adelantado 문장은 Felicidades de antemano 문장으로 바꾸어 사용할 수 있다.

추가 문법 익히기 — 기수, 서수

1. 기수

* 기본 기수

1	uno	30	treinta
2	dos	40	cuarenta
3	tres	50	cincuenta
4	cuatro	60	sesenta
5	cinco	70	setenta
6	seis	80	ochenta
7	siete	90	noventa
8	ocho	100	ciento
9	nueve	200	doscientos
10	diez	300	trescientos
11	once	400	cuatrocientos
12	doce	500	quinientos
13	trece	600	seiscientos
14	catorce	700	setecientos
15	quince	800	ochocientos
16	dieciséis	900	novecientos
17	diecisiete	1,000	mil
18	dieciocho	10,000	diez mil
19	diecinueve	100,000	cien mil
20	veinte	1,000,000	un millón

* uno : 남성 단수명사 앞에서 'un', 여성 단수명사 앞에서 'una'로 변함

  un libro   한 권의 책   **una** mujer   한 명의 여자

* ciento : 명사와 mil, millones 앞에서 'cien'으로 변함

  cien euros   100 유로
  cien mil won   10만 원
  ciento cinco alumnos   105명의 학생들(100이하 숫자와는 그대로 ciento)

  cien mujeres   백명의 여자들
  cien millones   1억

* mil : 성·수의 변화가 없음

  mil muchachos   천 명의 소년들

기본 표현 71

seis mil jóvenes	6천 명의 젊은이들	
miles de jóvenes	수천 명의 젊은이들(전치사 de와 사용할 때는 복수)	

* millón : 수의 변화가 있으며 명사와 사용할 때는 de를 동반

un millón de muchachas	천 명의 소년들
cuatro millones de hombres	4백만 명의 사람들
dos millones seiscientos mil jóvenes	260만 명의 젊은이들 (millón 뒤에 숫자가 오면 de를 사용하지 않음)

* 축약형 : 16~19, 21~29(악센트 위치에 주의)

16	**diez y seis**	**dieciséis**
21	**veinte y uno**	**veintiuno**(veintiún + 명사)
23	**veinte y tres**	**veintitrés**
29	**veinte y nueve**	**veintinueve**

* 200 ~ 900 : 항상 복수형이며 명사의 성에 일치

doscientas casas	200 채의 집들
setecientos ocho productos	708 개의 제품들
setecientas ocho velas	708 개의 초들

2. 서수

* 기본 서수

첫 번째	primero	일곱 번째	séptimo
두 번째	segundo	여덟 번째	octavo
세 번째	tercero	아홉 번째	noveno
네 번째	cuarto	열 번째	décimo
다섯 번째	quinto	열한 번째	undécimo
여섯 번째	sexto	열두 번째	duodécimo

* 서수 위치 : 관사 + 서수 + 명사(명사의 성 · 수에 일치)

Enero es **el primer mes** del año.	일월은 일년의 첫 달이다.
El segundo sábado de cada mes.	매월 두 번째 토요일.
Terminó el curso **del tercer año**.	그는 3학년 과정을 끝냈다.
La cláusula tercera del artículo sexto.	제 6조 제 3항.

> 주의하세요

① 남성 단수명사 앞에서 primero와 tercero는 어미 'o'를 탈락한다.

Enero es **el primer mes** del año.   일월은 일년의 첫 달이다.
Terminó el curso **del tercer año**.   그는 3학년 과정을 끝냈다.

② 서수의 위치는 주로 명사의 앞에 위치하나 뒤에 위치할 경우도 있다.

la cláusula tercera del artículo sexto.   제 6조 제 3항.

* 열한 번째(undécimo) 이상의 서수 : 기수로 대체 가능(관사 + 명사 + 기수)

Esa iglesia data **del siglo dieciséis**.   그 교회는 16세기로 거슬러 올라간다.
El Papa Francisco catorce visitó Perú.   교황 프란시스꼬 14세는 페루를 방문했다.

> 주의하세요

① 열한 번째(undécimo) 이상의 서수는 주로 기수로 사용한다.

el décimo sexto siglo ⇒ **el siglo dieciséis**   16세기

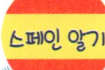

건강에 좋은 스페인 올리브유

스페인은 올리브유 최대 생산국이자 최대 수출국이다. 전 세계 생산량의 절반이 스페인에서 나오며 품질도 매우 우수하다. 올리브유는 올리브 열매를 압착해서 만드는데 기원전부터 식용뿐만 아니라 약용, 화장품 등으로 쓰였다. 올리브유는 단순 불포화지방산인 올레인산이 풍부하여 우리 몸의 해로운 콜레스테롤 수치도 낮추고 심장병과 당뇨에도 효과가 있다고 한다. 또한 위궤양, 십이지장궤양, 변비 증상을 해소하는 데도 도움을 준다고 한다. 스페인에서는 올리브유로 많이 먹지만 올리브 열매를 소금과 식초 등에 절여 술 안주 또는 음식의 밑반찬으로 즐겨 먹는다.

Lección 7 칭찬

기본대화

A
잘(좋은 일) 했어.
You did a nice job.
이씨스떼 운 부엔 뜨라바호.
Hiciste un buen trabajo.

B
좋아하니 기쁘네.
I'm glad you like it.
메 알레그로 데 께 떼 구스떼.
Me alegro de que te guste.①

주요표현

대단해요. Great.	헤니알. Genial.②
멋지네요. Wonderful.	마라비요소. Maravilloso.③
잘 하시는군요. You're doing well.	로 에스따 아씨엔도 비엔. Lo está haciendo bien.④
네가 정말 자랑스러워. I'm really proud of you.	에스또이 무이 오르구요소 데 띠. Estoy muy orgulloso de ti.
정말 부러워. I envy you.	떼 엔비디오. Te envidio.
참 친절해요. You're so kind.	에스 딴 아마블레. Es tan amable.⑤
과찬의 말씀입니다. I'm so flattered.	에스또이 딴 알라가도. Estoy tan halagado.
너는 상을 받을만한 자격이 있어. You deserve a prize.	떼 메레쎄스 운 쁘레미오. Te mereces un premio.

> **참고하세요**
>
> ① Me alegro de que te guste 문장에서 te guste는 te gusta('gustarse', 좋아하다)의 접속법 용법으로 사용되었다. 세부 설명은 P 140를 참고하세요.
> ② Genial은 Magnífico 또는 Muy bien 등으로 사용할 수 있다.
> ③ Maravilloso는 Estupendo 등으로 사용할 수 있다.
> ④ Lo está haciendo bien 문장 중 'Lo'를 없애도 문제가 없다. 다만 'Lo(그것을)' 3인칭 직접대명사를 사용함으로써 문장의 완성도를 높일 수 있겠다.
> ⑤ Es tan amable 문장에서 tan(tanto, 그렇게 많은(많게))은 형용사 앞에서 'to'를 생략한다. tan을 muy로 사용할 수 있다. 세부 설명은 P 97을 참고하세요

Lección 8 부탁

기본대화

A 실례합니다. 부탁해도 될까요?
Excuse me. May I ask a favor of you?
디스꿀뻬. 뿌에도 뻬디를레 운 파보르?
¡Disculpe! ¿Puedo pedirle un favor?[1]

B 네, 무엇을 도와드릴까요?
Yes, how may I help you?
시, 꼬모 뿌에도 아유다를레?
Sí, ¿cómo puedo ayudarle?[2]

A 이것 복사해 주세요.
Can you copy this for me?
뿌에데 꼬삐아르 에스또 뽀르 미?
¿Puede copiar esto por mí?

B 좋아요.
All right.
또도 비엔.
Todo bien.[3]

주요표현

부탁합니다.
Please.
뽀르 파보르.
Por favor.

안 된다고 말하지 마세요.
Don't say no.
노 디가 노.
No diga no.[4]

그것을 해 주시겠어요?
Would you do that?
뿌에데 아쎄르 에소.
¿Puede hacer eso?[5]

잠깐 시간 좀 내 주세요.
Do you have a moment?
띠에네 운 모멘또?
¿Tiene un momento?

한 번 더 부탁할게요.
Could I ask you one more time?
뿌에도 쁘레군따를레 우나 베스 마스?
¿Puedo preguntarle una vez más?

물론이죠.
Sure.
끌라로.
Claro.[6]

참고하세요

[1] ¡Disculpe!('disculpar'의 3인칭형, 2인칭은 Disculpa)는 '실례합니다'로 사용하며, ¡Discúlpeme!는 '죄송합니다' 뜻으로 어떤 잘못한 것에 대해 사과할 때에 사용한다.
[2] ¿Cómo puedo ayudarle? 문장은 ¿En qué puedo ayudarle? 문장으로 사용할 수 있다.
[3] Todo bien은 Está bien, De acuerdo, Bueno 등으로 사용할 수 있다.
[4] No diga는 'decir(말하다)'의 3인칭 단수 부정명령형이다.
[5] ¿Puede hacer eso? 문장은 ¿Podría hacer eso? 문장(조건법, P 146)으로 바꾸어 사용할 수 있다(더 정중한 표현으로).
[6] Claro는 Por supuesto 등으로 사용할 수 있다.

Lección 9　도움

기본대화

A 좀 도와주실 수 있으세요?
Could you give me a hand?

뽀드리아 에차르메 우나 마노?
¿Podría echarme una mano? ①

B 물론이죠. 무엇을 도와드릴까요?
Sure. What can I help you with?

뽀르 수뿌에스또. 엔 께 뿌에도 아유다를레?
Por supuesto. ¿En qué puedo ayudarle?

주요표현

너의 도움이 필요해. I need your help.	네쎄시또 뚜 아유다. Necesito tu ayuda.
너를 위해 뭘 해 줄까? What can I do for you?	께 뿌에도 아쎄르 뽀르 띠? ¿Qué puedo hacer por ti? ②
내가 너를 위해 그것을 할게. Let me do it for you.	데하메 아쎄를로 뽀르 띠. Déjame hacerlo por ti.
도움이 필요하면 언제든 부탁해. Call me if you need help.	야마메 시 네쎄시따 아유다. Llámame si necesitas ayuda.
도움이 필요하면 알려 줘. Let me know if you need help.	데하메 사베르 시 네쎄시따스 아유다. Déjame saber si necesitas ayuda.
댁의 도움에 의지할 수 있을까요? Can I rely on your help?	뿌에도 꼰피아르 엔 수 아유다? ¿Puedo confiar en su ayuda?

참고하세요

① ¿Podría echarme una mano?의 표현은 ¿Me puede ayudar, por favor? 표현으로 사용할 수 있다.
② por ti는 전치사 'por'와 전치격 대명사 2인칭 단수 'ti'가 결합하여 '너를 위해'의 뜻을 나타낸다. 전치사에 대한 설명(P 110)을 참고하세요.

dejar, hacer 동사

1. dejar 동사 : 영어의 'to let, allow, leave' 등과 비슷하게 사용

* 일반적으로 '~놓다, 놓아두다'의 의미로 사용한다.

    Dejo pasar a la gente.   나는 사람들이 지나가도록 **놔두었다**.
    Ana **dejó** los papeles en el suelo.   아나는 바닥에 종이들을 **놓아 두었다**.

* '맡기다, 남기다, 떠나다 등'의 의미로도 사용합니다.

    Él le **dejó** por heredero a su hijo.   그는 그의 아들을 상속자로 **맡겼다**.
    Mi mujer **deja** su gato a un vecino.   나의 부인은 고양이를 이웃에게 **맡긴다**.
    Ese contrato me **ha dejado** mil euros de ganancia.
    그 계약은 나에게 1,000유로를 **남겼다**.
    Juana **ha dejado** a su primo trescientos mil euros.
    후아나는 그의 사촌에게 30만 유로를 **남겨 주었다**.
    Ella **dejó** la ciudad este mes.   그녀는 이번 달에 도시를 **떠났다**.

* dejar의 추가 표현들
  - dejar + de + 동사원형 : ~하는 것을 그만두다

    Mi amigo **dejó de** llorar.   나의 친구는 우는 것을 **그만두었다**.

  - dejar + 과거분사(현재분사) : ~하게 두다(내버려 두다)

    Dejó cerrada la puerta con llave.   그는 열쇠로 문을 **닫아 두었다**.
    Dejo llorando a mi bebe.   나는 아기가 울도록 **내버려 둔다**.

> **참고하세요**
> ① 'dejarse'는 머리 등을 기르다, 자신을 돌보지 않는다 등의 표현으로도 사용한다.
>
>   Quiere **dejarse** el pelo largo.   그는 긴머리로 **기르기를** 원한다.
>   **Se dejó** de cuidar tras la muerte de su esposa.   그는 아내가 죽은 이후 **본인을 돌보지 않았다**.

2. hacer 동사 : 영어의 'to do, make'와 비슷하게 사용

* 동사의 변화 : hago, haces, hace, hacemos, hacéis, hacen

* 일반적으로 '~하다, ~되다, ~만들다' 등의 의미로 사용한다.

    Déjeme **hacer**lo.   내가 그것을 **하게** 해주세요.
    Hacemos yoga.   우리는 요가를 **합니다**.
    Mi madre **hará** los setenta y cinco años.   나의 어머니는 75살이 **된다**.
    Hago huevos fritos.   나는 달걀 프라이를 **만든다**.

* 'hacer + 명사(날씨)' 문장은 무인칭으로 날씨를 표현한다.

    Hace calor(sol, frío, viento, fresco).
    덥다(해가나다. 춥다. 바람이 분다. 시원하다).

    Hace buen tiempo(mal tiempo, buen día, mal día).
    일기가 좋다(일기가 나쁘다. 날씨가 좋다. 날씨가 나쁘다).

* 'hacer + 동사원형 + a + 사람'은 '~에게 ~하게 하다'로 사용한다.

    El jefe del departamento **les hace trabajar a los empleados**.
    부장은 **직원들에게 일을 하도록 한다**.

    La madre **les hace limpiar a los niños**.
    어머니는 **아이들에게 청소를 하도록 한다**.

* 'hace + 기간 + 동사/que'은 '~한 지 ~의 기간이 되다'로 사용한다.

    Hace dos años que estudio coreano en la universidad.
    나는 대학에서 한국어를 공부**한 지 2년이 된다**.

    Hacía más de diez años que no le visitaba.
    내가 그를 방문하지 않은 **지가 10년이 넘었다**.

    Hace una semana conocí a una mujer.
    일주일 전에 한 여성을 알게되었다.

Lección 10 거절

기본대화

A 개인적인 호의를 부탁해도 될까요?
May I ask you a personal favor?
뿌에도 뻬디를레 운 파보르 뻬르소날?
¿Puedo pedirle un favor personal?

B 미안하지만 지금은 안되겠는데요.
I'm sorry. I can't now.
로 시엔또. 노 뿌에도 아오라.
Lo siento. No puedo ahora.

주요표현

그건 받아들일 수 없습니다. That is unacceptable.	에소 에스 인아쎕따블레. Eso es inaceptable.
그것은 필요 없습니다. It is not necessary.	노 에스 네쎄사리오. No es necesario.①
그것은 어려운 요구(일)입니다. It's a difficult task.	에스 우나 따레아 디피씰. Es una tarea difícil.
불가능하다는 것이 두려워요. I'm afraid that's impossible.	메 떼모 께 에소 에스 임뽀시블레. Me temo que eso es imposible.
미안해요. 지금 좀 바빠요. I'm sorry, I'm a little busy right now.	로 시엔또, 에스또이 운 뽀꼬 오꾸빠도 아오라. Lo siento, estoy un poco ocupado② ahora.
시간이 필요해요. It takes time.	네쎄시따 띠엠뽀. Necesita tiempo.
지금 제가 너무 바빠서 할 수 없어요. I'm too busy to do it now.	에스또이 데마시아도 오꾸빠도 빠라 아쎄를로 아오라. Estoy demasiado ocupado para hacerlo ahora.

참고하세요

① No es necesario 문장은 No hace falta 문장으로 사용할 수 있다.
② ocupado는 'ocupar' 동사의 과거분사형이다. 주어가 남성일 경우에는 ocupado로, 여성일 경우에는 ocupada로 쓰여진다.

Lección 11 시간 / 날짜

기본대화

A	지금 몇 시에요? What time is it now?	께 오라 에스? ¿Qué hora es?
B	오후 두 시 이십 분이에요. It's two twenty pm.	손 라스 도스 이 베인떼 데 라 따르데. Son las dos y veinte de la tarde.
A	버스는 언제 출발해요? When does the bus leave?	꾸안도 살레 엘 아우또부스? ¿Cuándo sale el autobús?
B	두 시간 후에요. In two more hours.	엔 도스 오라스 마스 따르떼. En dos horas más tarde.

주요표현

몇 시에 거기에 갈까요? What time should I be there?	아 께 오라 데보 에스따르 아이? ¿A qué hora debo estar allí?
몇 시죠? Do you have the time?	띠에네 오라? ¿Tiene hora?
공항까지는 시간이 얼마나 걸려요? How much time does it take to the airport?	꾸안또 띠엠뽀 세 따르다 아스따 엘 아에로뿌에르또? ¿Cuánto tiempo se tarda hasta el aeropuerto?
삼십 분 걸려요. It takes 30 minutes.	세 따르단 뜨레인따 미누또스. Se tardan treinta minutos.
오늘이 며칠이에요? What's the date today?	께 페차 에스 오이? ¿Qué fecha es hoy?
오늘은 너의 생일이지? Is it your birthday today?	오이 에스 뚜 꿈쁠레아뇨스? ¿Hoy es tu cumpleaños?
오늘이 무슨 요일이에요? What day is it today?	께 디아 에스 오이?. ¿Qué día es hoy?
오늘이 몇 월이에요? What month is it today?	엔 께 메스 에스따모스 오이? ¿En qué mes estamos hoy?.

시간, 날짜, 달, 해 표현

1. 지금 몇 시입니까? (¿Qué hora es?)

* **시간 말하기** : ser + 정관사(여성) + 기수(시간 y 분)

시간은 ser 동사의 단·복수와 여성정관사 단·복수, 그리고 기수로 표현합니다.
두 시 이상의 시간은 복수형으로 사용합니다.

Es **la una**.	한 시입니다(단수일 때 es).
Es **la una y veinte**.	한 시 20분입니다.
Son **las cuatro.**	네 시입니다(둘 이상 복수일 때 son).
Son las cuatro y **treinta(media)**.	네 시 30분입니다.
Son las ocho y **quince(cuarto)**.	여덟 시 15분입니다.
Son las diez **menos** cinco.	열시 5분 **전**입니다.
Son las once **en punto**.	열 한시 **정각**입니다.

주의하세요

① 30분은 treinta(30) 또는 media(반)을, 15분은 quince(15) 또는 cuarto(1/4)를, ~시 ~분 전은 menos 를 사용합니다.

* **오전, 오후, 밤 등의 표현** : 시간 + de(por) + la + mañana, tarde, noche

구체적인 시간이 있으면 '전치사 de'를, 구체적인 시간이 없으면 '전치사 por'를 사용합니다.

Son las seis **de** la mañana.	아침 여섯 시입니다.
Son las cuatro **de** la tarde.	오후 네 시입니다.
Son las once **de** la noche.	저녁 열한 시입니다.
Tengo una cita **por** la noche.	나는 밤에 약속이 있다.

주의하세요

① por la mañana, por la tarde, por la noche는 **de mañana, de tarde, de noche**로도 바꾸어 사용할 수 있다. 중남미에서는 'en'을 붙여 사용하기도 한다.

Él llega **en** la noche.	그는 밤에 도착한다.

* **'몇 시에'라는 표현** : a + 시간

'몇 시에'에서 '에'에 해당하는 전치사가 'a'입니다. 따라서 시간 앞에 'a'를 붙여주면 '몇 시에'라는 표현이 됩니다.

¿**A qué hora** nos vemos?	우리 **몇 시에** 볼까?

Nos vemos **a las dos de la tarde**.   우리 오후 두 시에 보자.

2. 오늘은 몇 일입니까?(¿Qué fecha es hoy? 또는 ¿A cuántos estamos hoy?)

* 날짜 말하기 : ser(estar a) + 숫자 + de + 달

날짜를 물을 때에는 ser 동사와 estar 동사를 사용합니다. ser 동사로 물으면 ser 동사로 답하고 estar 동사로 물으면 estar 동사로 답합니다. 숫자 앞에 관사를 생략하나 특정 날짜에는 정관사를 붙입니다.

Hoy **es uno**(primero) **de enero**.   오늘은 1월 1일입니다.
Hoy **estamos a uno**(primero) **de enero**.   오늘은 1월 1일입니다.
Mi cumpleaños **es el doce de octubre**.   내 생일은 10월 12일입니다.
Nuestra fecha de boda **es el 18**(el dieciocho) **de marzo**.
우리 결혼식 날짜는 3월 18일입니다.

주의하세요

① 달의 첫째날인 1일은 숫자 uno로 사용해도 되지만 서수 primero로 바꾸어 사용할 수 있다.

3. 오늘은 무슨 요일입니까?(¿Qué día es hoy?)

* 요일 말하기 : 동사 + 정관사 + 요일

요일을 표현할 때에는 전치사를 포함하지 않으며 ser 동사의 보어로 사용될 때에는 관사를 생략한다.

Hoy es **lunes**.   오늘은 **월요일**입니다.
Voy a la escuela **el lunes** .   나는 **월요일**에 학교에 간다.
Este restaurante no abre **los domingos**.   이 식당은 **매주 일요일**은 문을 열지 않는다.

참고하세요

① 모든 요일은 단·복수가 같고 정관사로 단·복수를 구분(sabado, domingo 제외)하며, todos를 붙여 강조의 의미를 표현한다.

el lunes – los lunes(월)	el viernes – los viernes(금)
el martes – los martes(화)	el sábado – los sábados(토)

| el miércoles – los miércoles(수) | el domingo – los domingos(일) |
| el jueves – los jueves(목) | todos los domingos(일요일마다) |

4. 달의 표현

* en + 달

월을 표현할 때에는 관사없이 'en + 달'로 한다. 단 주어로 사용할 때, 전치사와 합할 때에는 생략한다.

Lorenzo viene a Corea **en julio**. 로렌쏘는 **7월에** 한국에 온다
Diciembre es el último mes del año. **12월은** 일년의 마지막 달이다
Juan ha estado en el hospital **desde marzo**. 후안은 **3월부터** 병원에 있다
El curso empieza **el primero de septiembre**. 그 과정은 9월 1일에 시작한다

enero	1월	mayo	5월	septiembre	9월
febrero	2월	junio	6월	octubre	10월
marzo	3월	julio	7월	noviembre	11월
abril	4월	agosto	8월	diciembre	12월

5. 해와 계절의 표현

* en + 해(계절)

해와 계절을 표현할 때에는 달의 표현 방법처럼 'en + 해(계절)'로 한다. 단, 계절을 표현할 때에는 정관사를 붙일 수 있다.

en 2020   2020년에   **en dos mil veinte**   2020년에
en (la) **primavera**   봄에   **en** (el) **verano**   여름에
en (el) **otoño**   가을에   **en** (el) **invierno**   겨울에

Capítulo 3
감정 표현

기쁨, 슬픔, 놀라움, 긴장, 실망
비난과 욕설, 다툼, 불평

Lección 1   기 쁨

기본대화

A 회사에 합격했어.
I got accepted to the company.
에 꼰세기도 엘 엠쁠레오.
He conseguido el empleo.①

B 축하해. 드디어 해냈군.
Congratulations. You finally made it.
펠리씨다데스. 뽀르 핀 로 이씨스떼.
Felicidades. Por fin lo hiciste.

주요표현

기분이 끝내주네. What a great feeling!	께 비엔 메 시엔또! ¡Qué bien me siento! ②
기뻐서 날아갈 것 같아. I jumped for joy.	살떼 데 알레그리아. Salté de alegría.
그 소식을 들으니 기쁘네. I'm glad to hear that.	메 알레그라 사베를로. Me alegra saberlo.
그것은 반가운 소식이군. That's good news.	에사스 손 부에나스 노띠씨아스. Esas son buenas noticias.③
네가 웃고 있는 것을 보니 참 좋아. It's great to see you smiling.	에스 헤니알 베르떼 손레이르. Es genial verte sonreír.
너무 웃겨서 웃음을 참을 수가 없었어. It was so funny I couldn't stop laughing.	푸에 딴 디베르띠도 께 노 뿌데 데하르 데 레이르. Fue tan divertido que no pude dejar de reír.
그는 희색이 만면했어. He was all smiles.	엘 떼니아 까라 데 알레그리아. El tenía cara de alegría.

참고하세요

① He conseguido el empleo 문장은 Me han dado el puesto 문장으로 바꾸어 사용할 수 있다.
② ¡Qué bien me siento! 문장은 ¡Qué gran sensación! 문장으로 바꾸어 사용할 수 있으며, 세부 설명은 감탄문(P 91)을 참고하세요.
③ Esas son buenas noticias 문장은 ¡Qué buenas noticias! 문장으로 바꾸어 사용할 수 있다.

Lección 2 슬픔

기본대화

A 너 좀 심각해 보이는데. 무슨일이 있니?
You look a little serious. What happened?
떼 베스 운 뽀꼬 세리오. 께 떼 빠사?
Te ves un poco serio. ¿Qué te pasa?①

B 아나가 아프데.
Ana is sick.
아나 에스따 엔페르마.
Ana está enferma.

A 얼마나 아픈데?
How sick is she?
꾸안또 레 두엘레 에야?
¿Cuánto le duele ella?

B 어제 병원에 입원했어.
She was hospitalized yesterday.
푸에 오스삐딸리싸다 아예르.
Fue hospitalizada ayer.

주요표현

비참해.
I feel miserable.
메 시엔또 미세라블레.
Me siento miserable.

우울해.
I feel depressed.
메 시엔또 데쁘리미도.
Me siento deprimido.②

슬퍼.
I'm sad.
에스또이 뜨리스떼.
Estoy triste.

무슨 걱정거리라도 있니?
Is something worrying you?
띠에네스 알구나 쁘레오꾸빠시온?
¿Tienes alguna preocupación?③

어제 할아버지께서 돌아가셨습니다.
My grandfather passed away yesterday.
미 아부엘로 파예씨오 아예르.
Mi abuelo falleció ayer.

용기를 가지세요.
Take heart.
세아 발리엔떼.
Sea valiente.

위로해 주셔서 감사합니다.
Thank you for your sympathy.
그라씨아스 뽀르 라 꼼빠시온.
Gracias por la compasión.

참고하세요

① 스페인에서는 ¿Qué te pasa? 로(현재형), 중남미에서는 ¿Qué te pasó? 로(과거형) 사용하는 경향이 있다.
② Me siento deprimido 문장은 Estoy melancólico 문장으로 바꾸어 사용할 수 있다.
③ ¿Tienes alguna preocupación? 문장은 ¿Te preocupa por algo? 문장으로 바꾸어 사용할 수 있다.

추가 문법 익히기: 긍정어, 부정어

1. 긍정어와 부정어 분류

구 분	긍정어	부정어
대명사	alguno (어떤 사람(것))	ninguno (어떤 사람(것) ~않다)
	alguien (누가, 누군가)	nadie (아무도 ~않다)
	algo (어떤 것, 무언가)	nada (아무것도 ~않다)
부사	también (역시 ~하다)	tampoco (역시 ~아니다)
	siempre (언제나)	nunca (결코 ~않다)
	todavía (아직)	jamás (결코 ~않다)
	casi (거의)	apenas (거의 ~않다, 겨우)
접속사	y (그리고)	ni (~도 아닌)

2. 긍정어와 부정어 사용 용법

* **alguno, ninguno** : 사람, 사물에 관한 형용사, 대명사로 사용

¿Ha ganado **alguno**?　　　　　　　　**누가** 이겼습니까?
Algunos alumnos duermen en el aula.　**어떤**(몇명의) **학생들은** 교실에서 잔다.
Vivimos **sin ayuda alguna**.　　　　　　우리는 **아무런 도움없이** 살고 있다.
Ninguno de los amigos lo **compró**.　　친구들 중에 **어느 누구도** 그것을 **사지 않았다**.
Él no tiene **ningún pecado**.　　　　　　그는 **어떤 죄도** 가지고 있지 **않다**.

> **참고하세요**
>
> ① ninguno는 명사 앞 또는 뒤에 위치할 수 있고 alguno는 명사 뒤에 오면 ninguno의 의미를 갖는다.
>   Él no tiene **ningún pecado**(pecado ninguno, pecado alguno).

* **alguien, nadie** : 사람에 관한 대명사로 사용하고 성·수의 변화가 없음

¿Estas gafas son de **alguien**?　　　　　이 안경은 **누구의** 것입니까?

Nadie conoce su casa. 　　　　　　　그의 집을 아는 사람이 **아무도** 없다.
　　Quiero enseñar a **alguien** a leer y escuchar el español.
　　나는 **누군가**에게 스페인어를 읽고 듣도록 가르치고 싶습니다.
　　No le gusta tener conversaciones **con nadie**.
　　 그는 **타인과** 대화를 나누는 것을 좋아하지 않는다.

* algo, nada : 양에 관한 대명사, 부사로 사용하고 성·수의 변화가 없음
　　Yo tengo **algo** que hacer(대명사). 　　나는 해야할 **무언가를** 가지고 있다.
　　Quiero tomar **algo**(대명사). 　　　　　나는 **무엇이라도** 마시고 싶다.
　　No hay **nada** de importante(대명사). 　중요한 것이 **아무것도** 없다.
　　¿Está **algo** mejor?(부사). 　　　　　　조금 좋아졌나요?
　　Nada bueno(부사). 　　　　　　　　　**아무것도** 좋아진게 없어요.

* también, tampoco : 부사로 사용
　　También me gustan los gatos. 　　　나 **역시** 고양이를 **좋아한다**.
　　Tampoco me gustan los gatos. 　　 나 **역시** 고양이를 **좋아하지 않는다**.
　　Yo **también** entiendo sus acciones. 　나 **역시** 그의 행동을 이해한다.
　　Yo no me duermo - Yo **tampoco**. 　　나는 자지 않겠다 - **나도**(자지 않겠다).

* siempre, todavía : 시간의 부사로 사용
　　Me levanto **siempre** a las cinco y media. 　나는 **항상** 5시 반에 일어난다.
　　Mi madre **siempre** piensa en mí. 　　나의 어머니는 **항상 나를** 생각하신다.
　　Mario **todavía** es rico. 　　　　　　　마리오는 **아직도** 부자이다.
　　Todavía no ha comido. 　　　　　　그는 **아직도** 먹지 못했다.

* nunca, jamás : 부사로 사용하며 같은 의미로 사용(결코 ~않다)
　　No lo comeré **nunca**(nunca lo comeré). 　나는 **결코** 그것을 먹지 **않겠다**.
　　Jamás ha hablado con Juana. 　　　그는 후아나와 **결코** 이야기하지 **않았다**.

* casi, apenas : 부사로 사용하며 주로 수식하는 문장의 앞에 온다
　　Casi siempre trabajo de noche. 　　나는 **거의** 항상 저녁에 일한다.
　　Apenas tengo dinero. 　　　　　　나는 **거의** 돈을 가지고 있지 않다.

* y, ni : 접속사로 사용하며 y는 긍정문에, ni는 부정문에 사용
　　Voy a ir a España **y** veré a María. 　나는 스페인에 갈 예정**이고** 마리아를 볼 것이다.
　　No tengo amiga **ni** novia. 　　　　　나는 여자 친구도 없고 애인**도 없다**.

감정 표현

Lección 3　놀 라 움

기본대화

A 제가 반에서 1등을 했어요.
I won first place in my class.
푸이 엘 누메로 우노 데 라 끌라세.
Fuí el número uno de la clase.

B 뭐라고요? 믿을 수가 없어요!
What? That's incredible!
께? 에소 에스 잉끄레이블레.
¿Qué? ¡Eso es increíble!

주요표현

저런, 세상에! Oh, my God!	오 디오스 미오 ¡Oh Dios mío!
깜짝 놀랐잖아! You surprised me!	메 아스 아수스따도! ¡Me has asustado!
도대체 뭐죠? What on earth?	께 디아블로스? ¿Qué diablos?
그 소식을 듣고 놀랐어. I was surprised to hear the news.	메 소르쁘렌디오 에스꾸차르 라 노띠씨아. Me sorprendió escuchar la noticia.
저런, 정말(사실)입니까? Oh! Is it true?	오! 에스 베르닫? ¡Oh! ¿Es verdad?
정말 믿을 수 없어요. Unbelievable.	잉끄레이블레. Increíble.
대담한 담력이네요! What a bold nerve!	께 발리엔떼! ¡Qué valiente!

추가 문법 익히기 — 감탄문

1. 감탄문의 종류

상태 강조	수량 강조	행위 강조
qué	cuánto	cómo

2. qué(얼마나) : 기본적인 감탄문을 구성, 가장 많이 사용

* qué + 명사, qué + 형용사, qué + 부사

¡Qué calor!	정말 덥네요!
¡Oh, qué linda!	오, 얼마나 귀여운지!
¡Qué rápido!	얼마나 빠른지!

* qué + 명사 + tan + 형용사

¡Qué niña tan linda!	어쩜 이런 귀여운 아이가!
¡Qué paella tan rica!	정말 맛있는 빠에야이군요!

* qué + 형용사 + 명사

¡Qué linda niña!	어쩜 이런 귀여운 아이가!
¡Qué rica paella!	정말 맛있는 빠에야이군요!
¡Qué bonita casa!	정말 멋있는 집이군요!

* qué + 형용사 + 동사 + 명사(주어)

¡Qué linda es la niña!	어쩜 이런 귀여운 아이가!
¡Qué rica está la paella!	정말 맛있는 빠에야이군요!
¡Qué bonita es esta casa!	정말 멋있는 집이군요!

3. cuánto(얼마나) : 수량을 강조, 성·수의 변화가 있음

* ccuanto/a/os/as + 명사 cuánto + 동사

¡Cuánto tiempo sin verte!	정말 오래만이네요!

¡**Cuánto me alegro** de verle a usted! 당신을 뵙게 되어 **정말 기쁘네요!**
¿**Cuántos niños** hay aquí? 이곳 아이들이 몇 명 있습니까?

4. cómo(어떻게) : 행위를 강조, 성 · 수의 변화가 없음

* cómo + 동사

¡Mira, **cómo traes** tu mochila! 봐! 네 배낭을 **어떻게 가지고 다니는 거야!**
¡**Cómo ha progresado** en dos meses! 두달만에 **얼마나 발전했는지!**

참고하세요

① qué + 명사, qué + 형용사, qué + 부사, cuánto + 명사 등의 문장에서 동사 + 주어를 추가하여 사용할 수 있고 생략하여 사용할 수 있다.

¡Oh, **qué linda es ella**! 오, **얼마나 그녀가 귀여운지!**
¡**Qué rápido pasa** el tiempo! 시간이 얼마나 **빠르게 지나가는지!**
¡**Cuánto calor hace** hoy! 오늘 얼마나 **더운지!**

Lección 4 긴 장

기본대화

A 긴장이 돼네.
I'm nervous.

에스또이 네르비오소.
Estoy nervioso.

B 긴장 풀어. 괜찮을 거야.
Relax. It'll be fine.

렐라하떼. 에스따라 비엔.
Relájate. Estará bien.①

주요표현

다리가 후들 후들 떨린다. My legs are shaking.	미스 삐에르나스 띠엠블란. Mis piernas tiemblan.②
뭐가 무서워? What are you afraid of?	데 께 띠에네스 미에도? ¿De qué tienes miedo?
손 떨리는 것 좀 봐. Your hands are trembling.	떼 띠엠블란 라스 마노스. Te tiemblan las manos.
마음이 떨려. I've got butterflies in my stomach.	뗑고 마리뽀사스 엔 미 에스또마고. Tengo mariposas en mi estómago.③
너 무서워하는 것 같은데. You look scared.	떼 베스 아수스따도. Te ves asustado.
두려워하지 마렴. Don't be afraid.	노 뗑가스 미에도. No tengas miedo.
왜 그렇게 긴장하고 있어? Why are you so nervous?	뽀르께 에스따스 딴 네르비오소? ¿Por qué estás tan nervioso?
심호흡을 해 봐. Take a deep breath.	레스삐라 온도. Respira hondo.

> **참고하세요**
>
> ① Relájate는 'relajarse(쉬다)'의 2인칭 명령형이다.
> ② tiemblan은 'temblar(떨리다)'의 3인칭 복수 불규칙동사이다.
> ③ Tengo mariposas en mi estómago 문장은 Estoy muy nervioso 문장으로 바꾸어 사용할 수 있다.

Lección 5 실 망

기본대화

A 무엇 때문에 나에게 화를 내는 거야?
What makes you mad at me?

뽀르 께 떼 에노하스 꼰미고?
¿Por qué te enojas conmigo? ①

B 제발 나 좀 내버려(홀로) 둬.
Please leave me alone.

뽀르 파보르, 데하메 엔 빠쓰.
Por favor, déjame en paz. ②

주요표현

당신 때문에 미치겠어. You drive me crazy.	메 부엘베스 로꼬. Me vuelves loco.
당신은 비겁해. You're a coward.	에레스 운 꼬바르데. Eres un cobarde.
이 일에 간섭하지 마. Stay out of this matter.	노 떼 메따스 엔 에스떼 아순또. No te metas en este asunto. ③
당신에게 실망했어. I'm disappointed in you.	에스또이 데쎕씨오나도 데 띠. Estoy decepcionado de tí.
나 좀 그만 괴롭혀. Stop bothering me.	데하 데 몰레스따르메. Deja de molestarme.
나를 실망시키지 마. Don't let me down.	노 메 데쎕씨오네스. No me decepciones.
이제 그만할 때도 되었잖아? Don't you think that's enough?	노 끄레에스 께 쎄아 수피씨엔떼? ¿No crees que sea suficiente?

참고하세요

① ¿Por qué te enojas conmigo? 문장은 ¿Por qué estás enfadado conmigo? 문장으로 바꾸어 사용할 수 있다.
② déjame en paz 문장은 déjame solo(혼자, 오직, 유일의) 문장으로 바꾸어 사용할 수 있다.
③ No te metas en este asunto 문장에서 no te metas는 'meterse(들어가다)'의 2인칭 부정명령형이다.

Lección 6 — 비난과 욕설

기본대화

A 당신 정신이 나갔어?
Are you out of your mind?
에스따스 로꼬?
¿Estás loco?

B 미안해, 내 의도가 아니야.
I'm sorry, that's not my intention.
로 시엔또, 에사 노 에스 미 인뗀씨온.
Lo siento, esa no es mi intención.

주요표현

미쳤군. You're crazy.	에스따스 로꼬. Estás loco.
그건 당신다운 행동이 아니야. It's not like you.	노 에스 꼬모 뚜. No es como tú.
그건 치사한 행동이야. That's a cheap move.	에소 에스 우나 후가다 바라따. Eso es una jugada barata.
넌 너무 순진해. You're so naive.	에레스 딴 이노쎈떼. Eres tan inocente.
바보 같은 짓 하지마! Don't make a fool of yourself!	노 떼 아가스 엘 똔또! ¡No te hagas el tonto! ①
욕하지 마렴. Don't call me names.	노 메 인술떼스. No me insultes.
그는 나에게 창피를 주었어. He embarrassed me.	엘 메 아베르곤쏘. Él me avergonzó. ②

참고하세요

① ¡No te hagas el tonto! 문장은 ¡No seas tonto! 문장으로 바꾸어 사용할 수 있다.
② Él me avergonzó 문장을 Él me humilló 문장으로 바꾸어 사용 할 수 있다.

Lección 7 다툼

기본대화

A	어제 후안과 싸웠어? Did you have a fight with Juan yesterday?	뚜비스떼 우나 뻴레아 꼰 후안 아예르? ¿Tuviste una pelea con Juan ayer?
B	그는 나쁜 사람이야. He's a bad guy.	에스 우나 말라 뻬르소나. Es una mala persona.①

주요표현

제발 소리를 지르지 마. Please don't yell.	뽀르 파보르 노 그리떼스. Por favor no grites.
화제를 바꾸지 마. Don't change the topic.	노 깜비에스 엘 떼마. No cambies el tema.
무엇 때문에 다투었어? What did you argue about?	데 께 디스꾸띠스떼? ¿De qué discutiste?
흥분하지 마라. Don't get excited.	노 떼 알떼레스. No te alteres.
그 일은 잊어. Forget about it.	올비달로. Olvídalo.
아내와 말 다툼을 했어. I had a quarrel with my wife.	뚜베 우나 뻴레아 꼰 미 에스뽀사. Tuve una pelea con mi esposa.②
이제 두 사람 화해하면 어떨까? Why don't you guys reconcile now?	뽀르께 노 세 레꽁씰리안 아오라? ¿Por qué no se reconcilian ahora?

참고하세요

① ¿Es una mala persona 문장은 Es un mal tipo 문장으로 바꾸어 사용할 수 있다. 'malo'(나쁜)는 남성 단수명사 앞에서 'mal'이 되고 여성 단수명사 앞에서는 'mala'가 된다.
② Tuve una pelea con mi esposa 문장은 Discutí con mi esposa 문장으로 바꾸어 사용할 수 있다.

추가 문법 익히기

명령형, tanto

1. 명령형

명령법은 긍정 명령형과 부정 명령형으로 나누며, 직설법과 접속법 현재 동사의 변화 형태를 이해하면 쉽게 사용할 수 있다.

2. 긍정 명령형 형태

구 분	hablar	comer	vivir
yo			
tú	habla	come	vive
él/ella/Ud.	hable	coma	viva
nosotros	hablemos	comamos	vivamos
vosotros	hablad	comed	vivid
ellos/ellas/Uds.	hablen	coman	vivan

3. 명령형 용법

* 2인칭 긍정 명령형은 직설법 3인칭 단수와 같다.

Llama a Mario. 마리오에게 **전화해**.
Bebe leche. 우유를 **마셔라**.
Abre la ventana. 창문을 **열어**.

* 3인칭 긍정 명령형은 접속법 3인칭(단 · 복수)을 그대로 사용한다.

Espere un momento. 잠깐 **기다리세요**.
Sea optimista. 낙천주의자가 **되세요**.
Coman despacio. 천천히 **식사하세요**.

* 부정 명령형은 접속법 동사를 그대로 사용한다(No + 접속법 동사시제)

감정 표현   97

No llames a Mario.	마리오에게 **전화하지 마라**.
No bebas leche.	우유를 마시지 마라.
No abras la ventana.	창문을 열지 마라.
No espere un momento.	잠깐 **기다리지 마세요**.
No sea optimista.	낙천주의자가 **되지 마세요**.
No coman despacio.	천천히 **식사하지 마세요**.

* 간접·직접 목적대명사, 재귀대명사는 명령형 뒤에 붙인다. 부정 명령형일 경우에는 동사 앞에 놓인다

Llámale. (No le llames)	그녀에게 전화해. (그녀에게 전화하지 마라)
Bébelo. (No lo bebas)	그것을 마셔라. (그것을 마시지 마라)
Ábrela. (No la abras)	그것을 열어. (그것을 열지 마라)
Lávese las manos.	손을 씻으세요.
(No se lave las manos)	(손을 씻지 마세요)

* 추가적인 명령형(a + 동사원형, que + 접속법 현재 등)

A ver.	봅시다.
A beber.	마십시다.
Que tenga un buen día.	좋은 하루 되십시오.
Que me lo diga.	나에게 그것을 이야기해 주세요.

4. 명령형 불규칙 동사

* 2인칭 단수에서 불규칙 변화를 하는 동사

decir (말하다)	**di**	ir (가다)	**ve**
venir (오다)	**ven**	hacer (만들다)	**haz**
poner (놓다)	**pon**	ser (이다)	**sé**
tener (가지다)	**ten**	salir (나가다)	**sal**

참고하세요

① 명령형에서 주어는 동사 뒤에 위치하나 대부분 생략한다.

Llama (tú) a Mario.   (너가) 마리오에게 **전화해**.

② 명령형에서 악센트는 원래 동사의 위치에 붙여준다.

Tráigamelo.   나에게 그것을 가져다 주세요.

5. tanto : 형용사, 대명사, 부사로 쓰이며 영어의 so many, so much 등과 비슷하게 사용

* 형용사 : 명사와 성·수를 일치

    No tengo **tanta** fama como Carlos
        나는 까를로스처럼 **그 정도의** 명성을 가지고 있지 않다.

    Hace **tanto** calor como para encender el aire acondicionado.
        에어컨을 켜야할만큼 **그 정도로** 덥다.

* 대명사 : 그 정도(만큼)의 것

    Él vino aquí a **tantos** de enero.   그는 1월의 **며칠인가** 이곳에 왔다.
    Ella tiene treinta y **tantos**.   그녀는 서른 **몇** 살입니다.

* 부사 : 형용사, 부사 앞에서는 tan

    Ana es **tan** bonita como Margarita.   아나는 마르가리따만큼 **그렇게 많이** 예쁘다.
    Él cantó **tanto** que se puso ronco.   그는 **그렇게 많이** 노래를 불러서 목이 쉬었다.

Lección 8 불평

기본대화

A 불만스러운 것이 있어?
Do you have any complaints?
띠에네스 알구나 께하?
¿Tienes alguna queja?

B 응, 상사에게 불만이 많아.
Yes, I have a lot of complaints with the boss.
시, 뗑고 무차스 께하스 꼰 엘 헤페.
Sí, tengo muchas quejas con el jefe.

주요표현

너무 투덜거리지 마. Don't grumble too much.	노 떼 께헤스 딴또. No te quejes tanto.
그는 항상 불평만 하는 사람이다. He's always a complainer.	엘 시엠쁘레 세 께하. Él siempre se queja.
나한테 불만 있어? Do you have a problem with me?	띠에네스 알군 쁘로블레마 꼰미고? ¿Tienes algún problema conmigo?
이젠 이 일에 싫증이 나. I'm tired of this job now.	에스또이 깐사도 데 에스떼 뜨라바호 아오라. Estoy cansado de este trabajo ahora.
더는 못 참겠어. I can't take it anymore.	노 뿌에도 아구안따르 마스. No puedo aguantar más.
정말 귀찮군! How annoying!	께 몰레스또! ¡Qué molesto!

참고하세요 (mucho와 muy 비교)

① mucho : 형용사, 부사, 대명사로 사용하며 성·수의 변화가 있다.

Hace **mucho** calor.   날씨가 **무척**(많이) 덥다.
Ellos comen **mucho**.   그들은 **많이** 먹는다.
Muchos quieren ser maestros.   **많은 사람들이** 교사가 되기를 원한다.

muy : 부사로 사용하며 성·수의 변화가 없다.

Muy buenos días.   **매우** 좋은 날입니다(안녕하십니까).
Blanca canta **muy** bien.   블랑까는 노래를 **매우** 잘 부른다.
Él es **muy** sabio.   그는 **매우** 현명하다.

🌂 **잠깐 쉬어가기**

투우 경기장 (말라가)

스페인의 고유 전통, 투우!

　스페인의 고유 전통인 투우는 로마시대에 검투사와의 대결로 사람들에게 볼거리를 제공하였고 16세기에 이르러 귀족 스포츠로 성행하였다. 18세기에는 일반 민중들에게 널리 소개되었으며 19세기를 지나서야 오늘날과 같은 방식으로 운영되었다. 투우 경기는 매년 봄 부활제의 일요일부터 10월까지 주요 도시의 투우장에서 개최된다. 통상 서쪽으로 해가 기울어 노을이 지는 오후에 시작한다. 3명의 투우사들이 각각 2마리씩의 소와 대결하는데 대략 2시간 30여분이 소요된다. 먼저 말을 타고 긴 창으로 소를 찔러 소의 상태를 살피는 삐가도르가 나오고 이어서 소를 좀 더 흥분시키기 위해 작은 창을 꽂는 반데리예로가 나온다. 그리고 마지막으로 투우 경기의 주인공인 투우사, 즉 마따도르가 나와 붉은 천으로 된 물레따를 사용하여 소와 대결을 펼친다음, 칼로 소의 심장을 찔러 죽인다. 인기있고 노련한 투우사 일수록 소에게 고통을 적게 주며 한번에 숨통을 끊는다. 투우 경기가 끝나면 객석에 앉아 있던 판정관에 의해 그 결과가 가려지는데, 우수한 투우사들은 판정관들로부터 소의 귀를 하나 또는 두 개와 꼬리까지 받게 된다. 이렇게 받은 전리품에 의해 투우사들이 명성이 가려지게 된다. 오늘날 투우가 동물 학대행위라고 많은 논란이 있지만 여전히 스페인에서 인기를 유지하고 있다. 수 백년간 이어져 온 투우가 일부 지역에서 금지하고는 있지만 스페인과 포르투갈, 프랑스 남부 지역, 멀리 라틴아메리카 지역에서도 아직까지 행해지고 있다는 것은 그 시사점이 크다 하겠다.

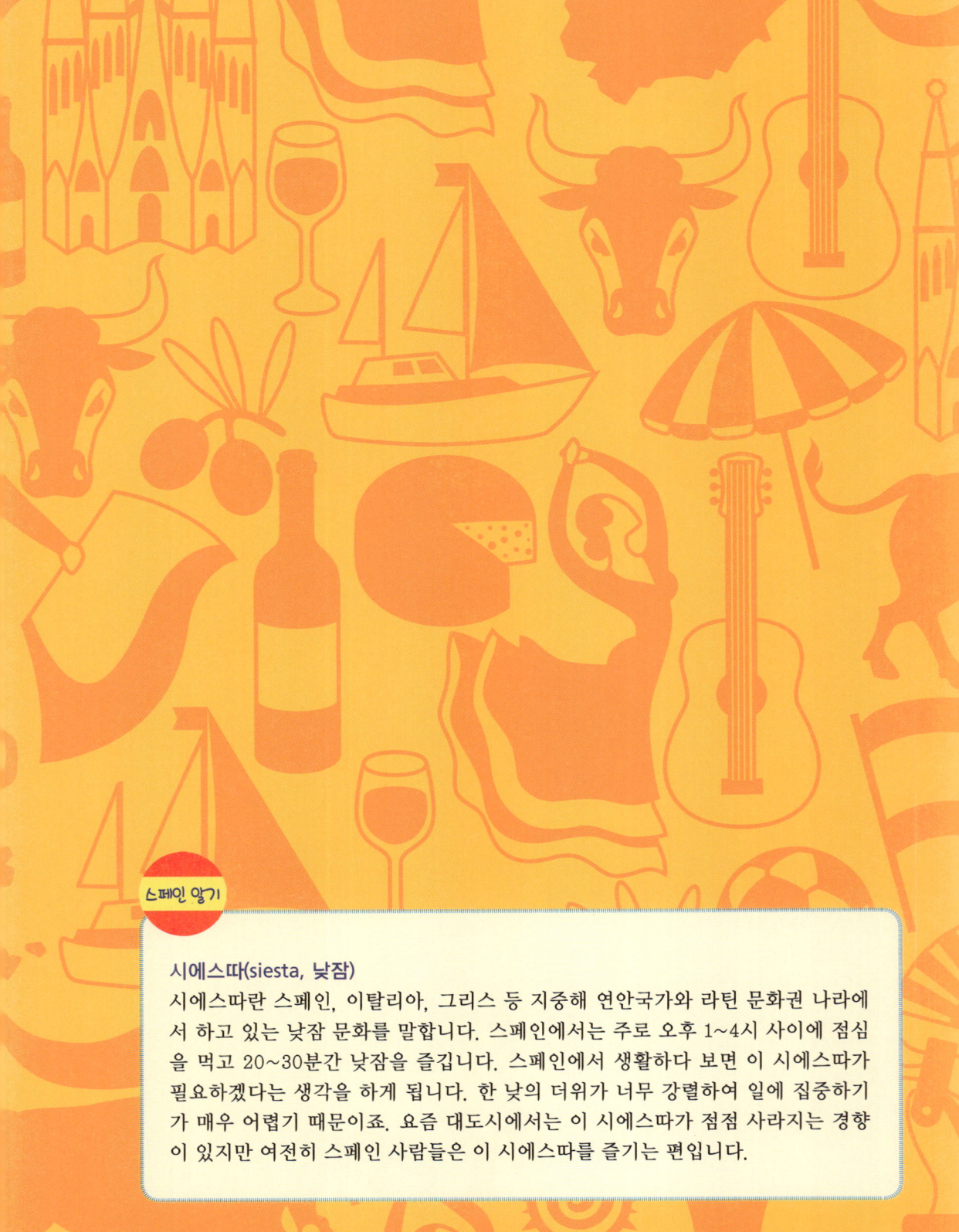

스페인 알기

시에스따(siesta, 낮잠)

시에스따란 스페인, 이탈리아, 그리스 등 지중해 연안국가와 라틴 문화권 나라에서 하고 있는 낮잠 문화를 말합니다. 스페인에서는 주로 오후 1~4시 사이에 점심을 먹고 20~30분간 낮잠을 즐깁니다. 스페인에서 생활하다 보면 이 시에스따가 필요하겠다는 생각을 하게 됩니다. 한 낮의 더위가 너무 강렬하여 일에 집중하기가 매우 어렵기 때문이죠. 요즘 대도시에서는 이 시에스따가 점점 사라지는 경향이 있지만 여전히 스페인 사람들은 이 시에스따를 즐기는 편입니다.

Capítulo 4
의견 표현

동조, 동의, 반대, 농담, 비밀, 오해
화재, 대화잇기, 대화끝내기

Lección 1 　 동 조

기본대화

A 회사를 그만둘 거야.
I'm quitting the company.
보이 아 데하르 엘 뜨라바호.
Voy a dejar el trabajo.

B 아, 정말로?
Oh, Really?
엔 세리오?
¿En serio?

주요표현

예, 그렇고 말고요. Yes, of course.	시, 뽀르 수뿌에스또. Sí, por supuesto.
알겠어. I understand.	엔띠엔도. Entiendo.①
바로 그거야. That's it.	에소 에스. Eso es.
그거 좋은 생각이네. That's a good idea.	에스 우나 부에나 이데아. Es una buena idea.
궁금하네! I'm wondering!	께 꾸리오시닫! ¡Qué curiosidad!
아, 그러니까 생각이 나는군. Ah, that reminds me.	아, 에소 메 레꾸에르다. Ah, eso me recuerda.
설마! Not, really!	레알멘떼 노! ¡Realmente no!
그건 누구의 생각인가? Whose idea is that?	데 끼엔 에스 에사 이데아? ¿De quién es esa idea?
어서 말해 봐. Go ahead and say it.	아델란떼 이 딜로. Adelante y dilo.

참고하세요

① Entiendo는 스페인에서 주로 Vale(알았어, 좋아, 됐어, 오케이)로 많이 사용한다.

추가 문법 익히기

ir 동사

1. ir 동사 : 영어의 'to go'와 비슷하게 사용

* 동사의 변화 : voy, vas, va, vamos, vais, van
* 일반적으로 '~가다(ir + a + 장소), ~이르다' 등의 의미로 사용한다.

   Este tren **va a** Valencia.　　　　　이 기차는 발렌시아**로 간다**.
   Voy al colegio.　　　　　　　　　나는 학교**에 간다**.
   ¿Cómo te **va**? Muy bien.　　　　　너 어떻게 **지내니**? 좋아(잘 지내).
   No me **va** bien el internet.　　　인터넷 연결상태가 좋지 **않아요**.

* 'irse'는 '가다, 가 버리다, 떠나다 등'의 뜻으로 사용한다.

   ¡Que **te vaya** todo bien!　　　　　잘 **지내길** 바래.
   Me voy a Madrid para estudiar el español.
   　나는 스페인어를 공부하기 위해 마드리드로 **떠난다**.

* 'ir + a + 동사원형'은 '~할 예정이다' 등의 뜻으로 사용한다.

   María **va a vender** esta casa.　　　마리아는 이 집을 **팔 예정이다**.
   Me parece que **va a llover** esta noche.
   　내 생각에는 오늘 밤에 **비가 내릴** 것 같다.

* 'vamos + a + 동사원형'은 '~하자'의 뜻으로 사용한다.

   Vamos a cantar el 'Cumpleaños feliz'.　생일 축하 **노래를 부르자**.
   Vamos a comer ahora.　　　　　　지금 **식사합시다**.
   ¡**Vamos**!　　　　　　　　　　　　가자!

Lección 2 동의

기본대화

A 이번 작품은 아주 훌륭해.
This work is very good.
에스떼 뜨라바호 에스따 무이 비엔.
Este trabajo está muy bien.

B 동감이야.
I feel the same way.
에스또이 데 아꾸에르도.
Estoy de acuerdo.①

주요표현

내 생각도 같아. I think so too.	요 땀비엔 로 삐엔소 아씨. Yo también lo pienso así.
전적으로 동의해. I agree completely.	아꾸에르도 또딸멘떼. Acuerdo totalmente.②
나도 찬성한다. I approve.	요 아쁘루에보. Yo apruebo.③
너에게 동의해. I agree with you.	에스또이 데 아꾸에르도 꼰띠고. Estoy de acuerdo contigo.
너의 말이 맞아. You are right.	띠에네스 라쏜. Tienes razón.
내가 말하려던 것이 그거야. That's what I was saying.	에소 에스 로 께 이바 아 데씨르. Eso es lo que iba a decir.
좋은 지적입니다. That's a good point.	에세 에스 운 부엔 뿐또. Ese es un buen punto.
너와는 대화가 통해. You're talking my language.	뚜 이 요 아블라모스 엘 미스모 이디오마. Tú y yo hablamos el mismo idioma.
나에게는 어떤 것이라도 좋아. It's all the same to me.	또도 에스 로 미스모 빠라 미. Todo es lo mismo para mí.

참고하세요

① Estoy de acuerdo 문장은 Concuerdo, Me siento igual, Estoy contigo 문장 등으로 바꾸어 사용할 수 있다.
② Acuerdo는 Acordar(일치하다, 동의하다)'의 1인칭 단수 불규칙동사이다.
③ apruebo는 'aprobar(찬성하다, 동의하다)'의 1인칭 단수 불규칙동사이다.

추가 문법 익히기 — tener 동사

1. tener 동사 : 영어의 'to have'와 비슷하게 사용

* 동사의 변화 : tengo, tienes, tiene, tenemos, tenéis, tienen
* 일반적으로 '가지다'의 의미로 사용하며 목적어가 되는 사물 앞에 관사를 생략하며 사람 앞에서도 전치사 'a'를 포함하지 않는다.

Tenemos clase por la tarde.	우리들은 오후에 수업이 **있다**.
Tengo mucha experiencia.	나는 많은 경험을 가지고 **있다**.
Él **tiene** amigos influyentes.	그는 영향력있는 친구가 **있다**.

참고하세요

① tener 동사 다음에 한정적인 내용이 오면 관사를 포함할 수 있다.
    Ella **tiene una casa** en Toledo.   그녀는 똘레도에 **집을 가지고 있다**.

* 'tener + que + 동사원형(must, have to)'은 '~을 해야만 한다'로 사용한다.

Tenemos que salir para Pusan.	우리들은 부산으로 **떠나야 합니다**.
Tengo que comprar pan.	나는 빵을 **사야만 한다**.

* 'tener + ganas + de + 동사원형(want to)'은 '~하고 싶다'로 사용한다.

Tengo ganas de comer dulces.	나는 사탕을 **먹고 싶다**.
Tengo ganas de ir a Cuba.	나는 쿠바에 **가고 싶다**.

* 'tener 동사 + 명사'를 활용한 표현들

Tengo hambre.	나는 **배가 고프다**.
Tiene fiebre.	(그는) **열을 가지고 있다**(열이 있다).
Tenemos mucho cuidado.	우리는 매우 조심하고 있다.

Tener + 명사 : 나는 ~하다, ~을 가지고 있다	
frío / calor 춥다 / 덥다	suerte / dolor 기운이 좋다 / 아프다
sueño / sed 졸리다 / 갈증나다	razón / la culpa 옳다 / (의) 잘못이다
gripe / tos 감기에 걸리다 / 기침을 하다	éxito / miedo 성공하다 / 무섭다

※ 'tener + la culpa'에서 정관사 'la'는 포함된다. 확실한 사실이 있기 때문이다.

Lección 3 — 반대

기본대화

A 그 의사는 매우 친절하다고 생각해.
I think the doctor is very kind.
끄레오 께 엘 독또르 에스 무이 아마블레.
Creo que el doctor es muy amable.

B 나는 그렇게 생각하지 않아.
I don't think so.
노 로 끄레오.
No lo creo.

주요표현

그것에 반대합니다. I'm against it.	요 에스또이 엔 꼰뜨라. Yo estoy en contra.
동의하지 않습니다. I disagree.	노 에스또이 데 아꾸에르도. No estoy de acuerdo.①
유감이지만 너에게 동의할 수 없어. I'm afraid I can't agree with you.	메 떼모 께 노 뿌에도 에스따르 데 아꾸에르도 꼰띠고. Me temo que no puedo estar de acuerdo contigo.
그건 말도 안되는 거야. It's out of the question.	에스따 푸에라 데 라 꾸에스띠온. Está fuera de la cuestión.
묻지 마. Don't ask.	노 쁘레군떼스. No preguntes.
그것이 옳다고 생각하지 않아. I don't think that's right.	노 끄레오 께 세아 꼬렉또. No creo que sea correcto.
아닌 것은 아닌 것이야. No means no.	노 에스 노. No es no.
그건 불가능합니다. That's impossible.	에소 에스 임뽀시블레. Eso es imposible.

참고하세요

① No estoy de acuerdo 문장은 Estoy en desacuerdo 문장으로 바꾸어 사용할 수 있다.

Lección 4 농담

기본대화

A 우리 팀이 1등 했대.
Our team won first place.
누에스뜨로 에끼뽀 가노 엘 쁘리메르 뿌에스또.
Nuestro equipo ganó el primer puesto.

B 농담하는군.
You're kidding.
에스따스 브로메안도?
¿Estás bromeando?

A 정말이야.
I'm serious.
로 디고 엔 세리오.
Lo digo en serio.

주요표현

장난으로 그런거야. I did it for fun.	로 이쎄 뽀르 디베르시온. Lo hice por diversión.
농담해 본 거야. I'm just joking.	요 솔로 에스또이 브로메안도. Yo sólo estoy bromeando.
나를 놀리지 마. Don't make fun of me.	노 떼 부를레스 데 미. No te burles de mí.①
나를 그만 웃겨. Stop making me laugh.	데하 데 아쎄르메 레이르. Deja de hacerme reír.
농담할 기분이 아니야. I'm in no mood for jokes.	노 에스또이 데 우모르 빠라 브로메아르. No estoy de humor para bromear.
그는 잘 웃기는 사람이야. He is a funny person.	엘 에스 우나 뻬르소나 디베르띠다. Él es una persona divertida.
이제 농담은 그만하고 진짜 얘기를 해 보자. Stop joking, and get to the point.	데하 데 브로메아르 이 베 알 그라노. Deja de bromear y ve al grano.

참고하세요

① No te burles de mí 문장에서 No te burles는 'burlarse'(놀리다)의 2인칭 부정명령형이다.

전치사

1. 전치사의 종류 : a, con, de, en, entre, para, por, sobre

2. a 전치사 : 영어의 to와 비슷하게 사용

* 장소를 표현 : ~에(도착점), ~로(방향성), ~(거리)에

　　Yo siempre vuelvo **a casa** tarde.　　나는 항상 늦게 **집에** 들어간다(도착지점).
　　Mi coche está **al lado izquierdo**.　　나의 차는 **왼쪽에** 있다(방향성).
　　Toledo está **a una hora** en coche de Madrid.
　　　톨레도는 마드리드로부터 차로 **한 시간 거리에** 있다(거리).

* 시간(점)을 표현 : ~에(시간, 날짜 등)

　　La clase empieza **a las diez**.　　수업은 10시에 시작한다(시간).
　　Estamos **a 14 de marzo de 2020**.　　오늘은 2020년 3월 14일 입니다(날짜).
　　Mi hija va a clase de español tres días sucesivos **a la semana**.
　　　나의 딸은 **일주일에** 3일 연속 스페인어 수업에 간다(빈도).

* 방법, 수단 등을 표현 : ~에, ~대로, ~로

　　Venden **a 100 pesos** el kilo.　　1 kg 당 100 **뻬소**에 판다.
　　Quiero vivir **a mi manera**.　　나는 **내 방식대로** 살고싶다.
　　Mario va **a pie** a la escuela.　　마리오는 학교에 **걸어서** 간다.
　　Mi mujer lo cocina **a fuego**.　　나의 마누라는 **불로** 그것을 요리한다.

> 참고하세요

① 전치사 a와 함께 사용되는 문장들은 방법 등을 표현하면서 다양하게 사용되고 있다.

a mano	손으로	a caballo	말로(말을 타고)
a lo loco	미친 듯이	a hierro	철로
a bulto	도매로	a la ley	법으로
a la moda	유행에 따라	a instancia mía	나의 간청으로

* a + 직접목적어, 간접목적어 : ~을(사람, 동물 등), ~에게(동작이 향하는 대상)

　　Amo **a mis padres**.　　나는 **부모님들을** 사랑합니다(사람, 직목).
　　Me gusta pasear **al perro**.　　나는 **개를** 산책시키는 것을 좋아한다(동물, 직목).

Teme **a la muerte**.   그는 **죽음을** 두려워한다(의인화, 직목).
Le envié **a ella** una postal.   나는 **그녀에게** 엽서를 보냈다(방향, 간목).
Ya le eché el ojo **a esa muchacha**. Es muy guapa.
　내가 이미 **그녀에게** 점을 찍었어. 너무 예쁘게 생겼네(대상, 간목).

* 동작동사(ir, llegar, salir, venir, volver) + a : 목적 표현(~을 하기 위해)

Cuando él se jubiló **se fue a vivir** al campo. 그는 은퇴를 한 후 시골에 **살기 위해서 갔다**.
Lorenzo **vino a verme**.   로렌쏘는 **나를 보기 위해 왔다**.
Salió a recibirme el director.   지배인은 **나를 맞이하기 위해 나갔다**.

주의하세요

① 동작동사는 a 전치사와 함께 쓰여 목적을 표현한다. 이 표현에 para를 사용해서는 안된다.
　Apenas él regresó, (cuando) volvió a salir. 그는 돌아오자 마자 다시 나갔다(나가기 위해 돌아왔다).

* 비교 등을 표현 : ~보다

Prefiero el café **al** té.   나는 차**보다** 커피를 **더 좋아한다**.
Francisco ocupa un puesto **superior a**(inferior a) Juan.
　프란시스꼬는 후안**보다 한 급 높은**(낮은) 자리에 있다.

3. con 전치사 : 영어의 with와 비슷하게 사용

* 동반, 부속을 표현 : ~와 함께, ~포함된

Voy al cine **con mi novio**.   나는 **나의 남자친구와 함께** 영화관에 간다.
arroz **con camarones**.   새우 덮밥(**새우가 포함된** 밥).
café **con leche**.   밀크커피.

* 도구, 수단 등을 표현 : ~으로(로), ~의해서

José come **con palillos**.   호세는 **젓가락으로** 먹는다.
Yo escribo la carta **con(a) lápiz**.   나는 **연필로** 편지를 쓴다.
Tienes que pensar **con la cabeza fría**.   **냉철하게** 판단해야 해.

* 원인, 이유 등을 표현 : ~에, ~으로, ~때문에

Estoy contenta **con la noticia**.   나는 **그 소식을 듣고** 많이 기쁘다.
Margarita fue sorprendida **con el regalo**.   마르가리따는 **선물로** 즐거워했다

Con que llegues a tu hora, podré estar tranquilo.
네가 제시간에 도착만 한다면 나는 안심할 것 같아.

* con + 추상명사 : 부사

con cuidado	조심스럽게	**con dificultad**	어렵게
con facilidad	쉽게	**con frecuencia**	자주

4. de 전치사 : 영어의 of, about, from 등과 비슷하게 사용

* 소유를 표현 : ~의

La casa **de mi padre**.   나의 **아버지의** 집.
Este reloj es **de Laura**.   이 시계는 **라우라의** 것이다.
Amistad **de dos jóvenes**.   **두 젊은이의** 우정.

* 재료, 부분 등을 표현 : ~로 만들어진, ~중에서

Vaso **de cristal**.   **유리로 만들어진** 컵(유리잔).
Mesa **de madera**.   **목재로 만들어진** 책상(나무책상).
Uno **de nosotros**.   **우리들 중에서** 한 명.

* 설명, 용도 등을 표현 : ~에 관한, ~용으로

Él me explica **de deporte**.   그는 나에게 **스포츠에 관해** 설명한다.
Yo compré la ropa **de deporte**.   나는 **스포츠용** 옷을 샀다.
Gorro **de dormir**.   **수면용** 모자.
Juego **de niños**.   **어린이들의** 놀이.
De postre me sirvieron una sandía. 나에게 **디저트로** 수박을 주었다.

* 출신, 출처, 시점 등을 표현 : ~출신이다, ~로 부터

Él es **de Corea**.   그는 **한국 출신이다**.
Yo vengo **de Chile**.   나는 **칠레에서** 왔다.
De Gunsan a Seúl.   **군산에서** 서울까지.
De lunes a viernes.   **월요일부터** 금요일까지.

* 원인, 이유 등을 표현 : ~으로 인하여, ~때문에

Me muero **de hambre**.   나는 **배고파** 죽겠다.

Me estoy cayendo **de sueño**.   나는 **졸려서** 있다(무척 졸린다).

* 상태, 양상 등을 표현 : ~으로, ~에

　　Ella trabaja **de secretaria**.　　　　그녀는 **비서로**(처럼) 일한다.
　　Ayer leí la carta **de un tirón**.　　　어제 나는 **한번에** 편지를 읽었다.
　　Él vino esta noche **acompañado de su compañero**.
　　　그는 **동료를 동행하고** 오늘 밤에 왔다(수동태의 행위자로 사용).

de lado.	옆으로.	**de** espaldas.	등쪽으로, 뒤로.
de una vez.	한 번에.	**de** golpe.	갑자기, 돌연.
de pronto.	갑자기, 문득.	**de** repente.	갑자기, 문득.

* 시간을 표현 : ~에

de joven.	젊은 시절에.	**de** pequeño.	어린 시절에.
de mañana.	아침에.	**de** noche.	밤에.
de tarde.	낮에.	la hora **de** hablar.	말할 시간.

5. en 전치사 : 영어의 in과 비슷하게 사용

* 시간, 공간적 범위를 표현 : ~에, ~에서

　　En otoño, mi madre prepara kimchi.　어머니는 **가을에** 김치를 준비하신다.
　　Era muy deportista **en mi juventud**.　나는 **젊은 시절에** 스포츠광이었다.
　　Vivo **en la Moraleja**, Madrid.　　　　나는 마드리드의 **모랄레하에서** 산다.
　　Ella está estudiando **en la clase**.　　그녀는 **교실에서** 공부하고 있다.

* 분야(활동 등)를 표현 : ~면에서, ~분야에서

　　Es muy inteligente **en el idioma español**.　그는 **스페인어 분야에서** 똑똑하다.
　　Usted es el mejor **en bondad**.　　　　당신은 **친절면에서** 최고이다.
　　Él es hábil **en engañar**.　　　　　　그는 **속이는** 재주가 있다.
　　Tiene un doctorado **en literatura**.　　그는 **문학박사(분야의)** 학위를 가지고 있다.

* 방법을 표현 : ~로

　　Hablamos **en español** en la clase.　　우리들은 교실에서 **스페인어로** 말한다.
　　Yo estoy viajando **en barco**.　　　　나는 **배로** 여행하고 있다.

venta **en comisión**. **위탁**판매.

* 양태를 표현 : ~로, ~하게(en + 형용사, 명사)

   en particular(particularmente). 특별히.   **en** demasía(demasiadamente). 너무나.
   en seguida(seguidamente). 즉시.   **en** serio(seriamente). 진실로.
   en general(generalmente). 일반적으로.   **en** fin(finalmente). 결국.
   en voz alta. 큰 소리로   La película **en** cartelera. 상영중인 영화.
   en alza. 상승 중의.   **en** ropa de ~. ~ 옷을 입은.

* 종점(움직임, 활동 등)을 표현 : ~에

   Los estudiantes entran **en la escuela**. 학생들은 **학교에** 들어간다.
   Él escupió **en el suelo**. 그는 **땅에** 침을 뱉었다.
   El coche cayó **en el mar**. 자동차가 **바다에** 떨어졌다.
   El bebé fue movido de mano **en mano**. 아기는 손에서 **손으로** 옮겨졌다.

* en + 현재분사 : ~을 하면, ~을 하자마자

   En llegando a Seúl, llámeme. 서울에 **도착하면** 나에게 전화해요.
   En despertándote, lávate. **일어나자 마자** 씻어라.

참고하세요

① 전치사 a는 '움직임의 도착지점'을 표현할 때 사용하고 전치사 en은 '위치해 있는(을) 곳'을 표현할 때 사용한다

   Los estudiantes entran **en la escuela**. 학생들은 **학교에** 들어간다(en).
   Los estudiantes van **a la escuela**. 학생들은 **학교로**(에) 간다(a).
   Él escupió **en el suelo**. 그는 **바닥에** 침을 뱉었다(en).
   Está prohibido escupir **al suelo**. **바닥으로**(에) 침을 뱉는 것은 금지되어 있다(a).

동사 + a(으로)	동사 + en(에)
viajar	estar
ir	quedar
volver	vivir
mudarse	esperar
viajo a Busan 나는 부산으로 여행한다 (여행 도착지점이 부산)	estoy en casa 나는 집에 있다 (집에 위치하고 있음)

6. entre 전치사 : 영어의 between, among 등과 비슷하게 사용

* 선택, 구별, 분할 등을 표현 : ~사이에

    Quiero verte **entre** la una y las dos.   한시에서 두시 **사이에** 너를 보고싶다..
    Hay una amistad **entre** Corea y España.   한국과 스페인 **사이에** 우정이 있다.
    Nos sentamos **entre** los jefes.   상사들 **사이에** 우리들은 앉아있다.

* 범위 등 표현 : ~중에서, ~속에서

    Yo soy el más inteligente **entre** todos.   나는 모두들 **중에서** 제일 똑똑하다.
    Se prohíbe descansar **entre** horas.   시간 **중에** 쉬는 것은 금지되어 있다.
    Me perdí la carretera **entre** las nieves .   나는 눈 **속에서** 길을 잃었다.

* 자기자신을 표현 : ~자신에게, ~마음속으로(entre + 전치격대명사)

    Él piensa **entre** sí.   그는 **자신에 대해** 생각하고 있다.

* 협력을 표현 : ~함께(con), ~상호간에

    Julio trabajó **entre** ellos.   훌리오는 그들과 **함께** 일했다.
    Él atrapó al ladrón **entre** dos personas.   그는 두 사람과 **함께** 도둑을 잡았다.

7. para 전치사 : 영어의 for와 비슷하게 사용

* 목적, 행선지를 표현 : ~위하여

    He comprado unos tacos **para comer**.   나는 **먹기위해** 따꼬를 샀다(목적).
    Esa pluma es **para mi nieto**.   그 만년필은 나의 **손자를 위한** 것이다.
    No hay lugar **para ti**.   **너를 위한** 공간이 없다(행선지).

> **주의하세요**
>
> ① para mí는 '나 한테는, 나를 위한'라는 뜻을 가지고 있지만 또 다른 뜻으로 '내 생각에는'이라는 표현도 있다.
> **Para mí** es un gran problema.   **내 생각으로는** 나한테는 큰 문제이다.

* 시간을 표현 : ~까지, ~로

    Vuelvo a casa **para las tres**.   나는 3시 **까지** 돌아온다.
    Faltan diez días **para la fiesta**.   **축제까지** 10일 남았다.
    Tienes que hacer los deberes **para mañana**. 너는 **내일까지** 숙제를 해야 한다.

* 장소를 표현 : ~로(방향)

    Antonio se va **para**(a) **Lisboa** mañana.   내일 안또니오는 **리스본으로** 떠난다.
    Tomo el tren **para Valencia**.   나는 **발렌시아행** 기차를 탄다.
    Voy **para casa**.   **집으로**(방향) 간다.

* 대상의 비교를 표현 : ~에게는, ~에 비해서(~한거 치고는)

    Nieva muy poco **para ser invierno**.   **겨울에 비해서** 눈이 조금 내린다.
    Él es muy saludable **para su edad**.   그는 **나이에 비해** 매우 건강하다.
    Para haber intentado mucho, el resultado no es bueno.
        많이 **노력한거 치고는** 결과가 좋지않다.

* 용도를 표현 : ~용의(으로)

    Déme agua **para beber**.   **식수용** 물을 주세요.
    Ropa **para hombres**.   **남성용** 옷.

* 분량을 표현 : ~분의

    Hay pan **para tres personas**.   **3인분** 빵이 있습니다.
    Coche **para ocho personas**.   **8명용**의 차량.

* estar + para + 동사원형 : 막 ~하려하다

    Las gotas de agua están **para caer**.   물방울이 **막 떨어지려고** 한다.
    El taxi está **para partir**.   택시는 **막 출발하려고** 한다.

8. por 전치사 : 영어의 because, by, through, for, instead of 등과 비슷하게 사용

* 이유, 원인을 표현 : ~ 때문에, ~인해서

    Lo conocí **por mi afición** a él.   나는 **나의 취미 때문에** 그를 만났다.
    Se casó con él **por su dinero**, no por amor.
        그녀는 그와 사랑이 아니라 **돈 때문에** 결혼했다.
    Por haber estudiado mucho, ella es estudiante universitaria.
        공부를 많이 해서 그녀는 대학생이다.

* 동기를 표현 : ~위해

    ¡Por la salud!   건강을 위해

Hable esto **por mí** **나를 위해** 이것을 말해주세요
Vienen **por ver** las fiestas 축제를 **보기 위해**(볼까해서) 온다

> **주의하세요**

① 전치사 por와 para의 차이를 비교하기에는 매우 쉽지 않으나 por는 '이유와 동기(왜)'의 뜻을 내포하고 있고 para는 '목적(무엇)'의 뜻이 내포되어 있다.

Hable esto **por mí**.	**나를 위해 이것을 말해주세요**(왜(동기) : 나를 위해).
Hable **esto para mí**.	**나한테**(나에게) **이것을** 말해주세요(무엇을(목적) : 이것을).
Vienen por ver las fiestas.	축제를 **볼까해서 온다**(왜(동기) : 볼까해서).
Vienen **para ver las fiestas**.	**축제를 보러** 온다(무엇(목적) : 축제를).

* 시간을 표현 : ~에, ~쯤(개략적인 시간), ~마다

Yo estudio **por la mañana**. 나는 **아침에** 공부한다.
Voy a clase **por la tarde**. 나는 **오후에** 교실로 간다.
Él volverá a su país **por agosto**. 그는 **8월쯤** 그의 나라로 돌아갈 예정이다.
Va a correr tres veces **por semana**. 그는 **일주일에** 3번씩 달릴 예정이다.

* 장소를 표현 : ~통과하여, ~쪽으로, ~근방에

El tren pasa **por Madrid**. 기차는 **마드리드를 통과하여** 지나간다.
Voy a dar un paseo **por el parque**. 나는 **공원쪽으로** 산책할 예정이다.
Eso está **por Málaga**. 그것은 **말라가 근방에** 있다.

* 방법, 수단을 표현 : ~으로(로), ~의해서

Juan me cogió **por la mano**. 후안은 **손으로** 나를 잡았다.
Me inclino **por el barco**. 나는 **배로** 기울었다.
Él llamó **por el móvil**. 그는 **휴대폰으로** 전화했다.

* 교환(가격 등)을 표현 : ~으로(로)

He comprado esta ropa **por 100 euros**. 나는 **100유로로** 이 옷을 샀다.
Cambio este libro **por aquel libro**. 나는 이 책을 **저 책으로** 바꾼다.

* 수동의 주어로 표현 : ~의해서

La reunión fue cancelada **por la nieve**. **눈 때문에** 모임이 취소되었다
Fue construido **por los romanos**. **로마인에 의해서** 건설되었다.

* 대체, 대표를 표현 : ~을 대신해서, ~을 대표하여

  Por ti asistiré a la reunión.   **너를 대신하여** 나는 회의에 참석할 예정이다.
  Ella se levantó y dio la palabra **por todos**. 그녀는 일어나서 **모두들을 대표하여** 말했다.

* 양상을 표현 : ~으로(로)

por mayor	도매로	por menor	소매로
por último	최후로	por fuerza	억지로
por esposa	부인처럼	por bueno	좋은 사람처럼

* por + 동사원형, por + 형용사(부사) + que : 곧 ~할 것이다, 아무리 ~할지라도

  Mi padre **está por salir**.   나의 아버지는 **곧 나갈려고 한다**.
  Por más sabio que sea él, no podrá hablar bien el español.
   그가 **아무리 똑똑해도** 스페인어를 잘 할 수 없을 것이다.

참고하세요

① 전치사 por는 문장을 전체적으로 보면서 사용법을 이해해야 한다. 일반적으로 보면 '때문에' 라는 의미로 사용한다. 하지만 문맥에 따라 다양하게 사용되어진다.

  Lo hice todo **por ti**.   **너 때문에** 모든 것을 했다(이유).
  Hablo esto **por ti**.   **너를 위해** 이것을 말한다(동기).
  Asisto a la reunión **por ti**. **너 대신에** 회의에 참석한다(대리).

② 전치사 por와 para는 다음과 같이 약간의 차이가 있게 사용되어진다.

  Yo estudio **por la mañana**. 나는 **아침에** 공부한다(~에, ~쯤 : 대략적인 시간, 동안).
  Vuelvo a casa **para las tres**. 나는 **3시 까지** 돌아온다(~까지 : 시간의 한계).
  Eso está **por Málaga**. 그것은 **말라가 근방에** 있다(~에 : 대략적인 장소, 공간).
  Voy **para casa**. **집으로** 간다(~으로 : 방향성(행선지)을 의미).

9. sobre 전치사 : 영어의 over와 비슷하게 사용

* ~의 위에(encima de)

  Sobre la mesa hay un libro. 테이블 위에 책이 있다.
  Nuestro avión vuela **sobre París**. 우리 비행기는 **파리 상공을** 날고 있다.

* ~관해서(acerca de)

  Hablamos **sobre economía**. 우리들은 **경제에 관해** 이야기한다.
  Un libro **sobre la Historia de Cuba**. 쿠바의 역사에 관한 책.

* ~근방에(cerca)

    Mi casa está **sobre la calle**.　　　　　　나의 집은 **길가 옆**에 있다.

* ~경에(alrededor de)

    Me verás **sobre las ocho** de la mañana.　　너는 나를 아침 **8시 경**에 볼 것이다.
    El paquete llegará **sobre las dos** de la tarde.　소포는 오후 **2시쯤** 도착할 예정이다.

스페인 알기

왜 스페인이 관광대국인가?

2019년 한 해에 스페인에 입국한 관광객 숫자가 8,500만 명이 넘었다고 한다. 스페인 인구가 약 4,650만 명이니 자국 인구보다 두 배 많은 관광객이 방문한 셈이다. 이렇게 많은 관광객이 스페인에 방문한 이유는 무엇일가가 무척 궁금해진다. 이런 궁금증을 알고자 한다면 스페인의 태양, 지중해 해변, 문화유산 등을 한 번 보고 느껴보면 알 수 있다. 지역에 따라 다소 차이는 있지만 연중 300일이 넘게 강렬한 태양이 내리 쬔다. 또한 지중해를 포함해서 약 8천km가 넘는 황금 해변이 있다. 이 해변과 가까운 지역에 바르셀로나, 말라가, 꼬르도바, 세비야 등 세계 문화유산이 즐비한 유적지가 있다. 천혜의 기후조건과 자연환경에서 역사적인 유적지를 관광할 수 있는 나라가 바로 스페인이다. 또한 스페인은 다양한 숙박시설과 편리한 교통망이 잘 구축되어 있고 밤 늦게까지 돌아다녀도 안전하다. 이러한 매력들이 스페인을 관광대국으로 만들었으며 스페인을 찾는 관광객 중 상당수가 다시 스페인을 방문한다고 한다. 굴뚝없는 관광산업이 스페인을 먹여 살리고 있는 것이다.

Lección 5 비밀

기본대화

A 아나가 후안과 사귄데.
Ana is dating Juan.
아나 에스따 살리엔도 꼰 후안.
Ana está saliendo con Juan.

B 그럴 리가 없어.
That can't be true.
에소 노 뿌에데 세르 베르닫.
Eso no puede ser verdad.

A 훌리아만 모르고 있어.
Only Julia doesn't know about it.
솔로 훌리아 노 사베 데 에소.
Solo Julia no sabe de eso.

B 오, 불쌍한 훌리아!
Oh, poor Julia!
아이, 뽀브레 훌리아!
¡Ay, pobre Julia! ①

주요표현

| 비밀을 말하지 마. | 노 꾸엔떼스 에스떼 세끄레또. |
| Don't tell a secret. | No cuentes este secreto. |

이건 우리들사이의 비밀이야.
This is a secret between us.
에스또 에스 운 세끄레또 엔뜨레 노소뜨로스.
Esto es un secreto entre nosotros.

비밀을 지켜 줘.
Please keep the secret.
뽀르 파보르 구아르다 엘 세그레또.
Por favor guarda el secreto.

누구한테도 이야기하면 안돼.
You can't tell anyone.
노 세 로 디가스 아 나디에.
No se lo digas a nadie.

아무것도 이야기 안 했어.
I didn't say anything.
노 디헤 나다.
No dije nada.

가만히 있었어.
I kept quiet.
메 께데 까야도.
Me quedé callado. ②

당신에게 말할 수 없어.
I can't tell you.
노 떼 뿌에도 데씨르.
No te puedo decir.

비밀은 언젠가 다 밝혀져.
The secret is revealed someday.
엘 세끄레또 세 레벨라 알군 디아.
El secreto se revela algún día.

참고하세요

① ¡Ay!는 ¡Oh!, ¡Ah!, ¡Dios mío! 등과 바꾸어 사용할 수 있다.
② Me quedé는 'quedarse'(있다, 남다, 머물다 등)의 1인칭 단순과거형이다

Lección 6 오 해

기본대화

A 우리 사이에 오해가 있는 것 같아.
There seems to be a misunderstanding between us.
빠레쎄 아베르 운 말렌뗀디도 엔뜨레 노소뜨로스.
Parece haber un malentendido entre nosotros.

B 그래, 나도 알아.
Yeah, I know.
시, 로 세.
Sí, lo sé.

주요표현

오해하지 마. Don't get me wrong.	노 메 말린떼르쁘레떼스. No me malinterpretes.①
너는 오해하고 있군. You're misunderstanding me.	메 에스따스 말렌뗀디엔도. Me estás malentendiendo.
오해를 풀고 싶어. I want to clear up the misunderstanding.	끼에로 아끌라라르 엘 말렌뗀디도. Quiero aclarar el malentendido.
언짢게 생각하지 마. Don't get upset.	노 떼 에노헤스. No te enojes.②
너는 이것 때문에 후회하게 될 거야. You'll be sorry for this.	떼 라멘따라스 뽀르 에스또. Te lamentarás por esto.③
나는 그런 뜻이 아니었어. I didn't mean that.	노 끼세 데씨르 에소. No quise decir eso.
나쁜 뜻은 없어. I don't mean anything bad.	노 메 레피에로 아 나다 말로. No me refiero a nada malo.④
너에게 악의는 없어. I mean no harm to you.	노 끼에로 아쎄르떼 다뇨. No quiero hacerte daño.

참고하세요

① No me malinterpretes은 'malinterpretar'(오해하다, malentender)의 2인칭 부정명령형이다.
② No te enojes는 'enojarse'(마음이 상하다, 화내다)의 2인칭 부정명령형이며, 'enfadarse'도 자주 쓰인다.
③ Te lamentarás por esto 문장은 Te vas a arrepentir de esto 문장으로 바꾸어 사용할 수 있다.
④ me refiero는 'referirse'(말하다, 언급하다)의 1인칭 불규칙 동사이다.

의견 표현 121

Lección 7 화 제

기본대화

A	다른 분야에 대한 이야기를 하자. Let's talk about other areas.	아블레모스 데 오뜨라스 아레아스. Hablemos de otras áreas.
B	좋아. 말하고 싶은 이야기가 있어? Okay. Do you have a story you want to tell?	부에노. 띠에네스 알구나 이스또리아 께 끼에레스 꼰따르? Bueno. ¿Tienes alguna historia que quieres contar?①
A	경제가 더 어려워질거래. Yes, the economy will be more difficult.	시, 라 에꼬노미아 세라 마스 디피씰. Sí, la economía será más difícil.
B	걱정이네. I'm worried.	에스또이 쁘레오꾸빠도. Estoy preocupado.

주요표현

다른 주제로 이야기하자면… To tell you another topic…	빠라 꼰따르떼 오뜨로 떼마… Para contarte otro tema …
그건 다른 이야기잖아. That's a different story.	에사 에스 우나 이스또리아 디페렌떼. Esa es una historia diferente.
다음 주제로 넘어갑시다. Let's move on to the next topic.	빠세모스 알 시기엔떼 떼마. Pasemos al siguiente tema.
그럼 주제를 바꿉시다. Let's change the subject.	깜비에모스 데 떼마. Cambiemos de tema.
음식에 대해 이야기를 합시다. Let's talk about food.	아블레모스 데 꼬미다. Hablemos de comida.
방해해서 미안합니다만… I'm sorry to interrupt you…	라멘또 인떼룸삐르떼… Lamento interrumpirte…②
이제 결론을 이야기하면… Now to conclude…	아오라 빠라 꽁끌루이르… Ahora para concluir …③

> **참고하세요**
>
> ① 'contar' 동사는 계산하다, 따지다, 이야기하다, 놓다 등으로 사용한다.
> ② Lamento interrumpirte 문장은 Perdón por interrumpir 문장으로 바꾸어 사용할 수 있다.
> ③ Ahora para concluir 문장은 La conclusión es… 문장으로 바꾸어 사용할 수 있다.

추가 문법 익히기

현재분사, quedar, haber, pasar 동사

1. 현재분사의 기본 형태

동사원형	hablar	comer	vivir
현재분사	hablando	comiendo	viviendo

2. 현재분사 사용법

* 현재 진행형 : estar + 현재분사 (~하고 있는 중이다)

　　Él **está comprando** tomates.　　　　그는 토마토를 사고 있는 중이다.
　　María todavía **está durmiendo**.　　　마리아는 아직도 **자고 있다**.

* 현재분사를 활용(ir, llevar, seguir, venir)한 다양한 표현

　　Van vendiendo productos muy bien.　그들은 제품을 잘 **판매하고 있다**.
　　Llevo tres horas **estudiando**.　　　나는 3시간 동안 **공부하고 있다**.
　　Sigue llorando tristemente.　　　　슬프게 **계속 울고 있다**.
　　Ya **viene amaneciendo**.　　　　　　이제 **날이 밝아오고 있다**.

* 부사구(상태, 조건, 양보, 이유 등)의 의미를 표현

　　Él camina **comiendo** pan. 그는 빵을 **먹으면서** 걷는다(상태).
　　Ahorrando mucho dinero, puedes ser rico.
　　　돈을 많이 **저축하면** 너는 부자가 될 수 있다(조건).
　　Aun lloviendo muy fuerte, voy a salir de casa.
　　　비가 매우 강하게 **내리고 있음에도 불구하고** 나는 집을 나갈 것이다(양보).
　　Amándose mutuamente, ellos quieren casarse.
　　　그들은 서로 **사랑하기 때문에** 결혼하기를 원합니다(이유).

3. 현재분사의 불규칙 동사

* -e-가 -i-로 변하는 동사

　　decir (말하다)　diciendo　　　pedir(요구하다)　pidiendo
　　sentir (느끼다)　sintiendo　　　servir(봉사하다)　sirviendo

* -o-가 -u-로 변하는 동사

    dormir(자다)   du**r**miendo   poder(할수있다) pudiendo

* -iendo-가 -yendo-로 바뀌는 동사

    creer (믿다)   **creyendo**   construir(짓다) constru**yendo**
    leer(읽다)   le**yendo**   ir(가다)   **yendo**

4. quedar 동사 : 영어의 'to stay' 등과 비슷하게 사용

* 일반적으로 '(사람이, 물건이)있다, 남다(남아있다), 머물다' 등의 의미로 사용한다.

    Me **quedan** diez euros.   나에게 10 유로가 **있다**(남아있다).
    ¿**Queda** María en casa?   마리아가 집에 (남아) **있습니까?**
    Él decidió **quedarse** en Seúl.   그는 서울에 **남기로**(머물기로) 결정했다.

* '~로 결정하다, 만나다' 등의 의미로도 사용한다.

    Mi esposa **quedó** en comprar la casa.   아내는 그 집을 사기로 **결정했다**.
    Ellos **han quedado** en ver a las cinco.   그들은 5시에 보기로 **정했다**.
    Quedamos a las cuatro de la tarde.   오후 4시에 **만나자**.

* quedar(se) + 과거분사 : ~한 상태로 있다

    Juan **quedó herido**.   후안은 **부상당한 상태로 있었다**.
    Él **se queda callado**.   그는 말없이 있다.

5. haber 동사 : 영어의 'have'와 비슷하게 사용

* 동사의 변화 : he, has, ha(hay), hemos, habéis, han

* hay : 영어의 'there is, there are'와 비슷하게 사용하며, 일반적으로 '~있다'의 의미로 사용하며 단·복수형이 없다. hay는 불특정 사람, 사물, 장소 등을 표현하기 때문에 부정관사(un, unos), 무관사, 숫자 등과 함께 사용된다.

    Hay un florero en la mesa.   테이블에 꽃병이 있다.
    Hay unas macetas en la sala.   거실에 화분들이 있다.
    No hay rosa sin espinas.   가시없는 장미는 없다.
    Mientras **hay vida, hay esperanza**.   삶이 있는 한 희망이 있다(스페인 속담).
    Hay mucha gente en el estadio.   경기장에 많은 사람이 있다.

Hay muchos camarones en el mar.   바다에 **많은 새우가 있다**.
Hay doce peras en total.   총 **12개의 배**(과일)**가 있다**.

주의하세요

① 특정한 사람, 사물, 장소 등에는 estar 동사를 사용한다.
   El reloj de Juan está en la mesa.   **후안의 시계가** 테이블에 **있다**.
   María está trabajando.   **마리아는** 일하고 **있다**.

* hay que + 동사원형 : 영어의 'must'와 비슷하게 사용하며, 일반적으로 '~을 해야만 한다'의 의미로 사용하며 단·복수형이 없다.

   Hay que reservar con anticipación.   미리 **예약을 해야만 한다**.
   Hay que ahorrar para el futuro.   미래를 위해 **저축하여야 한다**.
   No hay que olvidar la ayuda de los padres.   부모님들의 도움을 **잊어서는 안된다**.

참고하세요

① 특정한 사람이 주어가 되면 'tener que + 동사원형'을 사용한다.
   Insug tiene que ahorrar para el futuro.   **인숙이는** 미래를 위해 **저축해야 한다**.

* haber de + 동사원형 : 영어의 'be going to, must'와 비슷하게 사용하며, 일반적으로 '~할 것이다, ~해야만 한다'의 의미로 사용한다.

   La empresa **ha de ser** el líder del sector.   회사는 그 분야의 리더가 **되어야 할 것이다**.
   Hemos de ir para Sevilla.   우리는 세비야로 **가야만 한다**.

6. pasar 동사 : 영어의 'to pass' 등과 비슷하게 사용

* 일반적으로 '~통과하다(통과시키다), ~지나가다' 등의 의미로 사용한다.

   Este autobús **pasa** por Toledo.   이 버스는 똘레도를 **통과한다**.
   Pasó el invierno.   겨울이 **지나갔다**.

* '~보내다, ~지내다' 등의 의미로도 사용한다.

   Mi abuela **se lo pasa** mejor en Gunsan. 나의 할머니는 군산에서 (시간을) 더 즐겁게 **보내신다**.
   Ella lo **está pasando** mal económicamente. 그녀는 경제적으로 어렵게 **지낸다**.
   ¿Qué **pasó**?   무슨 일이 **있었습니까**? 무슨 일이야?)

* '~변하다, ~건네다(옮기다)' 등의 의미로도 사용한다.

 Esta carne de cerdo **se está pasando**. 이 돼지고기는 **변해가고 있다**.
 Páseme la sal. 소금을 **나에게 건네주십시오**.
 El coronavirus **ha pasado** de madre a niños.
 코로나 바이러스는 엄마에게서 아이들에게로 **옮겼다**.

* 기 타

 Él **se pasó** al enemigo. 그는 적과 **내통했다**.
 Nosotros **pasamos a** cenar. 우리는 저녁을 먹기 **시작했다**.

콜롬버스, 아메리카 발견

이탈리아 제노바에서 태어난 콜롬버스는 포르투갈 주앙 2세에게 지구는 둥그니 서쪽으로 항해할 수 있는 배를 지원해달라고 요청했으나 거절당하자 스페인 이사벨 여왕에게 도움을 요청한다. 통일된 나라를 유지하기 위해 많은 재정이 필요했던 여왕은 콜롬버스에게 배와 선원들을 지원해 준다. 산타마리아호, 핀타호, 니나호 등 3척의 배와 90여명의 대원들로 구성된 선단은 드디어 1492년 10월 12일에 지금의 아메리카 대륙에 도착하였다. 이 이후에도 3차례에 걸쳐 대서양을 건너 황금을 찾아 헤맸으나 끝내 실패하고 만다. 자신이 발견한 대륙이 인도 땅이라고 믿었던 콜롬버스는 세비야에서 쓸쓸하게 최후를 맞이하였다.

Lección 8   대화잇기

기본대화

A   내가 어디까지 말했지?   돈데 에스따바?
     Where was I?   ¿Dónde estába?

B   날씨에 대해 이야기했어.   에스따바스 아블란도 델 끌리마.
     You were talking about the weather.   Estabas hablando del clima.

주요표현

글쎄, 내 말은… / Well, I mean...	부에노, 끼에로 데씨르… / Bueno, quiero decir...
사실은 말이야… / In fact...	데 에초… / De hecho...①
우리가 어디까지 이야기했지? / Where were we?	돈데 에스따바모스? / ¿Dónde estábamos?
있잖아… / By the way…	뽀르 씨에르또… / Por cierto…
알다시피… / As you know…	꼬모 사베스… / Como sabes…
그것에 대해 생각 좀 해보고. / Let me think about it.	데하메 뺀사르 엔 에요. / Déjame pensar en ello.
그뿐만 아니라… / Not only that…	노 솔로 에소… / No solo eso…
어쨌든… / Anyway…	데 또다스 포르마스… / De todas formas…②
뭐라고 말해야 하나? / What should I say?	께 에 데 데시르? / ¿Qué he de decir?

참고하세요

① De hecho... 문장은 A decir verdad... 문장으로 바꾸어 사용할 수 있다.
② De todas formas 문장은 De todos modos, De todas maneras, De cualquier manera 문장으로 바꾸어 사용할 수 있다.

Lección 9 대화끝내기

기본대화

A 말하고 싶은 것이 있어?
Do you have anything you want to say?
띠에네스 알고 께 끼에라스 데씨르?
¿Tienes algo que quieras decir?

B 아니, 없어.
No, there isn't.
노, 노 아이.
No, no hay.

주요표현

지금까지 이야기한 것을 어떻게 생각해? What do you think of what I've said so far?	께 삐엔사스 데 로 께 에 디초 아스따 아오라? ¿Qué piensas de lo que he dicho hasta ahora?
내가 말할려고 한 것은... What I was trying to say was...	로 께 인뗀따바 데씨르 에라... Lo que intentaba decir era ...
끝으로 한 마디만 하겠습니다. In conclusion, I'd like to say one more thing.	엔 꽁끌루시온, 끼에로 데씨르 솔로 우나 꼬사 마스. En conclusión, quiero decir solo una cosa más.
무엇보다도 먼저... First of all...	안떼 또도... Ante todo...
즐거운 시간을 가졌습니다. I had a great time.	메 로 빠세 헤니알. Me lo pasé genial.①
핵심을 말씀드리면... To tell you the key...	빠라 데씨르떼 라 끌라베... Para decirte la clave...
간단히 말해서... In short...	엔 브레베... En breve...
한마디로... In a word...	엔 우나 빨라브라... En una palabra...

참고하세요

① Me lo pasé genial 문장은 Me divertí('divertirse'의 단순과거형, 즐기다) mucho 문장으로 바꾸어 사용할 수 있다.

추가 문법 익히기 — 의문사

1. 의문사의 종류

의문대명사	의문형용사	의문부사
qué	qué	cómo
cuál	cuál	dónde
cuánto	cuánto	cuándo
quién		por qué

2. qué(무엇/무슨, 영어 : what) : 성·수의 변화가 없음

¿**Qué** es esto?   이것이 무엇입니까?
¿**Qué profesión** tiene usted?   무슨 직업을 가지고 계십니까?

3. cuál(어떤 것/어느, 영어 : which) : 성은 변화가 없고 수만 변함

¿**Cuál** es su casa?   어떤 것이 그의 집입니까?
¿**Cuáles** son los tuyos?   어떤 것들이 네 것이니?

4. cuánto(얼마나 많이/많은, 영어 : how much, how many) : 성·수의 변화가 있음

¿**Cuánto** vale esto?   이것은 얼마입니까?
¿**Cuánta gente** está aquí?   여기에 사람들이 얼마나 있습니까?
¿**Cuántas ciruelas** quieres comer?   몇 개의 자두를 먹고 싶니?

5. quién(누구, 영어 : who) : 성은 변화가 없고 수만 변함

¿**Quién** lo hará?   누가 그것을 할 것인가?
¿**De quién** es este libro?   이 책은 누구의 것입니까?
¿**A quién** le toca?   누구 차례입니까?

6. cómo(어떻게, 영어 : how) : 성·수의 변화가 없음

¿**Cómo** está usted?   **어떻게** 지내십니까?
¿**Cómo** se llama tu hermana?   네 누이의 이름이 **뭐니(어떻게 불리워지니)**?

7. dónde(어디에, 영어 : where) : 성 · 수의 변화가 없음

¿**De dónde** es usted? 어디에서 오셨습니까?
¿**Dónde** está su equipaje? 당신의 가방은 **어디에** 있습니까?

8. cuándo(언제, 영어 : when) : 성 · 수의 변화가 없음

¿**Cuándo** piensas estudiar? 너는 **언제** 공부할 생각이냐?
¿**Cuándo** vino usted a Corea? 한국에 **언제** 오셨습니까?

9. por qué(왜, 영어 : why) : 성 · 수의 변화가 없음

¿**Por qué** trabajas tanto? **왜** 그렇게 일을 많이 하니?
¿**Por qué** lo hiciste? **무엇 때문에** 그렇게 했니?

> 참고하세요

① qué와 cuál의 차이점은 qué는 개념적인 의문사인데 반해 cuál은 집단내에서 어느 것을 선택하느냐의 선택 의문사이다.

¿**Qué** tiene usted? 당신은 **무엇을** 가지고 있습니까?(무슨 어려운 일이라도 있는지?, 개념적 질문)
¿**Cuál** busca usted? 당신은 **어떤 것을** 찾고 있습니까?(여러개 중에서 어떤 것?, 선택적 질문)

잠깐 쉬어가기

플라멩꼬

잠시 플라멩꼬에 빠져보자

플라멩꼬는 스페인의 전통적인 춤(baile), 노래(cante), 연주(toque)로 이루어진다. 주로 안달루시아 지방에서 내려온 민요와 향토 무용 등이 융합된 예술적 표현이다. 그 전성기는 1860년대에서 1910년까지가 황금시대였으며 주로 카페에서 공연되었다. 이후 카페의 후신인 따블라오를 중심으로 발전하다가 극장과 같은 무대로 확산되었다. 플라멩꼬 춤의 형태에서 남성은 발을 많이 사용하고 여성은 부드럽고 관능적인 표현을 많이 한다. 플라멩꼬 음악은 비록 타악기나 손뼉치기와 같은 부수적인 요소들이 많이 가미되지만 근본적으로는 노래와 기타연주가 주요 역할을 담당한다. 스페인을 여행한다면 꼭 한번은 플라멩꼬를 감상해 보자. 인기가 있는 곳은 좌석이 매진되는 경우가 많으니 미리 예약을 하고 가급적 앞자리에 앉아서 공연하는 사람들의 심장소리도 들어보고 시시각각 변하는 그들의 표정들도 유심히 지켜보면 어느새 나도 모르게 그 노래와 춤에 빠져들어 있을 것이다.

Capítulo 5

해외 여행
(항공, 숙박, 식당)

항공권 예약, 항공권 변경, 항공권 발권, 출국 심사, 기내에서, 공항 도착, 수화물 찾기, 호텔 예약, 호텔 체크아웃, 식사 예약, 식사 주문, 음료/ 후식 주문

Lección 1 항공권 예약

기본대화

A	서울행 비행기를 예약하고 싶어요. I'd like to book a flight to Seoul.	끼에로 레세르바르 운 부엘로 아 세울. Quiero reservar un vuelo a Seúl.
B	왕복 티켓입니까, 편도티켓입니까? Would that be a round-trip or One-way?	데세아 레세르바르 데 이다 이 부엘따 오 솔로 데 이다? ¿Desea reservar de ida y vuelta o solo de ida?
A	편도티켓 원합니다. One-way, please.	솔로 데 이다 뽀르 파보르. Solo de ida, por favor.
B	언제 떠나십니까? When are you leaving?	꾸안도 세 마르차? ¿Cuándo se marcha?
A	4월 5일 떠납니다. I'm leaving on April 5th.	메 보이 엘 씬꼬 데 아브릴. Me voy el 5 de abril.

주요표현

멕시코시티로 가는 직항편이 있나요? Do you have a direct flight to Mexico City?	띠에네 운 부엘로 디렉또 아 라 씨우닫 데 메히꼬? ¿Tiene un vuelo directo a la ciudad de México?
논스톱 편이 있나요? Is there a non-stop flight?	아이 부엘로스 디렉또스? ¿Hay vuelos directos?
경유지에서는 얼마나 기다려야 해요? How long is the layover?	꾸안또 두라 라 에스깔라? ¿Cuánto dura la escala?
비행기 요금이 얼마에요? How much is the flight fare?	꾸안또 꾸에스따 엘 부엘로? ¿Cuánto cuesta el vuelo?
1등석을 원합니까, 2등석을 원합니까? Do you want first class or economy class?	끼에레 쁘리메라 끌라세 오 끌라세 뚜리스따? ¿Quiere primera clase o clase turista?
첫 비행기는 몇 시에 출발해요? What time does the first flight leave?	아 께 오라 살레 엘 쁘리메르 부엘로? ¿A qué hora sale el primer vuelo?
대기자 명단에 올려 주세요. Please put me on the waiting list.	뽀르 파보르, 뽕가메 엔 라 리스따 데 에스뻬라. Por favor, póngame en la lista de espera.

Lección 2 — 항공권 변경

기본대화

A 예약을 확인하고 싶습니다.
I'd like to confirm my reservation.
끼에로 꼰피르마르 라 레세르바씨온.
Quiero confirmar la reservación.

B 이름과 항공편을 알려 주시겠어요?
May I have your name and flight, please?
메 뿌에데 다르 수 놈브레 이 부엘로, 뽀르 파보르?
¿Me puede dar su nombre y vuelo, por favor?

A 김민이고 코리언 에어 KA100입니다.
I'm Min Kim and Korean Air KA100.
소이 민 김 이 코리언 에어 KA100.
Soy Min Kim y Korean Air KA100.

주요표현

예약이 확인되었습니다.
Your reservation has been confirmed.
수 레세르바 아 시도 꼰피르마다.
Su reserva ha sido confirmada.

당신 좌석은 예약이 되어있습니다.
Your seat is reserved.
수 아시엔또 에스따 레세르바도.
Su asiento está reservado.

예약을 변경하고 싶어요.
I'd like to change my reservation.
끼에로 깜비아르 미 레세르바씨온.
Quiero cambiar mi reservación.①

어떻게 바꿀려고 합니까?
How are you going to change it?
꼬모 바 아 깜비아를로?
¿Cómo va a cambiarlo?

출발날짜를 7월 5일로 바꿔 주세요.
Please change the departure date to July 5th.
끼에로 깜비아르 엘 디아 데 살리다 알 씬꼬 데 훌리오, 뽀르 파보르.
Quiero cambiar el día de salida al cinco de julio, por favor.

남는 자리가 있어요?
Are there any seats left?
아이 아시엔또스 리브레스?
¿Hay asientos libres?

예약을 취소하고 싶습니다.
I want to cancel my reservation.
끼에로 깡쎌라르 미 레세르바.
Quiero cancelar mi reserva.

> **참고하세요**
>
> ① Quiero cambiar는 Quisiera cambiar(더 정중한 표현)로 바꾸어 사용할 수 있다. Quisiera 동사는 querer 동사의 접속법 과거 1인칭 단수이다. 세부 설명은 P 185을 참고하세요.

현재완료, 과거완료

1. 현재완료 = haber 동사 변화 + 과거분사

he, has, ha, hemos, habéis, han + hablado, comido, vivido

2. 현재완료의 일반적인 용법

* 현재와 관련된 표현 : 오늘(hoy), 올해(este año) 등과의 표현과 함께 사용

Hoy ha caído mucha lluvia.　　　　　오늘 비가 많이 **내렸다**.
La **he visto** un momento esta tarde.　나는 **오늘 오후에** 잠깐 그녀를 **보았다**.
Todavía **no ha pagado** el alquiler de este mes.
　그는 아직도 **이번 달의 월세를 내지 못했다**.
Este año ha hecho mucho frío.　　　이번 해는 많이 추웠다.

> 주의하세요

① 중남미에서는 현재와 관련된 표현은 단순과거로 사용하는 경향이 있습니다.

La **he visto** un momento **esta tarde**.　나는 **오늘 오후에** 잠깐 그녀를 **보았다**(스페인).
La **vi** un momento **esta tarde**.　　　나는 **오늘 오후에** 잠깐 그녀를 **보았다**(중남미).

* 완료된 현재의 상태

He terminado la tarea.　나는 숙제를 **끝마쳤다**(현재 상태).
No le **ha entregado** un regalo a Carolina.
　그는 캐롤라이나에게 선물을 **주지 않았다**(현재 상태).
El autobús **ha partido**.　그 버스는 **출발했다**(현재 상태).
Ya **ha vuelto** a la oficina.　그는 이미 사무실로 **돌아갔다**(현재 상태).

* 현재까지의 경험 : nunca, alguna vez, hasta ahora 등과 함께 사용

No he estado nunca en China.　　나는 중국에 **간 적이 없다**.
Le **he visto alguna vez**.　　　　　나는 그를 **가끔씩 보았다**.
Hasta ahora no ha pasado nada.　**현재까지** 아무 일이 없다.
He estado en Madrid.　　　　　　나는 마드리드에 **산 적이 있다**.

* 아주 가까운 과거 : hace un momento 등과 함께 사용

    Isabel **ha salido hace un momento**.   이사벨은 **방금 나갔다**.
    Él **ha vuelto** del extranjero **hace poco**.   그는 조금 전에 외국에서 **돌아왔다**.

3. 과거완료 = haber 불완료과거 동사 변화 + 과거분사

había, habías, había, habíamos, habíais,
habían + hablado, comido, vivido

4. 과거완료의 일반적인 용법

* 과거와 관련된 표현 : 어제(ayer), 지난 해(el año pasado) 등과의 표현과 함께 사용

    Ayer había caído mucha lluvia.   어제 비가 많이 **내렸다**.
    El año pasado **había hecho** mucho **frío**.   지난 해는 많이 **추웠다**.
    Tú ya **habías estado** en Francia, pero yo **nunca había estado** allí.
    너는 프랑스에 이미 **간 적이 있었지만** 나는 거기에 **간 적이 없었다**.

> **주의하세요**

① 스페인어의 과거완료 표현은 과거형(단순 · 불완료과거)으로 사용하는 경향이 많습니다

    Ayer había caído mucha lluvia.   어제 비가 많이 **내렸다**.
   ⇒ **Ayer llovió** mucho.   어제 비가 많이 **내렸다**.
    El año pasado **había** hecho mucho frío.   지난 해는 많이 **추웠다**.
   ⇒ **El año pasado hacía** mucho frío.   지난 해는 많이 **추웠다**.

* 과거에 이미 완료된 상태 : 주절(과거형) + 종속절(과거완료형)

    Yo **vomité** todo **lo que había comido**.   나는 먹은 것을 모두 **토했다**.
    Él **ignoraba lo que había sucedido**.   그는 무슨 일이 일어났는지 몰랐다.

Lección 3 — 항공권 발권

기본대화

A 여기가 탑승수속을 하는 카운터입니까?
Is this the check-in counter?
에스 에스떼 엘 모스뜨라도르 데 팍뚜라씨온?
¿Es este el mostrador de facturación?

B 네, 맞습니다. 여권을 보여 주세요.
Yes, it is. Your passport, please.
시, 아시 에스. 수 빠사뽀르떼, 뽀르 파보르.
Sí, así es. Su pasaporte, por favor.

A 여기 있어요.
Here you are.
아끼 띠에네.
Aquí tiene.①

주요표현

탑승 수속은 언제합니까? When do you check in?	꾸안도 아쎄 엘 체크인? ¿Cuándo hace el check-in?
창문 쪽으로 하시겠어요? 통로 쪽으로 하시겠어요? Would you like a window or aisle seat?	쁘레피에레 엘 아시엔또 데 벤따나 오 데 빠시요? ¿Prefiere el asiento de ventana o de pasillo?
창문이 있는 자리로 부탁해요. I'd like a window seat, please.	메 구스따리아 운 아시엔또 데 벤따나, 뽀르 파보르. Me gustaría un asiento de ventana, por favor.
마일리지 포인트를 적립해 줄 수 있나요. Please add it to my mileage points.	뽀르 파보르 아그레겔로 아 미스 뿐또스 데 미야스. Por favor agréguelo a mis puntos de millas.②
부쳐야 할 짐이 있습니까? Do you have any baggage to check?	띠에네 알군 에끼빠헤 빠라 팍뚜라르? ¿Tiene algún equipaje para facturar?
이것을 기내로 가져갈 수 있어요? Can I take this on the plane?	뿌에도 예바르 에스또 엔 라 까비나? ¿Puedo llevar esto en la cabina?
언제부터 탑승합니까? When does the boarding start?	꾸안도 꼬미엔사 엘 엠바르께? ¿Cuándo comienza el embarque?

참고하세요

① Aquí tiene(tener의 3인칭 현재)의 문장은 Aquí está(estar의 3인칭 현재) 문장으로 바꾸어 사용할 수 있다.
② agréguelo는 agregue('agregar'의 3인칭 명령형, 첨가하다) + lo(대명사, 그것을)의 합성어이다.

Lección 4   출국 심사

기본대화

A 출국 심사는 언제 해야합니까?
When do I have to review my departure?
꾸안도 데보 빠사르 뽀르 엘 꼰뜨롤 프론떼리쏘?
¿Cuándo debo pasar por el control fronterizo?

B 출발 1시간 전에는 해야 합니다.
It must be done before 1 hour of departure.
데베 떼르미나르 안떼스 데 우나 오라 데 살리다.
Debe terminar antes de una hora de salida.

A 출국 심사소가 어디에 있나요?
Where is the immigration counter?
돈데 에스따 엘 모스뜨라드르 데 인미그라씨온?
¿Dónde está el mostrador de inmigración?

B 오른쪽 끝에 있어요.
It's in the far right.
에스따 엔 엘 엑스뜨레모 데레초.
Está en el extremo derecho.

주요표현

이쪽으로 오십시오.
Come this way, please.
벵가 뽀르 아끼, 뽀르 파보르.
Venga por aquí, por favor.

짐을 운반대 위에 놓으세요.
Please put your luggage on the conveyor.
뽀르 파보르, 뽕가 수 에끼빠헤 엔 엘 뜨란스뽀르따도르.
Por favor ponga su equipaje en el transportador.

모든 주머니도 비우세요.
Please empty all pockets.
뽀르 파보르, 바씨에 또도스 로스 볼시요스.
Por favor, vacíe todos los bolsillos.①

탑승권을 보여주기 바랍니다.
Please show me your boarding pass.
뽀르 파보르, 무에스뜨레메 수 따르헤따 데 엠바르께.
Por favor, muéstreme su tarjeta de embarque.②

두 손을 올리세요.
Please raise your hands.
뽀르 파보르, 레반떼 수스 마노스.
Por favor, levante sus manos.

신발도 벗어야 합니다.
You have to take off your shoes, too.
땀비엔 데베 끼따르세 로스 싸빠또스.
También debe quitarse los zapatos.

서류가방을 열어 주시겠습니까?
Could you open the briefcase?
뽀드리아 아브리르 엘 말레띤.
¿Podría abrir el maletín?③

> **참고하세요**
> ① vacíe는 'vaciar'(비우다)의 3인칭 명령형이다. 2인칭 명령형은 vacía이다.
> ② muéstreme는 'mostrar'(보여주다, 3인칭 명령형) + me(간접목적어, 나에게)의 합성어이다.
> ③ ¿Podría abrir el maletín? 문장에서 Podría는 'poder'의 조건법(가능법, P 146) 3인칭이다.

해외 여행(항공, 숙박, 식당)

추가 문법 익히기
gustar, llevar, deber 동사

1. gustar 동사 : 영어의 'to like'와 비슷하게 사용

* 사용 용법 : 간접목적어 + gusta + 명사(단수)/동사원형 또는 gustan + 명사(복수)

일반적으로 '좋아한다'의 의미로 사용하며 간접목적어와 함께 사용한다. 문법적 주어가 gustar 다음에 오는 명사 또는 동사이기 때문에 문법적 주어에 따라 단·복수가 쓰여진다.

Me gusta la paella. 나는 빠에야를 좋아한다(빠에야가(주어) 나에게(간·목) 좋아하게 한다).
Me gustan los libros españoles. 나는 스페인 책들을 좋아한다.
A mi hija **no le gusta viajar**. 나의 딸은 여행하는 것을 싫어한다.
A él **le gusta relajarse y pasear** en el parque.
　　그는 공원에서 **휴식을 하고 산책하는 것을 좋아한다**.

참고하세요

① 'A + 전치격 인칭 대명사'는 1, 2인칭에서 사용하지 않아도 되나 3인칭에서는 의미를 구별하기 위해 사용한다.
　(A mi) **me** gustan las frutas.　　　나는 과일을 좋아한다.
　A ella le gusta dormir.　　　　　그녀는 잠자는 것을 좋아한다.
② 문법적 주어는 gustar동사 다음에 오는 것이 일반적이지만 앞에 사용하여도 된다.
　las frutas me gustan.　　　　　나는 과일을 좋아한다.

* gustar 동사처럼 '간접목적어 + gustar + 주어' 형식을 사용하는 동사들

Me parece que va a llover esta tarde.　오늘 오후에 비가 올 것이라고 **생각한다**.
Me encantan los deportes.　　　　　나는 스포츠를 매우 **좋아한다**.
Le importa ganar dinero.　　　　　그는 돈 버는 것이 **중요하다**.
Me dan ganas de descansar.　　　　나는 쉬고 싶다(~**주다**).
Nos falta energía.　　　　　　　　우리는 힘이 **부족하다**(필요하다).
A ella **le interesa** leer este libro.　　그녀는 이 책을 읽는 것에 **관심이 있다**.
Me quedan mil euros ahora.　　　　나는 지금 천 유로가 **남았다**.
Me molesta hacer ejercicio.　　　　나는 운동하는 것이 **불편하다**.

2. llevar 동사 : 영어의 'to carry, bring, take, lead' 등과 비슷하게 사용

* 규칙동사로서 일반적으로 '가지고(데리고) 가다, 가지고 있다'의 의미로 사용한다.

Llevo la mochila.	배낭을 **가지고 간다**.
Ella **lleva** de viaje a Mario.	그녀는 마리오를 여행에 **데리고 간다**.
Te **llevo** en coche a tu escuela.	나는 너를 차로 학교까지 **데려다 주겠다**.
Llevo los pantalones blancos.	나는 하얀 바지를 **입고 있다**.
Él **llevaba** tres meses en el hospital.	그는 병원에 3개월 동안 **있었다**.

* '~이끌다, 시간이 ~걸리다(되다), ~와 사이가 좋다' 등의 의미로도 사용한다.

Él **está llevando** bien esa fábrica.	그는 공장을 잘 **이끌고 있다**.
Este camino **lleva** al centro de la ciudad.	이 길은 시 중심으로 **이어진다**.
Ellos **llevan** tres años enamorados.	그들은 3년 동안 사랑에 **빠졌다**.
Llevo veinte años en Málaga.	나는 말라가에서 20년간 **살고 있다**.
Él sabe **llevarse** bien con su mujer.	그는 마누라와 **사이좋게 지낼줄** 안다.

3. deber 동사 : 영어의 'must' 등과 비슷하게 사용

* 일반적으로 '빚을 지다, ~할 의무가 있다' 등의 의미로 사용한다.

Mario me **debe** mil euros.	마리오는 나에게 천 유로를 **빚지고 있다**.
El soldado le **debe** la lealtad a la patria.	군인은 조국에 충성할 **의무가 있다**.

* deber + 동사원형 : ~을 해야만 한다

Debemos ir a Alemania.	우리들은 독일에 **가야만 한다**.
Las mujeres embarazadas **no deben fumar**.	임산부들은 **담배를 피워서는 안된다**.

* 기 타

El buen resultado **se debe a** los esfuerzos del padre.
　그 좋은 결과는 아버지의 노력에 **기인한다**. (무인칭)
Él **debe de pedir** el dinero.　　　　그는 돈을 **요구할 것이다**. (추측)

Lección 5 · 기내에서

기본대화

A 비행기표를 보여주시겠습니까?
Can you show me your plane ticket?
뿌에데 모스뜨라르메 수 비예떼 데 아비온?
¿Puede mostrarme su billete de avión?

B 예, 여기 있습니다. 제 자리가 어딥니까?
Yes, here it is. Where is my seat?
시, 아끼 띠에네. 돈데 에스따 미 아시엔또?
Sí, aquí tiene. ¿Dónde está mi asiento?

A 이쪽입니다.
It's over here.
에스따 뽀르 아끼.
Está por aquí.

주요표현

당신 자리는 저 여자분 옆입니다. Your seat is next to that woman.	수 아시엔또 에스따 알 라도 데 에사 세뇨라. Su asiento está al lado de esa señora.
자리를 바꿀 수 있을까요? Can I change seats?	뿌에도 깜비아르 데 아시엔또? ¿Puedo cambiar de asiento?
신문 등 읽을 것이 있습니까? Do you have anything to read, such as a newspaper?	띠에네 알고 빠라 레에르, 꼬모 운 뻬리오디꼬? ¿Tiene algo para leer, como un periódico?
차가운 물을 줄 수 있나요? Could you give me cold water?	뿌에데 다르메 아구아 프리아? ¿Puede darme agua fría? ①
입국 신고서를 한 장 더 주세요. Can I have one more arrival card?	뿌에도 떼네르 우나 따르헤따 데 예가다 마스? ¿Puedo tener una tarjeta de llegada más?
담요를 갖다 줄 수 있나요? Can you get me a blanket?	메 뿌에데 꼰세기르 우나 만따? ¿Me puede conseguir una manta?
토할 것 같아요. I feel like throwing up.	시엔또 께 보이 아 보미따르. Siento que voy a vomitar.
무선 인터넷을 사용하고 싶어요. I'd like to use wireless internet.	끼에로 우사르 인떼르넷 이날람브리꼬. Quiero usar internet inalámbrico. ②

참고하세요

① ¿Puede darme agua fría? 문장은 더 정중한 표현으로 ¿Podría darme agua fría? 문장(조건법, P. 146)으로 바꾸어 사용할 수 있다.
② Internet inalámbrico는 간단히 Wifi(위피)로도 표현한다.

Lección 6   공항 도착

기본대화

	한국어	스페인어
A	여권을 보여줄 수 있습니까? Can you show me your passport?	메 뿌에데 모스뜨라르 수 빠사뽀르떼? ¿Me puede mostrar su pasaporte?
B	여기 있습니다. Here you are, sir.	아끼 에스따, 세뇨르. Aquí está, señor.
A	방문 목적이 무엇입니까? What's the purpose of your visit?	꾸알 에스 엘 쁘로뽀시또 데 수 비시따? ¿Cuál es el propósito de su visita?
B	사업 때문입니다. For business.	뽀르 네고씨오스. Por negocios.
A	얼마나 체류하십니까? How long are you staying?	꾸안또 띠엠뽀 세 께다라? ¿Cuánto tiempo se quedará? [1]
B	2개월입니다. Two months.	도스 메세스. Dos meses.

주요표현

한국어	스페인어
관광 목적으로 왔습니다. I'm here on sightseeing.	에스또이 아끼 데 뚜리스모. Estoy aquí de turismo.
스페인에는 얼마나 있을 예정입니까? How long will you be in Spain?	꾸안또 띠엠뽀 에스따라 엔 에스빠냐? ¿Cuánto tiempo estará en España?
최종 목적지는 어디입니까? Where is the final destination?	꾸알 에스 엘 데스띠노 피날 데 수 비아헤? ¿Cuál es el destino final de su vjaje?
출입국 신고서를 보여 주세요. Show me your immigration card.	무에스뜨레메 수 따르헤따 데 인미그라씨온. Muéstreme su tarjeta de inmigración.
동행이 몇 분입니까? How many people are with you?	꾸안따스 뻬르소나스 에스딴 꼰 우스뗏? ¿Cuántas personas están con usted?
어디에서 체류하십니까? Where are you staying?	돈데 세 오스뻬다? ¿Dónde se hospeda?

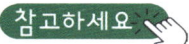 참고하세요

[1] ¿Cuánto tiempo se quedará?의 문장은 ¿Cuánto durará su estancia?로 바꾸어 사용할 수 있다.

Lección 7 — 수하물 찾기

기본대화

A 수하물을 어디에서 찾을 수 있나요?
Where can I pick up my baggage?
돈데 뿌에도 레꼬헤르 미 에끼빠헤?
¿Dónde puedo recoger mi equipaje?

B 저쪽에 있습니다.
It's over there.
에스따 뽀르 아야.
Está por allá.

주요표현

제 짐을 찾을 수가 없습니다. I can't find my luggage.	노 뿌에도 엥꼰뜨라르 미 에끼빠헤. No puedo encontrar mi equipaje.
제 짐이 파손되었어요. My luggage is damaged.	미 에끼빠헤 에스따 다냐도. Mi equipaje está dañado.
수화물표를 가지고 있나요? Do you have a baggage claim tag?	띠에네 엘 꼼쁘로반떼 델 에끼빠헤? ¿Tiene el comprobante del equipaje?
유로로 바꾸고 싶어요. I want to change to Euro.	끼에로 깜비아르 아 에우로. Quiero cambiar a Euro.
솔 광장에 어떻게 갈 수 있나요? How can I get to Sol Square?	꼬모 뿌에도 이르 아스따 라 뿌에르따 델 솔? ¿Cómo puedo ir hasta la Puerta del Sol?
공중화장실은 어디에 있어요? Where are the public toilets?	돈데 에스딴 로스 바뇨스 뿌블리꼬스? ¿Dónde están los baños públicos?[①]
유심칩을 어디에서 구할 수 있나요? Where can I get a SIM card?	돈데 뿌에도 꼰세기르 우나 따르헤따 심? ¿Dónde puedo conseguir una tarjeta SIM?

참고하세요

① los baños(el baño의 복수형, 화장실)는 el servicio, el aseo 등으로 사용할 수 있다.

Lección 8 — 호텔 예약

기본대화

A 내일 밤 예약을 하고 싶습니다.
I'd like to make a reservation tomorrow night.
메 구스따리아 아쎄르 우나 레세르바 빠라 마냐나 뽀르 라 노체.
Me gustaría hacer una reserva para mañana por la noche.①

B 어떤 종류의 방을 원하십니까?
What kind of room do you want?
께 띠뽀 데 아비따씨온 데세아?
¿Qué tipo de habitación desea?

A 싱글 룸을 원합니다.
I want a single room.
끼에로 우나 아비따씨온 인디비두알.
Quiero una habitación individual.

B 얼마나 있을 예정인가요?
How long are you going to stay?
꾸안또 띠엠뽀 세 께다라?
¿Cuánto tiempo se quedará?

A 2박을 할 예정입니다.
I'm going to stay two nights.
메 께다레 도스 노체스.
Me quedaré dos noches.

주요표현

하루 숙박비가 얼마예요?
How much is it a night?
꾸안또 꾸에스따 우나 노체?
¿Cuánto cuesta una noche?

예약을 확인하고 싶어요.
I'd like to confirm my reservation.
끼시에라 꼰피르마르 미 레세르바.
Quisiera confirmar mi reserva.

2인실 부탁합니다.
I'd like a double, please.
끼시에라 우나 도블레, 뽀르 파보르.
Quisiera una doble, por favor.

해변을 바라보는 방으로 주세요.
I'd like a room with a seaside view.
메 구스따리아 우나 아비따씨온 꼰 비스따스 알 마르.
Me gustaría una habitación con vistas al mar.

아침 식사가 포함되어 있나요?
Does this include breakfast?
에스따 잉끌루이도 엘 데사유노?
¿Está incluído el desayuno?

방을 바꿀 수 있습니까?
Can I change the room?
뿌에도 깜비아르 라 아비따씨온?
¿Puedo cambiar la habitación?

방이 추운데, 어떻게 조절합니까?
The room is cold, how do I control?
엘 꾸아르또 에스따 프리오, 꼬모 로 꼰뜨롤로?
El cuarto está frío, ¿cómo lo controlo?

> 참고하세요
>
> ① me gustaría(gustarse의 조건법)는 quiero(직설법 현재) 또는 quisiera(querer의 접속법 현재)로 바꾸어 사용할 수 있으며, 가장 정중한 표현은 me gustaría이다.

해외 여행(항공, 숙박, 식당)

추가 문법 익히기

조건법(가능법)

1. 조건법(직설법 조건, 가능법) 동사변화

구 분	hablar	comer	vivir
yo	hablaría	comería	viviría
tú	hablarías	comerías	vivirías
él/ella/Ud.	hablaría	comería	viviría
nosotros	hablaríamos	comeríamos	viviríamos
vosotros	hablaríais	comeríais	viviríais
ellos/ellas/Uds.	hablarían	comerían	vivirían

2. 조건법의 일반적인 용법

* 과거에서 본 미래를 표현한다.

   Mi hijo me **dijo** que **querría ser** un gran hombre.
   나의 아들은 위대한 인물이 **되겠다고 말했다**.

   Te quedaría mejor esta camiseta que esa que **tenías puesta**.
   입고 있었던 티셔츠보다 이 티셔츠가 더 잘 **어울릴 것 같았다**.

* 과거 사실에 추측을 표현한다.

   Carolina **estaría** en un restaurante con su prima ayer.
   까롤리나는 어제 그의 사촌과 식당에 **있었을거야**.

   No estoy seguro, pero **habría** veinte alumnos en el aula.
   확실하지 않지만, 아마 교실에 약 20명의 학생들이 **있었을거야**.

* 현재시제에서 공손한 표현을 할 경우에 사용한다.

   Me gustaría comprar un ordenador de último modelo.
   나는 최신 모델의 컴퓨터를 **사고 싶습니다**.

   ¿**Podría dar**me un helado, por favor?. 나에게 아이스크림을 줄 수 있습니까?.

Tú, en mi lugar, ¿qué le **dirías** a ella?   네가 나라면, 그녀에게 뭐라고 **말할거야?**

3. 조건법의 불규칙 동사(미래시제의 변화형과 동일)

* 자음 'd'가 추가된 동사

   poner(놓다) : pondría, pondrías, pondría, pondríamos, pondríais, pondrían
   salir(나가다) : saldría, saldrías, saldría, saldríamos, saldríais, saldrían
   tener(가지다) : tendría, tendrías, tendría, tendríamos, tendríais, tendrían
   venir(오다) : vendría, vendrías, vendría, vendríamos, vendríais, vendrían

* 모음 'e'가 없어진 동사

   haber(있다) : habría, habrías, habría, habríamos, habríais, habrían
   poder(할수있다) : podría, podrías, podría, podríamos, podríais, podrían
   querer(좋아하다) : querría, querrías, querría, querríamos, querríais, querrían

* 기 타

   decir(말하다) : diría, dirías, diría, diríamos, diríais, dirían
   hacer(하다) : haría, harías, haría, haríamos, haríais, harían

참고하세요

① 과거의 추측은 조건시제를, 현재의 추측은 미래시제를 사용한다.
   Serían las tres de la tarde.   아마 오후 세시쯤 **되었을거야**(과거 추측).
   Serán las tres de la tarde.   아마 오후 세시쯤 **될거야**(현재 추측).

Lección 9 호텔 체크아웃

기본대화

A 체크아웃하려고 합니다. 계산서 주세요?
I want to check out. I'd like bill, please?
끼에로 살리르. 메 뽀드리아 다르 라 팍뚜라?
Quiero salir. ¿Me podría dar la factura?

B 방 번호가 어떻게 됩니까?
What is your room number?
꾸알 에스 엘 누메로 데 수 아비따씨온?
¿Cuál es el número de su habitación?

A 방 번호는 123입니다.
The room number is 123.
엘 누메로 데 라 아비따씨온 에스 엘 123.
El número de la habitación es el 123.

B 잠시만요. 요금은 150 유로입니다.
Wait a minute. The fare is 150 euros.
에스뻬레 운 미누또. 엔 또딸 손 150 에우로스.
Espere un minuto. En total son 150 euros.

주요표현

신용카드로 지불할 수 있습니까?	뿌에도 빠가르 꼰 따르헤따 데 끄레디또?
Can I pay by credit card?	¿Puedo pagar con tarjeta de crédito?
요금이 잘못 정산되었네요.	엘 쁘레씨오 노 에스 꼬렉또.
The fare is wrong.	El precio no es correcto.
봉사료가 포함되어 있나요?	에스떼 쁘레씨오 잉끌루예 엘 까르고 뽀르 세르비씨오?
Does this charge include service charge?	¿Este precio incluye el cargo por servicio?
숙박비에 그것을 포함시켜 주세요.	뽀르 파보르 잉끌루얄로 엔 라 팍뚜라 델 오뗄.
Please include it in the hotel bill.	Por favor inclúyalo en la factura del hotel.①
체크아웃 시간을 연장할 수 있나요?	뿌에도 뽀스뽀네르 미 살리다?
Can I extend the check-out time?	¿Puedo posponer mi salida?
잘 묵었습니다. 감사합니다.	에 디스프루따도 무쵸. 그라씨아스.
I stayed well. Thank you.	He disfrutado mucho. Gracias.

참고하세요

① Por favor inclúyalo en la factura del hotel 문장에서 inclúya는 'incluir'(포함시키다)의 3인칭 명령형이다.

Lección 10 식사 예약

기본대화

A	안녕하세요. 오늘 저녁 6시에 자리를 예약하고 싶습니다. Hello. I'd like to reserve a table at 6 this evening.	올라. 메 구스따리아 레세르바르 우나 메사 빠라 오이 아 라스 세이스 데 라 따르데. Hola. Me gustaría reservar una mesa para hoy a las 6 de la tarde.
B	몇 분이 오십니까? How many people are coming?	꾸안따스 뻬르소나스 비에넨? ¿Cuántas personas vienen?
A	6명이고 금연석으로 해주세요. 6 people, non-smoking seats please.	세이스 뻬르소나스, 빠라 노 푸마도레스, 뽀르 파보르. Seis personas, para no fumadores, por favor.
B	6시에, 6인, 금연석 예약입니다. That's a table for six, nonsmoking, at 6:00.	께다 레세르바다 우나 메사 빠라 세이스, 노 푸마도레스, 아 라스 세이스. Queda reservada una mesa para seis, no fumadores, a las 6:00.

주요표현

오늘 저녁에 같이 식사할까요? Shall we eat together tonight?	쎄나모스 훈또스 에스따 노체? ¿Cenamos juntos esta noche?
점심을 당신에게 대접하고 싶습니다. Let me treat you to lunch.	데헤메 인비따를레 아 꼬메르. Déjeme invitarle a comer.
예약을 하는 것이 좋겠어요. I think we should make a reservation.	끄레오 께 데베리아모스 아쎄로 우나 레세르바. Creo que deberíamos hacer una reserva.
인기있는 식당을 추천해 주시겠어요? Could you recommend a popular restaurant?	뽀드리아 레꼬멘다르메 알군 레스따우란떼 뽀뿔라르? ¿Podría recomendarme algún restaurante popular?
우리가 식사할 자리가 있나요? Can we get a table?	뽀데모스 꼰세기르 우나 메사? ¿Podemos conseguir una mesa? ①
조용한 자리로 부탁해요. I'd like a quiet seat, please.	끼시에라 운 아시엔또 뜨랑낄로, 뽀르 파보르. Quisiera un asiento tranquilo, por favor.
창가에 앉고 싶어요. We'd like to sit by window.	노스 구스따리아 센따르노스 훈또 아 라 벤따나. Nos gustaría sentarnos junto a la ventana.

① ¿Podemos conseguir una mesa? 문장은 ¿Hay mesa?, ¿Hay sitio? 문장으로 사용할 수 있다.

해외 여행(항공, 숙박, 식당)

Lección 11   식사 주문

기본대화

A 무엇을 드시겠습니까?
What would you like to have?
께 끼에레 뻬디르?
¿Qué quiere pedir? ①

B 빠에야 2인분 주세요.
Two paellas, please.
도스 라씨오네스 데 빠에야, 뽀르 파보르.
Dos raciones de paella, por favor.

주요표현

메뉴를 볼 수 있을까요? Can I see the menu, please?	뿌에도 베르 엘 메누, 뽀르 파보르? ¿Puedo ver el menú, por favor?
오늘의 특별 메뉴가 무엇인가요? What's today's special?	꾸알 에스 엘 쁠라또 에스뻬씨알 데 오이? ¿Cuál es el plato especial de hoy? ②
이것은 맛있어 보이네요. This looks delicious.	에스또 세 베 델리씨오소. Esto se ve delicioso. ③
스테이크는 어떻게 해 드릴까요? How would you like your steak?	꼬모 끼에레 수 필레떼? ¿Cómo quiere su filete?
중간으로 익혀 주세요. Medium, please.	메디아노, 뽀르 파보르. Mediano, por favor. ④
두 그릇으로 나누어줄 수 있나요. Could we have this in two plates?	뽀드리아모스 떼네르 에스또 엔 도스 쁠라또스? ¿Podríamos tener esto en dos platos?

> **참고하세요**
>
> ① ¿Qué quiere pedir? 문장은 ¿Qué desea comer? 또는 ¿Qué va a comer? 문장으로 사용할 수 있다. 여기에서 'va(ir의 3인칭 단수 현재동사) + a + 동사원형'은 '~할 예정이다'라는 뜻으로 쓰여진다. 세부 설명은 P 105을 참고하세요.
> ② el plato는 요리, 접시 등의 뜻으로 사용한다.
> ③ Se ve delicioso는 Qué buena pinta라고도 표현한다.
> ④ 고기를 주문할 경우에 사용되어지는 표현을 알아두자.
>   - 조금 : poco hecho, 중간 : mediano 또는 medio, 많이: bien hecho

Lección 12 — 음료/후식 주문

기본대화

A 마실 것은 무엇으로 하시겠습니까?
What would you like to drink?
께 데세아 또마르?
¿Qué desea tomar?

B 쥬스 한 잔 주세요.
A glass of juice, please.
우나 바소 데 쑤모, 뽀르 파보르.
Un vaso de zumo, por favor.①

주요표현

생수 주세요. / Water, please.	아구아, 뽀르 하보르. / Agua, por favor.
와인 메뉴를 볼 수 있나요? / Can I see the wine menu?	뿌에도 베르 라 까르따 데 비노스? / ¿Puedo ver la carta de vinos?
콜라 주세요. / Coke, please.	꼬까 꼴라, 뽀르 파보르. / Coca Cola, por favor.
디저트로 무엇이 있습니까? / What do you have for dessert?	께 아이 데 뽀스뜨레? / ¿Qué hay de postre?
디저트로 초콜릿 케익을 주세요. / I'd like a chocolate cake for dessert, please.	끼에로 우나 따르따 데 초꼴라떼 꼬모 뽀스뜨레. / Quiero una tarta de chocolate como postre.
계산서 좀 주시겠어요? / May I have the check, please?	메 뽀드리아 뜨라에르 라 꾸엔따, 뽀르 파보르? / ¿Me podría traer la cuenta, por favor?
각자 부담합시다. / Let's go Dutch.	바모스 아 디비디르 라 꾸엔따. / Vamos a dividir la cuenta.②
점심은 제가 사겠습니다. / Lunch is on me.	요 임비또 엘 알무에르쏘. / Yo invito el almuerzo.

참고하세요

① zumo(쥬스)는 스페인에서, jugo는 중남미에서 주로 사용한다.
② Vamos a dividir la cuenta는 Vamos a pagar por separado로 표현하기도 한다.

pedir, tomar 동사

1. pedir 동사 : 영어의 'to ask' 등과 비슷하게 사용

* 동사의 변화 : pido, pides, pide, pedimos, pedís, piden
* 일반적으로 '부탁하다, 요청하다, 요구하다' 등의 의미로 사용한다.

Mis hijos me **pidieron** más dinero.   나의 아들들은 더 많은 돈을 나에게 **부탁했다**.
Él me **pidió** llamar a la policía.   그는 나에게 경찰관을 부를 것을 **요청했다**.
Le **pidieron** ochenta euros por unos vestidos.
  그들은 그에게 몇 개의 드레스 값으로 80 유로를 **요구했다**.

* '~주문하다, 원한다' 등의 의미로도 사용한다

¿Qué **desea pedir** usted?   - **Pido** un chocolate.
  무엇을 **주문하시겠어요**?   - 초콜릿을 **주문합니다**(원합니다).

2. tomar 동사 : 영어의 'to take, drink' 등과 비슷하게 사용

* 일반적으로 '~잡다, 마시다, 먹다' 등의 의미로 사용한다.

Mi novio me **tomó** de la mano.   나의 애인은 손을 **잡았다**.
Él **tomó** el bolígrafo.   그는 볼펜을 **잡았다**.
Tomo el aire.   나는 바람을 **쐰다**.
Ellos **toman** la merienda.   그들은 간식을 **먹는다**.
Toma una copa de vino.   그는 포도주 한 잔 **마신다**.

* '~타다, 찍다' 등의 의미로도 사용한다.

Carolina **toma** el tren para Sevilla.   까롤리나는 세비야 가는 기차를 **탄다**.
Tengo que tomar el metro.   나는 지하철을 **타야 한다**.
Me encanta **tomar el sol**.   나는 **일광욕하는 것을** 너무 좋아한다.
¿Quiere **tomar una fotografía**?   사진을 찍고 싶습니까?

* tomar + A + por + B : A를 B로 생각하다.

La policía **me toma por ladrón**.   경찰관은 **나를 도둑으로 생각한다**.
Tomó esta cosa por otra cosa.   그는 이 물건을 다른 물건으로 생각했다.

🌂 **잠깐 쉬어가기**

빠라도르 데 꾸엥까(스페인 국영 호텔)

스페인 시골 민박집

스페인의 숙박 시설

관광대국 스페인은 숙박시설도 다양하다. 관광객이 제일 많이 묵는 곳은 'Hotel'이며 일성급에서부터 오성급까지 있다. 별의 수가 많을수록 고급에 속하고 숙박료도 비싸진다. 'Hotel' 다음으로 대중적인 'Hostel'은 우리나라 여관급으로 생각하면 된다. 'Hotel' 보다는 격이 떨어지지만 저렴하게 이용할 수 있다는 장점이 있다. 또 다른 숙박시설로 'Parador'가 있는데, 파라도르란 중세의 수도원, 고성, 궁전 등과 같은 스페인의 역사적이고 상징적인 건물들을 개조하여 국가에서 직접 운영하는 호텔이다. 1928년 알폰소 13세에 의해 스페인 관광을 촉진하기 위한 수단으로 파라도르가 지어지기 시작해 현재에 이르러 스페인에 96개, 포르투갈에 1개의 파라도르가 운영되고 있다. 기타 'Pensión', 'Casa Rural(펜션, 시골민박집)', 'Albergue(순례자숙소)' 등이 있다. 요즘에는 '에어비앤비(Airbnb)'와 같은 숙박 공유 서비스를 이용하는 사람들이 많이 늘어가고 있는 추세이다.

프라도 미술관(Museo del Prado)

프라도 미술관은 파리의 루브르 박물관, 상트페테르부르크의 에르미타주 미술관과 함께 세계 3대 미술관으로 꼽힌다. 회화, 조각 등 3만점이 넘는 미술품을 소장한 이 미술관은 처음에는 자연과학 박물관이 될 예정이었으나 페르난도 7세에 의해 스페인 왕가의 미술품을 소장하는 미술관으로 변경되었고, 1868년 혁명 후에는 국유화되어 프라도 미술관으로 이름이 바뀌었다. 스페인 회화의 3대 거장으로 불리는 엘 그레코, 고야, 벨리스케스의 주옥같은 작품이 1~3층에 전시되어 있다. 또한 루벤스, 반다이크를 중심으로 한 플랑드르 파와 라파엘로, 보티첼리 등의 이탈리아 거장들의 작품들도 많다. 관람할 때에는 한국어로 된 이어폰이 있기에 잘 활용하면 도움이 될 것이다. 입장료는 15유로, 평일 오후 6시~8시, 휴일 오후 5시~7시에는 무료로 입장할 수 있다.

Capítulo 6
관 광

관광 정보, 관광 안내소, 관광 버스, 관광 중에,
관광 가이드, 관광 주의사항, 사진 촬영,
분실 / 도난 신고

Lección 1 관광 정보

기본대화

	마드리드의 관광 명소에는 무엇이 있나요?	꾸알레스 손 로스 아뜨락띠보스 뚜리스띠꼬스 데 마드리드?
A	What are the tourist attractions in Madrid?	¿Cuáles son los atractivos turísticos de Madrid?
B	너무 많은데, 어떤 종류의 관광을 원하세요? Too many, what kind of tourism do you want?	아이 데마시아도스, 께 띠뽀 데 뚜리스모 끼에레? Hay demasiados, ¿qué tipo de turismo quiere?
A	걸으면서 구경하고 싶어요. I want to watch while walking.	끼에로 꼬노쎄르 루가레스 까미난도. Quiero conocer lugares caminando.
B	그럼, 왕궁과 프라도 미술관을 가보세요. Then, you should go to the Royal Palace and Prado Museum.	엔똔쎄스, 아이 께 이르 알 빨라씨오 레알 이 알 무세오 델 쁘라도. Entonces, hay que ir al Palacio Real y al Museo del Prado.

주요표현

여기는 어떤 관광이 좋습니까? What kind of sightseeing is good here?	께 띠뽀 데 뚜리스모 메 레꼬미엔다 아끼? ¿Qué tipo de turismo me recomienda aquí?
가장 유명한 곳은 무엇입니까? What's the most famous place?	꾸알 에스 엘 루가르 마스 파모소? ¿Cuál es el lugar más famoso?
근방에 구경할 만한 장소가 있어요? Is there a place to visit nearby?	아이 알군 루가르 빠라 비시따르 쎄르까? ¿Hay algún lugar para visitar cerca?
어떤 것이 가장 인기가 있어요? What's most popular?	꾸알 에스 엘 마스 뽀뿔라르? ¿Cuál es el más popular?
그곳은 한번쯤 가볼 만한 곳이에요. It's a place that is worth visiting.	에스 운 루가르 께 발레 라 뻬나 비시따르. Es un lugar que vale la pena visitar.
가장 알차게 여행하려면 어떻게 해야합니까? How can I make the most of my trip?	꼬모 뿌에도 아쁘로베차르 알 막시모 미 비아헤? ¿Cómo puedo aprovechar al máximo mi viaje?
언제 문을 닫아요? When do you close?	아 께 오라 씨에라? ¿A qué hora cierra?[1]

참고하세요

[1] ¿A qué hora cierra? 문장은 ¿Cuándo cierra?로 바꾸어 사용할 수 있다.

비교급, 최상급, valer 동사

1. 비교급 : 우등비교, 열등비교, 동등비교로 구분하여 사용

* **우등비교** : más(더) + 형용사 · 명사 · 부사 + que(~보다) + 비교대상

    Él es **más guapo que yo**. 　　　　　그는 **나보다 잘 생겼다**.
    Hoy tengo **más tarea que ayer**. 　　나는 오늘 어제보다 더 많은 숙제를 갖고 있다
    Juan duerme **más tarde que José**. 　후안은 호세보다 더 늦게 잠잔다.

* **열등비교** : menos(덜) + 형용사 · 명사 · 부사 + que(~보다) + 비교대상

    Hoy como **menos comida que ayer**. 　나는 오늘 어제보다 적게 음식을 먹는다.
    Esta empresa es **menos familiar que la anterior**.
    　이 회사는 전 회사보다 덜 가족적이다.

* **동등비교** : tan(똑같이) + 형용사 · 부사 + como(~처럼) + 비교대상
    　　　　　 tanto(똑같이) + 명사 + como(~처럼) + 비교대상

    Ella es **tan linda como yo**. 　　　　　그녀는 **나처럼** (똑같이) **귀엽다**.
    Esta empresa es **tan buena como la anterior**. 이 회사는 전 회사처럼 (똑같이) 좋다.
    Hoy como **tanta comida como ayer**. 　나는 오늘 어제처럼 (똑같이) 음식을 먹는다.

2. 최상급 : 일반최상급과 절대최상급 구분하여 사용

* **일반최상급** : 정관사 + más / menos + 형용사 + de(entre) + 비교집단
    　　　　　　 정관사 + 명사 + más / menos + 형용사 + de(entre) + 비교집단

    Él **es el más guapo de la escuela**. 　그는 학교에서 가장 잘 생겼다.
    Ella **es la menos linda entre ellas**. 　그녀는 그녀들 중에서 제일 귀엽지 않다.
    El kimchi es **la comida más típica de Corea**.
    　김치는 한국에서 가장 전형적인(대표적인) 음식이다.
    Antonio es **el chico menos amistoso de la clase**.
    　안또니오는 반에서 제일 우호적이지 않은 소년이다.

* **절대최상급** : 형용사 + ísimo(ísima, ísimos, ísimas), muy + 형용사

    Seúl es **una ciudad hermosísima**(una ciudad muy hermosa).
    　서울은 매우 아름다운 도시이다.

Él es **un hombre buenísimo**(un hombre muy bueno). 그는 **최고로 좋은 사람**이다.

> **참고하세요**

① 절대최상급에서 형용사가 자음으로 끝나면 어미에 ísimo을, 모음으로 끝나면 모음에 ísimo를 붙여준다.

  fácil(쉬운) – facilísimo   bueno(좋은) – buenísimo

② 비교어(불규칙 비교형)

원 급	비교급	최상급
bueno(좋은)	mejor	el/la mejor
malo(나쁜)	peor	el/la peor
mucho(많은)	más	el/la más
poco(적은)	menos	el/la menos
grande(큰)	mayor(más grande)	el/la mayor
pequeño(작은)	menor(más pequeño)	el/la menor

③ mayor와 menor는 연령을 비교할 때 주로 사용하고 más grande와 más pequeño는 주로 크기를 비교할 때 사용한다

  Él es **mayor**(menor) que yo.   그는 나보다 **나이가 많다**(적다).
  Esta casa es **más grande**(pequeña) que esa casa. 이 집은 저 집보다 **더 크다**(작다).

3. valer 동사 : 영어의 'to worth' 등과 비슷하게 사용

* 동사의 변화 : valgo, vales, vale, valemos, valéis, valen
* 일반적으로 '~의 값이다, ~가치가 있다' 등의 의미로 사용한다.

  ¿Cuánto valen estos zapatos?   이 신발은 **얼마입니까**?
  Las sandías **valen cinco euros** el kilo. 수박은 1킬로당 **5유로이다**(값이다).
  Estos trajes me **valen** todavía.   이 옷들은 아직 **쓸 만하다**(가치가 있다).
  Su ayuda **valió** por cien millones de dólares. 그의 도움은 1억달러의 **가치가 있었다**.

* valer + la pena + 동사원형 : ~할 가치가 있다

  Vale la pena ir a España.   스페인에 갈 가치가 있다.
  Vale la pena (de) **ver** este drama.   이 드라마를 볼 가치가 있다.

Lección 2   관광 안내소

기본대화

A 안녕하세요, 뭘 도와 드릴까요?
Hello, how can I help you?

올라, 꼬모 뿌에도 아유다를레?
¿Hola, cómo puedo ayudarle?

B 시내 관광을 하고 싶어요.
I want to go sightseeing in the city.

끼에로 이르 데 뚜리스모 아 라 씨우닫.
Quiero ir de turismo a la ciudad.

A 시내 관광버스를 타면 좋아요.
It's good to take the city tour bus.

에스 부에노 또마르 엘 아우또부스 뚜리스띠꼬 데 라 씨우닫.
Es bueno tomar el autobús turístico de la ciudad.

B 감사합니다.
Thank you.

그라씨아스.
Gracias.

주요표현

관광 안내책자 줄 수 있나요? Can you give me a tourist brochure?	메 뿌에데 다르 운 포예또 뚜리스띠꼬? ¿Me puede dar un folleto turístico?
관광 비용이 얼마예요? How much does this tour cost?	꾸안또 꾸에스따 에스떼 비아헤? ¿Cuánto cuesta este viaje?
프라도 미술관이 포함된 관광입니까? Is it a tour that includes the Prado Museum?	에스 우나 비시따 께 잉끌루예 엘 무세오 델 쁘라도? ¿Es una visita que incluye el Museo del Prado?
한 사람당 얼마예요? How much is it for each person?	꾸안또 꾸에스따 뽀르 까다 뻬르소나? ¿Cuánto cuesta por cada persona?
학생한테 할인이 되나요? Do you offer student discounts?	오프레쎄 데스꾸엔또스 빠라 에스뚜디안떼스? ¿Ofrece descuentos para estudiantes?[1]

참고하세요

[1] ¿Ofrece descuentos para estudiantes? 문장은 ¿Hay descuentos para estudiantes? 문장으로 바꾸어 사용할 수 있다.

Lección 3   관광 버스

기본대화

A	관광버스는 몇 시에, 어디서 떠나요? What time and where does the tour bus leave?	아 께 오라 이 돈데 살레 엘 아우또부스 뚜리스띠꼬? ¿A qué hora y dónde sale el autobús turístico?
B	아홉시에 호텔에서 출발합니다. The tour bus leaves the hotel at nine.	엘 아우또부스 뚜리스띠꼬 살레 델 오뗄 아 라스 누에베. El autobús turístico sale del hotel a las nueve.
A	시간이 얼마나 걸려요? How long does it take?	꾸안또 띠엠뽀 세 따르다? ¿Cuánto tiempo se tarda? ①
B	네 시간 정도 걸립니다. It will take about four hours.	세 따르다라 우나스 꾸아뜨로 오라스. Se tardará unas cuatro horas.

주요표현

투어는 매일 있습니까? Do you have the tour everyday?	아이 비시따 또도스 로스 디아스? ¿Hay visita todos los días?
다음 투어는 몇 시예요? When is the next tour?	꾸안도 에스 라 쁘록시마 비시따? ¿Cuándo es la próxima visita?
언제 돌아와요? When do we come back?	꾸안도 볼베모스? ¿Cuándo volvemos?
가이드가 있습니까? Do you have a guide?	아이 기아? ¿Hay guía?
덕분에 관광이 즐거웠습니다. Thanks to you, I enjoyed the tour.	그라씨아스 아 우스뗏, 디스프루떼 라 비시따. Gracias a Ud., disfruté la visita.

> **참고하세요**
>
> ① se tarda(tardarse의 3인칭 현재형, (시간이) 걸리다)는 dura(durar의 3인칭 현재형, 지속하다)로 바꾸어 사용할 수 있다.

Lección 4   관광 중에

기본대화

A	입장료가 얼마입니까? How much is the admission fee?	꾸안또 꾸에스따 라 엔뜨라다. ¿Cuánto cuesta la entrada?
B	일반인은 2유로, 학생은 1유로입니다. The public is 2 euros, and the student is 1 euros.	빠라 엘 뿌블리꼬 헤네랄 꾸에스따 도스 에우로스 이 빠라 에스뚜디안떼스 운 에우로. Para el público general cuesta 2 euros y para estudiantes 1 euro.

주요표현

저 건물이 무엇이죠? What is that building?	께 에스 에세 에디피씨오? ¿Qué es ese edificio?
저게 무엇인지 설명해줄 수 있나요? Can you explain what that is?	뿌에데 엑스쁠리까르메 께 에스 에소? ¿Puede explicarme qué es eso?
정말 아름답군요! How beautiful it is!	께 에르모사 에스! ¡Qué hermosa es!
환상적이네요. That's fantastic.	에소 에스 판따스띠꼬. Eso es fantástico.
잊을 수 없는 장소입니다. It's an unforgettable place.	에스 운 루가르 인올비다블레. Es un lugar inolvidable.

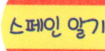

스페인의 세계문화유산

스페인은 이탈리아, 중국 등과 더불어 세계문화유산을 많이 보유한 나라들 중 하나이다. 2020년 현재 이탈리아와 중국이 각각 55개를 보유하고 있고 스페인이 48개를 보유하고 있다. 대표적인 것으로는 세고비아의 로마수로, 그라나다의 알람브라 궁전, 부르고스 대성당, 세비야 대성당, 알타미라 동굴벽화 등과 똘레도, 꼬르도바, 살라망까 등 오래된 구시가지가 있다.

Lección 5　관광 가이드

기본대화

A	만나서 반갑습니다. 저를 잘 따라오시기 바랍니다. Nice to meet you. Please follow me well.	메 알레그로 데 베를레스. 뽀르 파보르, 시간메. Me alegro de verles. Por favor, síganme.①
B	어디로 방문합니까? Where do you guide?	아 돈데 바모스 아 비시따르? ¿A dónde vamos a visitar?
A	왕궁 등 다섯 곳을 갑니다. We go to five places, including the Royal Palace.	바모스 아 비시따르 씬꼬 루가레스, 잉끌루옌도 엘 빨라씨오 레알. Vamos a visitar cinco lugares, incluyendo el Palacio Real.

주요표현

이 곳은 대성당입니다. This is a cathedral.	에스따 에스 우나 까떼드랄. Esta es una catedral.
왼쪽에 보이는 건물이 왕궁입니다. The building on the left is the Royal Palace.	엘 에디피씨오 아 라 이쓰끼에르다 에스 엘 빨라씨오 레알. El edificio a la izquierda es el Palacio Real.②
다음 장소는 박물관입니다. The next place is the museum.	엘 시기엔떼 루가르 에스 엘 무세오. El siguiente lugar es el museo.
제 말에 귀 기울여 주세요. Please listen to me.	뽀르 파보르 에스꾸첸메. Por favor escúchenme.
지금부터 1시간 동안 자유시간을 가지십시오. You can have one hour of free time from now.	뿌에덴 떼네르 우나 오라 리브레 데스데 아오라. Pueden tener una hora libre desde ahora.
훌륭한 안내에 감사드립니다. Thanks for the great guidance.	그라씨아스 뽀르 수 그란 세르비씨오. Gracias por su gran servicio.

> 참고하세요
>
> ① síganme는 'seguir'(따르다)의 3인칭 복수 명령형(sígan)과 me(나를)가 결합된 합성어이다.
> ② El edificio a la izquierda es el Palacio Real 문장은 El edificio que está a la izquierda es el Palacio Real 문장으로 바꾸어 사용할 수 있다.

Lección 6   관광 주의사항

기본대화

A 여기에서는 소매치기를 조심해야 해요.
You should be careful of pickpockets here.

데베 떼네르 꾸이다도 꼰 로스 까르떼리스따스 아끼.
Debe tener cuidado con los carteristas aquí.

B 예, 알겠습니다(조심할게요).
Yes, I see.

시, 뗀드레 꾸이다도.
Sí, tendré cuidado.

주요표현

중요한 물건은 호텔에 맡기세요.
Leave important things to the hotel.

데헤 수스 꼬사스 데 발로르 엔 엘 오뗄.
Deje sus cosas de valor en el hotel.

여기에서는 떠들면 안돼요.
Please, don't talk in here.

뽀르 파보르, 아이 께 구아르다르 실렌씨오 아끼.
Por favor, hay que guardar silencio aquí.

거기에 손대지 마세요.
Please, don't touch it.

뽀르 파보르, 노 로 또께.
Por favor, no lo toque.①

여기는 들어가면 안됩니다.
You should not enter here.

노 데베리아 엔뜨라르 아끼.
No debería entrar aquí.

이탈해서는 안됩니다.
You should not leave.

노 데베리아 알레하르세 델 그루뽀.
No debería alejarse del grupo.

고장이라서 그것을 이용할 수 없습니다.
You can't use it because it's out of order.

노 뿌에데 우사를로 뽀르께 에스따 푸에라 데 세르비씨오.
No puede usarlo porque está fuera de servicio.

허가없이 동물에게 음식을 주면 안됩니다.
You can't feed animals without permission.

노 뿌에데 알리멘따르 아 로스 아니말레스 신 뻬르미소.
No puede alimentar a los animales sin permiso.

참고하세요

① toque는 'tocar' (만지다)의 3인칭 명령형이다.

Lección 7 — 사진 촬영

기본대화

A 우리 사진을 좀 찍어 주시겠어요?
Could you take a picture of us?
뿌드리아 또마르노스 우나 포또?
¿Podría tomarnos una foto?

B 네, 웃으세요. 좋습니다.
Sure. smile. good.
뽀르 수뿌에스또. 손리아. 뻬르펙또.①
Por supuesto. sonría. perfecto.①

주요표현

카메라를 보세요. Look at the camera, please.	미레 아 라 까마라, 뽀르 파보르. Mire a la cámara, por favor.
사진을 찍어 드릴까요? Can I take a picture for you?	뿌에도 또마를레 우나 포또? ¿Puedo tomarle una foto?
여기서 사진을 찍어도 돼요? Can I take a picture here?	뿌에도 또마르 우나 포또 아끼? ¿Puedo tomar una foto aquí?
사진 한 장 같이 찍어요? Shall we take a picture together?	노스 또마모스 우나 포또 훈또스? ¿Nos tomamos una foto juntos?
단체 사진을 찍읍시다! Let's take a group photo!	또메모스 우나 포또 데 그루뽀! ¡Tomemos una foto de grupo!
쁘라도 미술관 안에서는 사진을 촬영할 수 없습니다. You can't take pictures inside the Prado Museum.	노 뿌에데 또마르 포또스 덴뜨로 델 무세오 델 쁘라도. No puede tomar fotos dentro del Museo del Prado.

참고하세요

① Por supuesto는 Cómo no, Claro 등과 바꾸어 사용할 수 있다.

Lección 8 — 분실/도난 신고

기본대화

A 지갑을 잃어버렸어요.
I lost my wallet.
뻬르디 미 비예떼라.
Perdí mi billetera. ①

B 어디서 잃어버렸나요?
Where did you lose it?
돈데 라 뻬르디오?
¿Dónde la perdió?

A 시장에서 잃어버린 것 같아요.
I think I lost it in the market.
끄레오 께 라 뻬르디 엔 엘 메르까도.
Creo que la perdí en el mercado.

B 지갑에 무엇이 있었습니까?
What was in your wallet?
께 아비아 엔 수 비예떼라?
¿Qué había en su billetera?

A 돈, 신용 카드가 있었습니다.
There were money, credit cards.
아비아 디네로, 따르헤따스 데 끄레디또.
Había dinero, tarjetas de crédito.

주요표현

어디에 도난 신고를 하나요?
Where do I report theft?
돈데 데눈씨오 엘 로보?
¿Dónde denuncio el robo?

사람들이 많은 곳은 조심하세요.
Be careful where there are many people.
뗑가 꾸이다도 돈데 아이 무차 헨떼.
Tenga cuidado donde hay mucha gente.

이곳은 소매치기가 많아요.
There are a lot of pickpockets here.
아이 무초스 까르떼리스따스 아끼.
Hay muchos carteristas aquí.

가방을 분실했어요.
I lost my bag.
뻬르디 미 말레따.
Perdí mi maleta.

차가 없어졌어요.
My car is missing.
미 꼬체 아 데사빠레씨도.
Mi coche ha desaparecido.

한국 대사관으로 연락해 주세요.
Please contact the Korean embassy.
뽀르 파보르, 야메 아 라 엠바하다 데 꼬레아.
Por favor, llame a la Embajada de Corea.

참고하세요

① Perdí mi billetera 문장은 Perdí mi cartera 문장으로 바꾸어 사용할 수 있다.

잠깐 쉬어가기

스페인 3대 축제

　스페인은 축제의 나라이다. 1년 365일 내내 축제가 열린다고 해도 과언이 아니다. 그리고 축제들의 종류 또한 다양한데 대개가 종교적인 모티브와 관련되어 있으나 그 지방 특유의 향토적인 기원을 띠고 있는 것들도 적지 않다. 이 중에서 가장 대표성을 갖고 규모가 큰 3가지 축제에 대하여 알아보자.

1. 발렌시아 불꽃 축제(Las Fallas)

　매년 3월 중순에 시작하는 이 축제는 발렌시아에서 개최된다. 18세기 발렌시아 목수들이 봄의 도래와 함께 겨울 내내 사용했던 등불 지지대를 태우는 데서 출발하였다. 축제에 사용되는 파야라고 불리는 조형물은 주로 정치적인 인물들을 풍자하거나 유명한 애니메이션의 한 장면을 묘사한다. 파야들 중에서 공개 투표를 통해 가장 많은 득표 수를 얻은 조형물은 태우지 않고 박물관에 전시되는데, 이러한 영예를 얻기 위해 의미있는 파예를 만들기 위한 경쟁이 대단하다.

발렌시아 불꽃 축제 (Las Fallas)

2. 라 또마띠나(La Tomatina)

　라 또마띠나는 이웃 간의 싸움을 축제로 승화시킨 것으로 스페인 남동쪽 발렌시아의 작은 마을 부뇰 시에서 매년 8월 마지막 주 수요일에 개최한다. 이 축제는 1944~45년 무렵 한 가장행렬에서 벌어진 패싸움에서 흥분한 마을 사람들이 서로 토마토 등을 집어던진데서 유래하였다. 이후 정부의 금지령에도 불구하고 행사를 계속 강행하다가 1959년부터 공식적으로 인정되어 오늘날 세계적인 축제로 발전하게 된 것이다. 축제 행사는 오전 11시에 광장 중앙에

에 설치된 기다란 막대기 위의 햄을 따내는 것으로 시작되고 약 1시간 동안 잘 익은 토마토를 서로에게 던지며 축제를 즐긴다. 다른 나라에서도 이와 유사한 축제를 벌이고 있는데 우리나라에서도 2003년부터 강원도 화천에서 토마토 축제를 개최하고 있다.

라 또마띠나 축제

3. 팜쁠로나 산 페르민 축제(San Fermín)

산 페르민은 스페인 북부 바스크 지역의 수호 성인으로 포교 활동 중 순교한 그를 기리기 위해 7월 초에 일주일간 개최하는 축제이다. 이 축제의 가장 중요한 행사는 매일 아침에 진행하는 엔씨에로(Encierro), 즉 황소와 함께 뛰는 광란의 질주이다. 10여 마리의 황소들을 골목길을 지나 투우장으로 인도하는 행사로 약 3분 정도 소요된다. 하지만 길들이지 않은 야생 황소와 수많은 사람들이 서로 경쟁하듯이 뛰기 때문에 많은 인원들이 다치고 심지어 죽는 사람들까지 발생한다. 이 질주가 끝나면 행사에 참여했던 거의 모든 사람들이 주변 바로 가서 맥주와 포도주를 마시며 노래하고 춤을 춘다. 대부분 사람들이 한 곳만 머무르는 것이 아니라 이곳 저곳을 돌아다니면서 즐기기 때문에 하루종일 도시는 들썩거린다.

소몰이 축제(팜플로나)

스페인 알기

임진왜란과 스페인

　스페인과 한국의 역사적인 첫 만남은 1593년 임진왜란 중일 때이다. 일본의 제1 선봉장이면서 카톨릭 신자였던 고니시 유키나카의 요청으로 그레고리오 세스뻬데스 신부가 진해 웅천에 도착하였으며, 그는 한국 땅을 밟은 첫 유럽인이 되었다. 똘레도 출신인 세스뻬데스 신부는 한국에 머물면서 임진왜란과 당시 조선에 대한 서한을 남기기도 하였다. 현재 스페인 똘레도 지방에 있는 신부의 고향인 비야누에바에는 기념비가 세워져 있으며 진해에도 신부의 고향사람들이 선물한 기념비가 있다. 기념비에는 "최초로 한국을 방문한 스페인 예수회의 그레고리오 세스뻬데스 신부의 방한 400주년을 기념하여 똘레도의 비야누에바 데 알가르데 시민들이 진해시민들에게 헌정합니다"라는 문구가 쓰여져 있다.

Capítulo 7

교통

교통 수단, 교통 소요시간, 버스 정류장, 버스 이용,
택시 이용, 택시 승차, 지하철 역, 지하철 타기, 기차 이용,
기차 승차, 렌트카 이용, 렌트카 반납,
차량 운전, 차량 수리

Lección 1　교통 수단

기본대화

A 아토차역까지 어떻게 가야 합니까?
How can I get to Atocha Station?

꼬모 뿌에도 예가르 아 라 에스따씨온 데 아또차?
¿Cómo puedo llegar a la estación de Atocha?

B 지하철이 제일 편리합니다.
The subway is the most convenient.

엘 메뜨로 에스 로 마스 꼰베니엔떼.
El metro es lo más conveniente.

주요표현

공항버스는 어디에서 타나요? Where can I take the airport bus?	돈데 뿌에도 또마르 엘 아우또부스 델 아에로뿌에르또? ¿Dónde puedo tomar el autobús del aeropuerto?
제가 지금 있는 곳이 어디예요? Where am I now?	돈데 에스또이 아오라? ¿Dónde estoy ahora?
지하철역까지 가는 길을 알려주세요. Please, tell me the way to the subway station.	뽀르 파보르, 디가메 엘 까미노 아 라 에스따씨온 데 메뜨로. Por favor, dígame el camino a la estación de metro.
이길로 지하철역까지 갑니까? Is this the way to the subway station?	에스 에스떼 엘 까미노 아 라 에스따씨온 데 메뜨로? ¿Es este el camino a la estación de metro?
가장 가까운 지하철역이 어디 있나요? Where is the nearest subway station?	돈데 에스따 라 에스따씨온 데 메뜨로 마스 쎄르까나? ¿Dónde está la estación de metro más cercana?
거기까지 나를 데려다 줄 수 있나요? Would you mind taking me there?	뽀드리아 예바르메 아이? ¿Podría llevarme ahí?
버스 노선도를 줄 수 있나요? Can you give me a bus route map?	메 뿌에데스 다르 운 마빠 데 루따 델 아우또부스? ¿Me puede dar un mapa de ruta del autobús?
거기에 도착하는데 가장 빠른 방법은 뭐예요? What is the fastest way to get there?	꾸알 에스 라 포르마 마스 라삐다 빠라 예가르 아이? ¿Cuál es la forma más rápida para llegar ahí?
어떻게 이 주소로 갈 수 있나요? How do I get to this address?	꼬모 예고 아 에스따 디렉씨온? ¿Cómo llego a esta dirección? ①

참고하세요

① ¿Cómo llego a esta dirección? 문장은 ¿Cómo me voy a esta dirección? 문장으로 바꾸어 사용할 수 있다.

Lección 2 — 교통 소요시간

기본대화

A 시내까지 택시로 얼마나 걸리죠?
How long does it take by taxi to downtown?
꾸안또 세 따르다 엔 딱시 아스따 라 씨우닫?
¿Cuánto se tarca en taxi hasta la ciudad?

B 이십 분 걸려요.
It takes 20 minutes.
세 따르단 베인떼 미누또스.
Se tardan veinte minutos.

주요표현

지하철로 삼십 분 정도 걸려요.
It takes about 30 minutes by subway.
세 따르단 우노스 뜨레인따 미누또스 엔 메뜨로.
Se tardan unos 30 minutos en metro.

걸어서 갈 수 있나요?
Can I get there on foot?
뿌에도 예가르 아 삐에?
¿Puedo llegar a pie?

역까지 얼마나 걸리나요?
How long does it take to the station?
꾸안또 띠엠뽀 예바 아 라 에스따씨온?
¿Cuánto tiempo lleva a la estación?

이 시간에 교통체증이 심하나요?
Is there a lot of traffic at this time?
아이 무초 뜨라피꼬 아 에스따 오라?
¿Hay mucho tráfico a esta hora?

가장 빠른 길로 가주세요.
Take the fastest way, please.
또메 엘 까미노 마스 라뻬드, 뽀르 파보르.
Tome el camino más rápido, por favor. ①

여기서 성당까지 얼마나 멀어요?
How far is it to the cathedral?
께 딴 레호스 에스따 라 까떼드랄?
¿Qué tan lejos está la catedral?

참고하세요

① el camino más rápido 문장을 la forma más rápida 문장으로 바꾸어 사용할 수 있다.

Lección 3   버스 정류장

기본대화

A	미술관으로 가는 버스는 몇 번입니까? Which bus goes to the art museum?	께 아우또부스 바 알 무세오 델 아르떼? ¿Qué autobús va al museo del arte?
B	64번을 타세요. Take number 64.	또메 엘 누메로 세센따 y 꾸아뜨로. Tome el número 64.
A	몇 분 간격으로 있나요? How many minutes apart?	까다 꾸안또 띠엠뽀 살레? ¿Cada cuánto tiempo sale?
B	30분 간격으로 있습니다. Every 30 minutes.	까다 뜨레인따 미누또스. Cada 30 minutos.

주요표현

버스 시간표를 볼 수 있을까요? Can I see the bus timetable?	뿌에도 베르 엘 오라리오 델 아우또부스? ¿Puedo ver el horario del autobús?
똘레도로 가는 버스는 언제 떠나요? When does the bus to Toledo leave?	꾸안도 살레 엘 아우또부스 아 똘레도? ¿Cuándo sale el autobús a Toledo?
발렌시아행 요금이 얼마입니까? How much does it cost to Valencia?	꾸안또 꾸에스따 아스따 발렌씨아? ¿Cuánto cuesta hasta Valencia?
어떤 버스가 광장에 가요? Which bus goes to the square?	께 아우또부스 바 아 라 쁠라싸? ¿Qué autobús va a la plaza?
다음 버스는 언제 와요? When will the next bus come?	꾸안도 벤드라 엘 쁘록시모 아우또부스? ¿Cuándo vendrá el próximo autobús?①
얼마나 자주 그 버스는 와요? How often does the bus come?	까다 꾸안도 비에네 엘 아우또부스? ¿Cada cuándo viene el autobús?

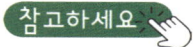

① vendrá는 'venir' (오다) 동사의 3인칭 미래형이다.

Lección 4 버스 이용

기본대화

A 이 버스가 시청 앞에서 섭니까?
Does this bus stop in front of City Hall?

에스떼 아우또부스 세 빠라 프렌떼 알 아윤따미엔또?
¿Este autobús se para frente al Ayuntamiento?

B 네, 타세요.
Yes, get on, please.

시, 수바, 뽀르 파보르.
Sí, suba, por favor.①

주요표현

이 버스가 기차역을 지나갑니까?
Does this bus pass by the train station?

빠사 에스떼 아우또부스 뽀르 라 에스따씨온 데 뜨렌?
¿Pasa este autobús por la estación de tren?

이 자리에 누가 앉습니까?
Who's sitting here?

에스따 오꾸빠도 아끼?
¿Está ocupado aquí?

세비야에는 몇 시에 도착해요?
What time will we arrive in Sevilla?

아 께 오라 예가레모스 아 세비야?
¿A qué hora llegaremos a Sevilla?

기차역에 가려면 어디서 내려야 해요?
Where should I get off for the train station?

돈데 데보 바하르 빠라 이르 아 라 에스따씨온 데 뜨렌?
¿Dónde debo bajar para ir a la estación de tren?

시청에 도착하면 제게 알려 주시겠어요?
Will you let me know when you arrive at City Hall?

뽀드리아 데씨르메 꾸안도 예게 알 아윤따미엔또?
¿Podría decirme cuando llegue al Ayuntamiento?②

여기서 내려야 합니다.
You have to get off here.

띠에네 께 바하르 아끼.
Tiene que bajar aquí.

어디서 버스를 갈아타야 해요?
Where should I change buses?

돈데 데보 깜비아르 데 아우또부스?
¿Dónde debo cambiar de autobús?

내릴 곳을 놓쳤어요.
I missed my stop.

뻬르디 미 빠라다.
Perdí mi parada.③

참고하세요

① suba는 'subir'(오르다)의 3인칭 명령형이다.
② ¿Podría decirme cuando llegue al Ayuntamiento? 문장은 ¿Me avisará cuando llegue al Ayuntamiento? 문장으로 바꾸어 사용할 수 있다.
③ Perdí mi parada 문장은 Me he pasado de la parada 문장으로 바꾸어 사용할 수 있다.

교통 173

관계대명사

1. 관계사의 종류

관계대명사	관계형용사	관계부사
que el que quien el cual	cuyo cuanto	como donde cuando

2. que : 성·수의 변화가 없음, 필요시 전치사와 함께 사용

* 선행사(사람, 사물 등) + que(~한, ~할)

   Mi tío tiene **dos hijos que estudian** muy bien.
   나의 삼촌은 매우 **공부를** 잘 **하는 두 아들을** 두고 있다.
   Las manzanas que compré en la tienda son muy sabrosas.
   내가 가게에서 **산 사과들은** 매우 맛있다.

* 선행사(사람, 사물 등) + 전치사 + que(~한, ~할 등)

   La pintura a que me referí se vendió(referirse a ~에 대해 언급하다).
   내가 언급한 그림은 팔렸다.
   El diccionario de que te hablé es mío.(hablar de ~에 대해 말하다).
   내가 너에게 이야기했던 사전은 나의 것이다.
   El hombre con el que me encontré es tu amigo(encontrarse con~와 만나다).
   내가 만났던 사람은 너의 친구이다.

> 주의하세요
>
> ① que 다음에 오는 **동사와 선행사에 따라 전치사가 선택**되어진다.
>   **El hombre con el que** me encontré es tu amigo의 문장은 **El hombre** es tu amigo의 문장과 **me encontré con el hombre** 문장이 결합되어 이루어진 문장이다. 따라서 'con el hombre'가 'con el que'로 바뀐 것이다.
> ② 위의 문장에서 보듯이 전치사를 동반한 관계사는 선행사가 사람일 경우에는 'con que'가 아니라 'con el que'로 정관사가 반드시 포함되어 사용하여야 한다.

3. 정관사(el, la, los, las) + que : ~한 그것, ~한 사람

* 주절로 사용

El que sabe mucho, habla poco. 많이 **아는 사람**은 말수가 적다.
La que quiera alquilar, que me llame. 임대를 **원하는 사람(여성)**은 나에게 전화해요.
Los que están por debajo de mesa. 탁자 밑에 **있는 그것들**.

* 선행사(사람) + 전치사 + 정관사 + que : 선행사가 사람인 전치격으로 사용할 때

Las personas **con las que hablé** son coreanas.
내가 (그분들과) **이야기했던 사람들**은 한국사람들이다.

El profesor **del que hablamos** es muy amable.
우리들이 **이야기했던 교수는**(교수에 대해) 매우 친절하다.

주의하세요

① 위의 예문처럼 관계사 뒤의 동사가 동일하지만(hablar) 앞의 선행사와 동사의 관계에서 전치사가 다르게 사용될 수 있다는 것을 알 수 있다.

* 선행사(사물) + 전치사 + 정관사(생략가능) + que : 선행사가 사물인 전치격으로 사용할 때

El edificio **en el**(생략가능) **que trabajo** es muy grande.
내가 **일하고 있는 건물**은 매우 큽니다.

El programa **en el**(생략가능) **que participan** los televidentes.
시청자들이 **참여할 수 있는 프로그램**.

주의하세요

① que는 위의 문장들처럼 관계사로 사용하지만 접속사로도 사용된다. 접속사로 사용 될 때에는 que 관계사 앞에 선행사가 없고 주절 등을 설명할 때에 사용된다.

Yo **creo que** él vendrá pronto. 그가 곧 올 것이라고 믿는다.
Es que él lo sabía todo. 사실은 그가 모든 것을 다 알고 있었다.

4. quien(quienes) : ~한 사람(들), 단 · 복수 구별

* 주절로 사용

Quien busca, halla. 추구하는 자는 얻는다.
Quien quiere, mucho puede. 하려고 하는 자에게는 길이 있다.

* 선행사 + , + quien : 설명적 용법으로 사용

El primo, quien vive en París, va a casarse pronto.
파리에 살고 있는 **사촌은** 곧 결혼할 예정이다.

Visito **al jefe, quien** está en el hospital.
나는 병원에 있는 **상사를** 방문한다.

* 선행사 + 전치사 + quien : 선행사의 전치격으로 사용

Él no es **un hombre de quien** se pueda sospechar(sospechar de ~을 의심하다).
그는 의심을 받을 **사람이** 아니다.

Él no tiene **nadie a quien** confiarse(confiarse a ~에게 맡기다).
그는 진심으로 이야기할 **사람이** 아무도 없다.

> **주의하세요**

① '선행사 + , quien'일 경우에는 전치사가 불필요하지만 '선행사 + 전치사 + quien' 문장에서는 전치사가 반드시 필요하다. 이 경우에는 아래 문장처럼 quien 다음에 오는 동사와 선행사에 관계에 따라 전치사가 선택(선행사가 관계절의 목적어가 될 때) 되어진다.

Él no es un hombre de quien se pueda sospechar 문장은,
⇒ 'Él no es un hombre(그는 그런 사람이 아니다)' 문장과 'se pueda sospechar de un hombre'(그 사람을 의심할 수 있다) 문장이 결합된 문장이다.

5. el(la, los, las) + cual(cuales) : ~한 그것, ~한 사람, 성·수 구별

* 'el que'와 비슷하게 사용

Mi tío tiene **dos hijos, los cuales** estudian muy bien.
나의 삼촌은 **두 아들을** 두고 있는데, **그들은**(두 아들은) 공부를 잘 한다.

Las personas **con las cuales hablé** son coreanos.
내가 (그분들과) **이야기했던 사람들은** 한국사람들이다.

> **주의하세요**

① 'el cual'은 선행사가 없을 때에는 사용하지 않는다. 즉, 주절의 주어로 사용할 수 없다.

El que sabe mucho, habla poco(O).   **El cual** sabe mucho, habla poco(×).
많이 아는 사람은 말수가 적다.   많이 아는 사람은 말수가 적다.

6. lo + que, lo + cual : ~한 그것은, ~한 그것을

* 앞 문장의 전체 또는 일부를 취함

   Ellos están estudiando mucho, **lo que** les traerá éxito.
   그들은 공부를 열심히 하고 있는데. **그것은** 그들에게 성공을 가져다 줄 것이다.
   Lo que el pueblo quiere, Dios lo quiere.
   국민의 원하는 **것은** 신도 그것을 원한다(스페인 속담).

7. cuyo

* 선행사(사람, 사물 등) + cuyo(~그것의, ~하는 그의) : 소유형용사로 사용

   Él visitó China, **cuya historia** es muy antigua.
   그는 (중국의) **역사가** 매우 오래된 중국을 방문했다.
   La casa **cuya puerta** es blanca.
   그 집의 문은 하얀색이다.
   El niño **cuyos padres** están muertos se dice huérfano.
   (아이의) **부모가** 죽은 아이는 고아라 부른다.

* 선행사(사람, 사물 등) + 전치사 + cuyo

   La sala en cuyo fondo está la alfombra.   거실 **바닥에는** 카펫이 있다.
   Este es **el candidato de cuyo discurso** entusiasma a la gente.
   이 후보의 연설은 사람들을 열광시킵니다.

주의하세요

① 'cuyo'는 소유형용사이니 선행사인 명사에 관계없이 수식하는 단어의 성·수에 일치하여야 한다.
   El niño **cuyos padres** están muertos se dice huérfano(O).
   El niño **cuyo padres** están muertos se dice huérfano(×).
   부모가 죽은 아이는 고아라 부른다.

8. cuanto

* 선행사 + cuanto(모든, todo lo ~ que) : 소유형용사로 사용하고 성·수에 일치

   Mi presidente habló con **cuantos invitados** asistieron.
   ⇒Mi presidente habló con todos los invitados que asistieron.
   나의 사장은 참석한 **모든 방문객들**과 이야기했다.

Yo vendí **cuantas cosas** guardaba.
⇒ Yo vendí **todas las cosas que** guardaba.
나는 내가 보관하고 있던 **모든 물건들을** 팔았다.

주의하세요

① 'cuanto'는 소유형용사 뿐만 아니라 관계대명사로도 사용할 경우가 있다.

Todos cuantos comen aquí son peruanos(관계대명사 주격).
여기서 식사하는 **모든 사람들은** 페루 사람들이다.

② 위 문장에서 todos(todo)는 cuanto를 강조하기 위해 사용되었다. 생략해도 된다.

Devoro (todo) **cuanto** me sirva.
나는 나에게 서빙된 **음식을** 게걸스럽게 먹는다.

9. donde

* 선행사(부사, 명사 등) + donde(~하는 곳)

Voy a la ciudad **donde** vivía antes.
나는 전에 살았던 **도시**에 간다.

El pueblo **en donde** está Ana es muy bonito.
아나가 살고 있는 **마을**은 매우 아름답다.

10. cuando

* 선행사(부사, 명사 등) + cuando(~하는 때)

Entonces fue **cuando** debí salir.
내가 외출해야 **할 때**가 바로 그때였다.

Apenas salí de casa, **cuando** me olvidé mi familia.
나는 집에서 나가자 마자 (**그 때**) 나의 가족을 잃어버렸다.

11. como②

* 선행사(부사, 명사 등) + como(~하는 방법, 어떻게)

Te gusta el nuevo método **como** utilicé.
너는 내가 사용했던 새로운 **방법**을 좋아한다.

Hazlo **como** te digo.
내가 너에게 말한 **방법**으로 그것을 해라.

Lección 5 택시 이용

기본대화

A 택시를 불러주시겠습니까?
Would you like to call a taxi?
레 구스따리아 야마르 아 운 딱시?
¿Le gustaría llamar a un taxi?

B 네, 방번호를 알려주세요.
Yes, please tell me your room number.
시, 뽀르 파보르 디가메 수 누메로 데 아비따씨온.
Sí, por favor dígame su número de habitación.

주요표현

이 주소로 택시 한 대 보내주세요.
Please send a taxi to this address.
뽀르 파보르 엠비에 운 딱시 아 에스따 디렉씨온.
Por favor envíe un taxi a esta dirección.①

아직 택시가 안 왔어요.
The taxi hasn't arrived yet.
엘 딱시 아운 노 아 예가도.
El taxi aún no ha llegado.

택시 승강장이 어디죠?
Where is the taxi stand?
돈데 에스따 라 빠라다 데 딱시?
¿Dónde está la parada de taxi?

택시를 어디서 탈 수 있습니까?
Where can I take a taxi?
돈데 뿌에도 또마르 운 딱시?
¿Dónde puedo tomar un taxi? ②

여기에서 택시를 잡읍시다.
Let's get a taxi here.
또메모스 운 딱시 아끼.
Tomemos un taxi aquí.

> **참고하세요**
>
> ① envíe는 'enviar'(보내다)의 3인칭 명령형이다. 2인칭 명령형은 envía이다.
> ② ¿Dónde puedo tomar un taxi? 문장에서 'tomar'는 'coger'로 사용할 수 있다.

Lección 6 택시 승차

기본대화

A 어디로 가십니까?
Where are you going?
아 돈데 바?
¿A dónde va?

B 그란 비아로 가 주세요.
I'd like to go to Gran Via, please.
메 구스따리아 이르 아 라 그란 비아, 뽀르 파보르.
Me gustaría ir a la Gran Vía, por favor.

주요표현

한국 대사관으로 갑시다. Let's go to the Korean Embassy.	바모스 아 라 엠바하다 데 꼬레아. Vamos a la Embajada de Corea.
이 주소로 데려다 주세요. Can you take me to this address?	메 뿌에데 예바르 아 에스따 디렉씨온? ¿Me puede llevar a esta dirección? ①
역까지 얼마나 걸립니까? How long does it take to the station?	꾸안또 따르다 엔 예가르 아 라 에스따씨온? ¿Cuánto tarda en llegar a la estación?
서둘러 주세요. Hurry up, please.	아뿌레세 뽀르 파보르. Apúrese por favor. ②
이 근처에서 내려주세요. Please get off near here.	뽀르 파보르, 빠레 쎄르까 데 아끼. Por favor, pare cerca de aquí.
거리에 비해 요금이 비쌉니다. The fare is too high for the distance.	라 따리하 에스 데마시아도 알따 빠라 라 디스딴시아. La tarifa es demasiado alta para la distancia.
요금이 평상시보다 너무 많이 나왔습니다. The fare is too much than usual.	라 따리파 에스 데마시아도 데 로 아비뚜알. La tarifa es demasiado de lo habitual.
짐을 내려 줄 수 있습니까? Can you unload my luggage?	뿌에데 데스까르가르 미 에끼빠헤? ¿Puede descargar mi equipaje?

참고하세요

① ¿Me puede llevar a esta dirección? 문장에서 직접목적어(me) 위치를 동사 뒤로(¿Puede llevarme a esta dirección?) 바꾸어 사용할 수 있다
② Apúrese는 'apurarse'(서두르다)의 3인칭 명령형이다.

Lección 7   지하철 역

기본대화

A 제일 가까운 지하철역은 어디 있습니까?
Where is the nearest subway station?

돈데 에스따 라 에스따씨온 데 메뜨로 마스 쎄르까나?
¿Dónde está la estación de metro más cercana?

B 이길 끝에서 오른쪽에 있습니다.
It's on the right at the end of this road.

에스따 아 라 데레차 알 피날 데 에스떼 까미노.
Está a la derecha al final de este camino.

주요표현

어느 선이 성당으로 갑니까? Which line goes to the cathedral?	께 리네아 바 아 라 까떼드랄? ¿Qué línea va a la catedral?
5호선을 타면 됩니다. Take line five.	또메 라 리네아 씬꼬. Tome la línea cinco.
매표소가 어디 있어요? Where is the ticket office?	돈데 에스따 라 따끼야? ¿Dónde está la taquilla? ①
자동판매기를 사용하세요. Please, use a vending machine.	뽀르 파보르, 우세 우나 마끼나 엑스뻰데도라. Por favor, use una máquina expendedora.
지하철 노선도를 주실 수 있나요. I'd like a map of the subway, please.	메 구스따리아 엘 쁠라노 델 메뜨로, 뽀르 파보르. Me gustaría el plano del metro, por favor.
어느 역에서 갈아탑니까? At which station do I transfer?	엔 께 에스따씨온 뗑고 께 뜨란스보르다르? ¿En qué estación tengo que transbordar?

> 참고하세요

① taquilla는 boletería(주로 중남미에서 사용)로 바꾸어 사용할 수 있다.

Lección 8   지하철 타기

기본대화

A	지금 오고있는 지하철이 광장으로 가는 거죠? Is the subway coming now going to the square?	엘 메뜨로 에스따 엔뜨란도 아오라 바 아 라 쁠라싸? ¿El metro que está entrando ahora va a la plaza?
B	네, 맞습니다. Yes, that's right.	시, 꼬렉또. Sí, correcto.

주요표현

전철을 놓쳤어요. I missed the train.	뻬르디 엘 메뜨로. Perdí el metro.
오늘은 사람이 붐비네요. It's crowded today.	오이 에스따 예노 데 헨떼. Hoy está lleno de gente.
여기서 바꿔 타야 해요? Should I transfer here?	데보 아쎄르 뜨란스보르도 아끼? ¿Debo hacer transbordo aquí?
시청역까지 한 정거장 남았네요. There is one stop left to City Hall Station.	께다 우나 빠라다 아 라 에스따씨온 델 아윤따미엔또. Queda una parada a la estación del Ayuntamiento.
공원으로 나가려면 몇 번 출구로 나가야해요? Which exit should I take to go to the park?	께 살리다 데보 또마르 빠라 살리르 알 빠르께? ¿Qué salida debo tomar para salir al parque?

Lección 9 — 기차 이용

기본대화

A 어디까지 가세요?
Where are you going?
아 돈데 바?
¿A dónde va?

B 발렌시아행 왕복권을 주세요.
Please give me a round-trip ticket to Valencia.
뽀르 파보르 데메 운 비예떼 데 이다 이 부엘따 아 발렌시아.
Por favor, déme un billete de ida y vuelta a Valencia.

A 몇 시 기차편을 원하십니까?
What time do you want the train?
아 께 오라 끼에레 살리르?
¿A qué hora quiere salir?

B 9시 기차로 하겠습니다.
I'll take the nine o'clock train.
또마레 엘 뜨렌 아 라스 누에베.
Tomaré el tren a las 9.

주요표현

발렌시아에는 몇 시에 도착합니까?
What time do you arrive in Valencia?
아 께 오라 예가 아 발렌시아?
¿A qué hora llega a Valencia?

이것은 고속열차입니까?
Is this a high-speed train?
에스 에스떼 뜨렌 데 알따 벨로씨닫?
¿Es este un tren de alta velocidad?

열차에 식당차가 있나요?
Is there a dining car on the train?
아이 운 바곤 꼬메도르 엔 엘 뜨렌?
¿Hay un vagón comedor en el tren?

좀 더 이른 것 있나요?
Is there an earlier one?
아이 알고 마스 뗌쁘라노?
¿Hay algo más temprano?

이 표를 취소할 수 있을까요?
May I cancel this ticket?
뿌에도 깡쎌라르 에스떼 비예떼?
¿Puedo cancelar este billete?

마지막 기차는 언제 있어요?
When is the last train?
꾸안도 에스 엘 울띠모 뜨렌?
¿Cuándo es el último tren? [1]

다음 열차는 몇 시에 있나요?
What time is the next train?
아 께 오라 에스 엘 쁘록시모 뜨렌?
¿A qué hora es el próximo tren?

> **참고하세요**
>
> [1] ¿Cuándo es el último tren? 문장은 ¿Cuándo sale el último tren?으로 바꾸어 사용할 수 있다.

Lección 10 기차 승차

기본대화

A 바르셀로나행은 몇 번 홈입니까?
Which platform is for Barcelona?
께 쁠라따포르마 에스 빠라 바르쎌로나?
¿Qué plataforma es para Barcelona?

B 육 번 홈에서 열차를 타세요.
Take the train on track number six.
또메 엘 뜨렌 엔 라 리네아 세이스.
Tome el tren en la línea 6.

주요표현

이 열차가 바르셀로나행 맞습니까?
Is this train for Barcelona?
에스또 에스 빠라 바르쎌로나?
¿Esto es para Barcelona?

열차가 왜 늦나요?
Why is the train late?
뽀르께 엘 뜨렌 예가 따르데?
¿Por qué el tren llega tarde?

실례합니다만, 여기는 제 자리예요.
Excuse me, I think this is my seat.
뻬르도네메. 끄레오 께 에스떼 에스 미 아시엔또.
Perdóneme. Creo que este es mi asiento.

이번 역이 무슨 역인가요?
What station is this?
께 에스따씨온 에스 에스따?
¿Qué estación es esta?

화장실은 어디에 있어요?
Where is the toilet?
돈데 에스따 엘 바뇨?
¿Dónde está el baño?

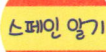
스페인 알기

스페인의 교통수단

스페인에서의 교통수단은 비행기, 철도, 버스 등이 있다. 비행기는 유럽 각국과 스페인 각 도시간 연결이 잘 되어있다. 한국과도 인천공항에서 마드리드, 바르셀로나 공항까지 직항편이 있어서 왕래하는데 편리하게 사용할 수 있다. 스페인의 철도는 마드리드를 중심으로 방사상으로 퍼져 있다. 대부분 렌페(Renfe)라는 국철이며 고속열차(AVE)부터 지방열차까지 다양하다. 스페인 버스는 알사(ALSA)라는 대표적인 버스 회사가 있고 대도시에서 근교 도시로 갈 때 편리하게 이용할 수 있으며 요금도 저렴한 편이다. 장거리 노선은 저녁에 출발하여 다음날 아침에 도착하는 야간 버스도 있다.

Lección 11 — 렌터카 이용

기본대화

A 렌터카를 예약할려고 합니다.
I'd like to reserve a rental car.
메 구스따리아 레세르바르 운 꼬체 데 알낄레르.
Me gustaría reservar un coche de alquiler.①

B 어떤 종류의 차를 원하세요?
What kind of car would you like?
께 띠뽀 데 꼬체 레 구스따리아?
¿Qué tipo de coche le gustaría?

A 기아 소형차로 주세요.
Please give me a Kia compact car.
뽀르 파보르, 끼에로 운 꼬체 꼼빡또 기아.
Por favor, quiero un coche compacto Kia.

B 수동 또는 자동 중 무엇을 원하십니까?
Do you want manual or automatic?
끼에레 엘 마누알 오 아우또마띠꼬?
¿Quiere el manual o automático?

A 자동으로 주세요.
Automatic, please.
엘 아우또마띠꼬, 뽀르 파보르.
El automático, por favor.

주요표현

차 종류가 어떤 것이 있나요?
What kind of car do you have?
께 띠뽀 데 꼬체 띠에네?
¿Qué tipo de coche tiene?

이 소형차는 하루에 얼마에요?
How much is this compact car a day?
꾸안또 꾸에스따 에스떼 꼬체 꼼빡또 알 디아?
¿Cuánto cuesta este coche compacto al día?

장기간 렌터하면 할인이 되나요?
Can I get a discount if I rent for a long time?
뿌에도 오브떼네르 운 데스꾸엔또 시 알낄로 뽀르 운 띠엠뽀 라르고?
¿Puedo obtener un descuento si alquilo por un tiempo largo?

차를 보고 결정하겠어요.
I'll decide after I look at the cars.
데씨디레 데스뿌에스 데 베르 로스 꼬체스.
Decidiré después de ver los coches.

베이비시트도 빌릴 수 있나요?
Can I borrow a baby seat?
뿌에도 알낄라르 라 시야 데 베베?
¿Puedo alquilar la silla de bebé?

보험이 다 포함되어 있나요?
Is all insurance included?
에스따 잉끌루이도 또도 엔 엘 세구로?
¿Está incluido todo en el seguro?

참고하세요

① Me gustaría reservar un coche de alquiler 문장은 Quisiera(querer의 1인칭 접속법 과거) reservar un coche de alquiler 문장으로 바꾸어 사용할 수 있다.

교통

Lección 12 — 렌트카 반납

기본대화

A 렌터카를 빌바오에서 반납할 수 있나요?
Can I return the rental car at Bilbao?
뽀드리아 데볼베르 엘 꼬체 데 알낄레르 엔 빌바오?
¿Podría devolver el coche de alquiler en Bilbao?

B 네, 빌바오 지점에 반납하면 됩니다.
Yes, you can return it to the Bilbao branch.
시, 뿌에데 데볼베를로 아 라 수꾸르살 데 빌바오.
Sí, puede devolverlo a la sucursal de Bilbao.

A 몇 시에 반납해야 해요?
What time do I have to return the car?
아 께 오라 뗑고 께 데볼베르 엘 꼬체?
¿A qué hora tengo que devolver el coche?

B 오후 여섯 시까지 반납하세요.
You should return it by six in the afternoon.
데베 데볼베를로 아스따 라스 세이스 데 라 따르데.
Debe devolverlo hasta las seis de la tarde.

주요표현

여행중에 더 기간을 연장할 수 있나요?
Can I extend the period during my trip?
뿌에도 엑스뗀데르 엘 뻬리오도 두란떼 미 비아헤?
¿Puedo extender el período durante mi viaje?

사고나면 어디로 연락을 해야 하나요?
Where should I contact after an accident?
돈데 데보 꼰딱따르 데스뿌에스 데 운 악씨덴떼?
¿Dónde debo contactar después de un accidente? [1]

기름을 다 채워서 반납해야 하나요?
Do I have to fill it up and return it?
뗑고 께 예나를로 이 데볼베를로?
¿Tengo que llenarlo y devolverlo?

반납을 늦게하면 어떻게 되나요?
What if I return it late?
이 시 로 데부엘보 따르데?
¿Y si lo devuelvo tarde?

참고하세요

[1] ¿Dónde debo contactar después de un accidente? 문장은 ¿Dónde debo llamar en caso de accidente? 문장으로 바꾸어 사용할 수 있다.

추가 문법 익히기

접속사

1. 기본 접속사

구 분	내 용	예 문
y	그리고	Tú **y** yo somos amigos. 너**와** 나는 친구 사이다. ※ hija e hijo : i-나 hi- 앞에서는 e로 한다.
o	또는	Tú puedes tomar té **o** café. 너는 차 **또는** 커피를 마실 수 있다. ※ plata u oro : o-나 ho- 앞에서는 u로 한다.
pero	그러나	**Quiero ir**, **pero** no tengo tiempo. 가고 싶으나 시간이 없다.
ni	~도 아니고	No fumo **ni** bebo. 담배를 피우지도 술을 마시지도 **않는다**.
que	~하는 것이 ~하는 것을	Le ruego **que** me visite. 나를 방문**하는 것을** 바랍니다.

2. 때를 나타내는 접속사

구 분	내 용	예 문
cuando	~할 때	Venga **cuando quiera**. 당신이 **원할 때** 오세요.
mientras	~하는 동안	Ella juega **mientras** él estudia. 그가 공부할 동안 그녀는 놀고 있다.
antes de que	~하기 전에	Vamos a salir **antes de que** venga María. 마리아가 오기전에 나갑시다.
despues de que	~한 후에	Salgo **después de que vuelva** ella. 그녀가 **돌아온 후에** 나는 나간다.

교통 187

3. 목적 및 조건을 나타내는 접속사

구 분	내 용	예 문
a que	~하라고, ~하도록	Tú me vas a pedir **a que me marche**. 너는 **나를 떠나게 하려고(하도록)** 요구할 것이다.
para que		Me persuadió **para que regresara**. 그는 나에게 **돌아오라고** 설득했다.
a fin de que		Le pedí **a fin de que viniera ella**. 나는 **그녀가 오도록** 요구했다.
si	~한다면	Venga hoy **si es posible**. **가능하다면** 오늘 오세요

4. 양보를 나타내는 접속사

구 분	내 용	예 문
aun que	~이지만, 그럼에도 불구하고	Saldré de casa, **aunque llueva**. **비가 내릴지라도** 나는 집을 나가겠다.
no obstante		Aunque es dura, **no obstante**, esta clase de disciplina es necesaria. 이러한 훈련이 힘들지만, **그럼에도 불구하고** 필요하다.
~no ~sino	~가 아니라 ~이다	Julio **no** es maestro **sino** oficial. 훌리오는 선생이 **아니라** 장교**이다**.

5. 원인, 이유를 나타내는 접속사

구 분	내 용	예 문
porque	왜냐하면, 때문에	Quiero casarme **porque** la amo. 그녀를 사랑하기 **때문에** 결혼하고 싶다.
puesto que	~하니, 때문에	No puedo pagar **puesto que** no tengo dinero. 나는 돈이 없기 **때문에** 지불할 수 없다.
luego, por lo tanto	그러므로, 따라서	Pienso, **luego** exito. 나는 생각한다. **그러므로** 존재한다.
ya que	~함으로, 때문에	**Ya que** ha dado la palabra, debe guardarla. 약속을 **했으므로** 그것을 잘 지켜야 한다.

6. 상관을 나타내는 접속사

구 분	내 용	예 문
apenas	~하자마자	**Apenas salir** a la calle, se puso a llover. 거리에 **나가자 마자** 비가 내리기 시작했다.
en cuanto		Te llamaré **en cuanto llegue**. **도착하자마자** 너에게 전화하겠다.
tan pronto como		**Tan pronto como lo sepas**, avísame. 네가 **알자마자 바로** 나에게 알려줘.

7. 양태를 나타내는 접속사

구 분	내 용	예 문
como	~처럼	Compórtate **como** te digo. 내가 너에게 이야기한 **것처럼** 행동해라.
como si	마치 ~처럼	Ella me trata **como si** fuera un tonto. 그는 내가 **마치** 바보**처럼** 나를 다룬다.
según (que)	~에 따라	Se te dará **según lo que** estudies. 네가 공부할 **것에 따라** 주어질 것이다.
asi~ como~	~도 역시 ~도	**Así a los niños como a las niñas** les gustan los juguetes. 남자 **아이도 여자아이도** 장남감을 좋아한다.

8. 결과를 나타내는 접속사

구 분	내 용	예 문
tanto~ que~	너무~해서 ~하다	Es **tan caro que** no puedo comprarlo. **너무 비싸서** 나는 그것을 살 수 없다. ※ tan(to) : 형용사 앞에서 -to가 생략됨
de manera (modo) que	~하기에, 그래서	Ella es **rica, de manera que** tiene muchos amigos. 그녀는 **부자이어서** 많은 친구를 두고 있다.

Lección 13 차량 운전

기본대화

A
너무 빨리 달리는 것 같아요.
I think you're driving too fast.
끄레오 께 꼰두쎄 데마시아도 라삐도.
Creo que conduce demasiado rápido.

비행기를 놓칠 것 같아서요.
I'm afraid we're going to miss the flight.
메 떼모 께 바모스 아 뻬르데르 엘 부엘로.
Me temo que vamos a perder el vuelo.

그래도 천천히 가요.
Anyway, let's go slowly.
데 또도스 모도스, 바모스 데스빠씨오.
De todos modos, vamos despacio.

주요표현

집에까지 데려다 드릴게요.
I'll take you home.
레 예바레 아 까사.
Le llevaré a casa.

운전 좀 잠시 해줄 수 있나요?
Can you drive for a moment?
뿌에데 꼰두씨르 뽀르 운 모멘또?
¿Puede conducir por un momento?

창문 좀 내려 주세요.
Can you open the windows?
뿌에데 아브리르 라스 벤따나스?
¿Puede abrir las ventanas?

에어컨을 틀어줄 수 있나요?
Could you turn on the air conditioner?
뽀드리아 엥쎈데르 엘 아이레 아꼰디씨오나도?
¿Podría encender el aire acondicionado?

과속 단속 카메라가 있어요.
There's a speed camera.
아이 우나 까마라 데 벨로씨닫.
Hay una cámara de velocidad.

졸음 운전을 하지 마세요.
Don't drive drowsy.
노 꼰두쓰까 소뇰리엔또.
No conduzca soñoliento.[1]

아차! 다른 차선에 들었네요.
Oh! We're in the wrong lane.
아이! 에스따모스 엔 엘 까릴 에끼보까도.
¡Ay! Estamos en el carril equivocado.

주유소에 들를 수 있을까요?
Can we stop by the gas station?
뽀데모스 빠사르 뽀르 라 가솔리네라오?
¿Podemos pasar por la gasolinera?[2]

> **참고하세요**
>
> [1] conduzca('conducer'의 3인칭 불규칙 부정 명령형, 운전하다)는 상황에 따라 conduzcas(2인칭 불규칙 부정 명령형)으로 바꾸어 사용할 수 있다.
> [2] gasolinera는 estación de servicio로 바꾸어 사용할 수 있다.

Lección 14   차량 수리

기본대화

A

제 차가 시동이 안 걸립니다.
My car doesn't start well.

미 꼬체 노 아랑까 비엔.
Mi coche no arranca bien.

배터리가 나간 것 같아요.
I think the battery is dead.

끄레오 께 라 바떼리아 에스따 아고따다.
Creo que la batería está agotada.

주요표현

차가 펑크났어요. My car has a flat tire.	미 꼬체 띠에네 우나 루에다 삔차다. Mi coche tiene una rueda pinchada.
차에서 오일이 샙니다. The oil is leaking from the car.	엘 아쎄이떼 세 에스까빠 델 아우또모빌. El aceite se escapa del automóvil.
차에서 이상한 소리가 납니다. The car is making a strange noise.	엘 꼬체 에스따 아씨엔도 운 루이도 엑스뜨라뇨. El coche está haciendo un ruido extraño.
차 어디에 문제가 있나요? Is there something wrong with the car?	아이 알고 말 꼰 엘 꼬체? ¿Hay algo mal con el coche?
타이어 공기압을 점검해 줄 수 있나요? Can you check the tire pressure?	뿌에데 체까르 라 쁘레시온 데 로스 네우마띠꼬스? ¿Puede comprobar la presión de los neumáticos?
수리하는데 얼마나 걸립니까? How long does it take to repair?	꾸안또 띠엠뽀 예바 레빠라를로? ¿Cuánto tiempo lleva repararlo? [1]
수리비용은 얼마입니까? How much does it cost to repair?	꾸안또 꾸에스따 레빠라를로? ¿Cuánto cuesta repararlo?

> **참고하세요**

[1] ¿Cuánto tiempo lleva repararlo? 문장은 ¿Cuánto tarda en repararlo? 문장으로 바꾸어 사용할 수 있다.

스페인에서 쇼핑하기

스페인에 여행하면서 무엇을 살 것인가가 무척 고민이 된다. 올리브, 포도주 등도 사올 수 있지만 야드로, 로에베 등에도 눈을 돌려보자.

야드로 : 스페인 발렌시아 주의 알마쎄라 농가에서 호세, 후안, 비센떼 등 3명의 야드로 형제가 만든 도자기 제품이다. 부드러운 파스텔 색조로 인간과 동물, 꽃 등을 표현하였으며 작은 것이라도 상당한 가격을 주어야 살 수 있다. 전 세계적으로 약 4천 개 이상의 판매망을 보유하고 있다.

로에베 : 가죽제품을 생산하는 명품 메이커로 1846년 스페인 장인들이 가죽 공방을 열었고 1872년 독일 출신의 엔리께 로에베가 합류한 이후에 본격적인 역사가 시작되었다. 1892년에 마드리드에 첫 번째 매장을 오픈하였으며 1910년에는 바르셀로나에도 매장을 열었다. 현재는 가죽제품뿐만 아니라 여성옷, 향수 등으로 사업을 확장하고 있다.

자라 : 인디텍스(INDITEX) 그룹의 패션 명품으로 1975년 갈리시아의 라 꼬루냐에서 첫 매장을 연 이후 현재 전 세계적으로 많은 매장을 보유하고 있으며 한국에도 널리 알려진 브랜드이다. 자라의 창립자인 아만시오 오르떼가는 철도 노동자 아들로 태어나 스페인 최고 갑부까지 오른 입지전적인 인물이다. 2016년 '포브스'지는 그를 세계 부호 1위로 등재하기도 했다.

Capítulo 8

쇼핑

쇼핑센터 찾기, 상품 찾기, 상품 고르기, 가격 문의,
가격 할인, 계산 하기, 포장/배달, 화장품 가게,
옷 가게, 신발 가게, 마트가기, 교환/환불

Lección 1 — 쇼핑센터 찾기

기본대화

A
가까운 쇼핑 센터는 어디에 있나요?
Where is the nearest shopping center?
돈데 에스따 엘 쎈뜨로 꼬메르씨알 마스 쎄르까노?
¿Dónde está el centro comercial más cercano?

B
사거리에서 오른쪽에 있어요.
It's on the right at the intersection.
에스따 아 라 데레차 엔 라 인떼르섹씨온.
Está a la derecha en la intersección.

주요표현

기념품은 어디에서 파나요?	돈데 세 벤덴 수베니르?
Where are souvenirs sold?	¿Dónde se venden souvenirs? ①
여성복은 몇 층에서 팝니까?	엔 께 삐소 벤덴 로빠 데 무헤르?
What floor do they sell women's clothes?	¿En qué piso venden ropa de mujer? ②
남성복은 몇 층에서 팝니까?	엔 께 쁠란따 벤덴 로빠 데 옴브레?
What floor do they sell men's clothes?	¿En qué planta venden ropa de hombre?
주류점은 몇 층이에요?	엔 께 삐소 에스따 라 띠엔다 데 리꼬레스?
Which floor is the liquor store?	¿En qué piso está la tienda de licores?
올리브 오일은 어디에서 사나요?	돈데 뿌에도 꼼쁘라르 아쎄이떼 데 올리바?
Where can I buy olive oil?	¿Dónde puedo comprar aceite de oliva?
출구는 어디예요?	돈데 에스따 라 살리다?
Where is the exit?	¿Dónde está la salida?

참고하세요

① souvenirs(기념품)는 recuerdos로 바꾸어 사용할 수 있다.
② Planta와 Piso는 스페인어로 건물의 '층'이라는 뜻으로 사용한다.

Lección 2 — 상품 찾기

기본대화

A 무엇을 도와드릴까요?
What can I do for you?
께 뿌에도 아쎄르 뽀르 우스뗏?
¿Qué puedo hacer por Ud.?

B 시계를 좀 보려고요.
I'd like to see some watches.
메 구스따리아 베르 알구노스 렐로헤스.
Me gustaría ver algunos relojes.

A 이것은 어때요?
How about this one?
께 레 빠레쎄 에스또?
¿Qué le parece esto?

B 다른 것도 보여주세요?
Can you show me something else?
메 뿌에데 모스뜨라르 오뜨라 꼬사?
¿Me puede mostrar otra cosa?

A 이것은 최신 모델입니다.
This is the latest model.
에스떼 에스 엘 울띠모 모델로.
Este es el último modelo.

주요표현

나의 와이프에게 줄 선물을 찾고 있어요. I am looking for a gift for my wife.	에스또이 부스깐도 운 레갈로 빠라 미 에스뽀사. Estoy buscando un regalo para mi esposa.
가죽 재킷을 찾고 있습니다. I'm looking for a leather jacket.	에스또이 부스깐도 우나 차께따 데 꾸에로. Estoy buscando una chaqueta de cuero.
저 바지를 볼 수 있을까요? Can I see those pants?	뿌에도 베르 에소스 빤딸로네스? ¿Puedo ver esos pantalones?
윈도에 장식해 있는 것으로 보여 주세요? Can you show me that in the showcase?	메 뿌에데 모스뜨라르 에소 델 에스까빠라떼? ¿Me puede mostrar eso del escaparate?
그 물건이 다 떨어졌습니다. They're all sold out.	또도 에스따 벤디도. Todo está vendido.
언제 그 상품은 들어오나요? When will those products be delivered?	꾸안도 세 엔뜨레가란 에소스 쁘로둑또스? ¿Cuándo se entregarán esos productos?

Lección 3 — 상품 고르기

기본대화

A 이걸 입어볼 수 있을까요?
Can I try this on?
뿌에도 쁘로바르메 에스또?
¿Puedo probarme esto?

B 물론이죠.
Sure.
뽀르 수뿌에스또.
Por supuesto.

A 다른 걸로 보여주세요?
Can you show me another one?
메 뿌에데 모스뜨라르 오뜨라 꼬사?
¿Me puede mostrar otra cosa?

B 네, 이런 디자인도 있어요.
Yes, there's a design like this.
시, 아이 운 디세뇨 꼬모 에스떼.
Sí, hay un diseño como este.

주요표현

다른 제품을 저에게 보여주시겠어요?
Would you show me another product?
메 뽀드리아 모스뜨라르 오뜨로 쁘로둑또?
¿Me podría mostrar otro producto?

다른 디자인을 보여주세요?
Can you show me another design?
메 뿌에데 모스뜨라르 오뜨로 디세뇨?
¿Me puede mostrar otro diseño?

그것은 마음에 안 들어요.
I don't like it.
노 메 구스따 에소.
No me gusta eso.

다른 치수는 없어요?
Do you have other sizes?
아이 오뜨라 따야?
¿Hay otra talla?

결함제품은 교환해 주나요?
Do you exchange defective products?
인떼르깜비아 쁘로둑또스 데펙뚜오소스?
¿Intercambia productos defectuosos?

비슷한 모델이 더 있어요?
Do you have other models similar?
띠에네 오뜨로 모델로 시밀라르?
¿Tiene otro modelo similar?

무상으로 수리해 줘요?
Can I get it repaired free of charge?
뿌에도 레빠라를로 신 까르고?
¿Puedo repararlo sin cargo?

제품의 보증 기간은 얼마예요?
How long is the warranty?
꾸안또 두라 라 가란띠아?
¿Cuánto dura la garantía?

Lección 4   가격 문의

기본대화

A 그것은 얼마죠?
How much is it?

꾸안또 에스?
¿Cuánto es? [1]

B 200 유로입니다.
Two hundred euros.

손 도스씨엔또스 에우로스.
Son doscientos euros.

A 좀 더 싼 물건은 없습니까?
Is there anything cheaper?

아이 알고 마스 바라또?
¿Hay algo más barato?

B 180 유로짜리가 있습니다.
There is a 180 euros.

아이 데 씨엔또 오첸따 에우로스.
Hay de 180 euros.

주요표현

정가가 얼마입니까?
What's the regular price?

꾸알 에스 엘 쁘레씨오 노르말?
¿Cuál es el precio normal?

그것을 얼마에 파시겠습니까?
How much would you like to sell it?

아 꾸안또 레 구스따리아 벤데를로?
¿A cuánto le gustaría venderlo?

너무 비싼 것 같아요.
I think it's too expensive.

끄레오 께 에스 무이 까로.
Creo que es muy caro.

내가 생각했던 것보다 비싸요.
It's more expensive than I thought.

에스 마스 까로 데 로 께 뻰사바.
Es más caro de lo que pensaba.

그것을 살만한 돈이 없습니다.
I don't have the money to buy it.

노 뗑고 디네로 빠라 꼼쁘라를로.
No tengo dinero para comprarlo.

얼마에 사기를 원하십니까?
How much do you want to buy?

꾸안또 끼에레 꼼쁘라르?
¿Cuánto quiere comprar?

얼마의 가격을 생각하고 있습니까?
How much do you have in mind?

꾸안또 띠에네 엔 멘떼?
¿Cuánto tiene en mente? [2]

참고하세요

[1] ¿Cuánto es?는 ¿Cuánto cuesta('costar'의 3인칭 불규칙 동사)? 또는 ¿Cuánto vale('valer'의 3인칭 동사)?로 바꾸어 사용할 수 있다.
[2] ¿Cuánto tiene en mente? 문장은 ¿Qué precio tiene en mente? 문장으로 바꾸어 사용할 수 있다.

Lección 5   가격 할인

기본대화

A	좀 할인해 주시겠습니까? Can you give me a discount?	뿌에데 다르메 운 데스꾸엔또? ¿Puede darme un descuento?
B	10% 할인해 드릴께요. I'll give you a 10% discount.	레 다레 운 디에쓰 뽀르 씨엔또 데 데스꾸엔또. Le daré un 10% de descuento.
A	더 낮은 가격에 줄 수 없나요? Can't you give me a lower price?	노 뿌에데 다르메 운 쁘레씨오 마스 바호? ¿No puede darme un precio más bajo?
B	더 이상 깎아줄 수는 없습니다. I can't give you any more discount.	노 뿌에도 다를레 마스 데스꾸엔또. No puedo darle más descuento.

주요표현

얼마까지 할인해줄 수 있나요? How much can you discount?	꾸안또 뿌에데 레바하르? ¿Cuánto puede rebajar?
내겐 좀 비싸요. It's a little expensive for me.	에스 운 뽀꼬 까로 빠라 미. Es un poco caro para mí.
현금으로 하면 얼마나 할인됩니까? How much is it discounted in cash?	꾸안또 세 데스꾸엔따 엔 에펙띠보. ¿Cuánto se descuenta en efectivo?
언제부터 세일합니까? When does the sale start?	꾸안도 꼬미엔싸 라 벤따? ¿Cuándo comienza la venta? ①
샘플이 있습니까? Do you have any samples?	띠에네 알구나 무에스뜨라? ¿Tiene alguna muestra?

참고하세요

① venta는 rebaja로 바꾸어 사용할 수 있다.

Lección 6   계산 하기

기본대화

A   여기에서 계산하나요?
Do I pay here?
빠고 아끼?
¿Pago aquí?

B   네, 여기에서 합니다.
Yes, here.
시, 아끼
Sí, aquí.

A   신용 카드로 계산해도 돼요?
Can I pay by credit card?
뿌에도 빠가르 꼰 따르헤따 데 끄레디또?
¿Puedo pagar con tarjeta de crédito?

B   네.
Okay.
끌라로.[1]
Claro.

주요표현

어디에서 계산하나요?
Where can I pay?
돈데 뿌에도 빠가르?
¿Dónde puedo pagar?

다 합해서 얼마입니까?
How much is it in total?
꾸안또 에스 엔 또딸?
¿Cuánto es en total?

신용카드도 받아요?
Do you accept credit card?
아셉따 따르헤따스 데 끄레디또?
¿Acepta tarjetas de crédito?[2]

계산서가 틀린 것 같습니다.
I think there's a mistake on this bill.
끄레오 께 아이 운 에로르 엔 에스따 꾸엔따.
Creo que hay un error en esta cuenta.

영수증을 주시겠어요.
Can I get a receipt?
뿌에도 오브떼네르 운 리씨보?
¿Puedo obtener un recibo?

참고하세요

[1] Claro는 Está bien, De acuerdo, Bien, Vale, Sí 등으로 바꾸어 사용할 수 있다.
[2] Acepte는 'Aceptar' (받다) 동사의 3인칭 명령형이다.

Lección 7   포장 / 배달

기본대화

A 배달해 주나요? Do you deliver?	아쎄 엔뜨레가 아 도미씰리오? ¿Hace entrega a domicilio?
B 네, 그렇습니다. Yes, I do.	시, 로 아고. Sí, lo hago.
A 집에까지 언제쯤 배달되나요? When will it be delivered to my home?	꾸안도 세라 엔뜨레가도 아 미 까사? ¿Cuándo será entregado a mi casa?
B 오늘 두시까지 배달됩니다. It will be delivered by two o'clock today.	오이 세라 엔뜨레가도 아스따 라스 도스. Hoy será entregado hasta las 2.

주요표현

이것을 포장해 주시겠어요? Can you have this wrapped, please?	뿌에데 엔볼베르 에스또, 뽀르 파보르? ¿Puede envolver esto, por favor?
포장비를 따로 받나요? Do you charge extra for packing?	꼬브라 엑스뜨라 뽀르 엠빠까르? ¿Cobra extra por empacar?
그것을 이 주소로 배달해줄 수 있나요? Can you deliver it to this address?	뿌에데 엔뜨레가를로 아 에스따 디렉씨온? ¿Puede entregarlo a esta dirección?
이것을 사무실로 배달해 주세요. Please deliver it to the office.	뽀르 파보르, 엔뜨레겔로 아 라 오피씨나.[1] Por favor, entréguelo a la oficina.
그것을 언제 배달해줄 수 있나요? When can you deliver it?	꾸안도 뿌에데 엔뜨레가르로? ¿Cuándo puede entregarlo?
배달에 별도의 요금을 내야하나요? Do I have to pay extra for delivery?	뗑고 께 빠가르 엑스뜨라 뽀르 라 엔뜨레가? ¿Tengo que pagar extra por la entrega?
내일까지 그것을 받아야 해요. I have to get it by tomorrow.	뗑고 께 레씨비르로 아스따 마냐나.[2] Tengo que recibirlo hasta mañana.

> **참고하세요**
> ① entréguelo는 entregue('entregar'의 3인칭 불규칙 명령형)+lo(그것을)의 합성어이다.
> ② hasta mañana는 para mañara 또는 antes de mañana 로 바꾸어 사용할 수 있다.

Lección 8   화장품 가게

기본대화

A	남성용 향수를 사고 싶어요. I'd like to buy a men's perfume.	메 구스따리아 꼼쁘라르 운 뻬르푸메 빠라 옴브레스. Me gustaría comprar un perfume para hombres.	
B	어떤 종류의 향수를 원하세요? What kinds of perfume do you want?	께 띠뽀 데 뻬르푸메 끼에레? ¿Qué tipo de perfume quiere?	
A	은은한 향의 향수를 찾고 있어요. I'm looking for a subtle perfume.	에스또이 부스깐도 운 뻬르푸메 수아베. Estoy buscando un perfume suave.	
B	이 향수는 어때요? How about this perfume?	께 딸 에스떼 뻬르푸메? ¿Qué tal este perfume?	
A	음, 괜찮아요. Well, it's okay.	부에노, 에스따 비엔. Bueno, está bien.	

주요표현

이것은 무슨 향이나요? What type of fragrance is this?	께 띠뽀 데 프라간씨아 에스 에스따? ¿Qué tipo de fragancia es esta?
한번 발라 보세요. Try it once, please.	쁘루에벨로 우나 베쓰, 뽀르 파보르. Pruébelo una vez, por favor.
나의 피부는 지성입니다. My skin is oily.	미 삐엘 에스 그라시엔따. Mi piel es grasienta.
좀 더 진한 향수를 주세요. Give me a deeper perfume.	데메 운 뻬르푸메 마스 쁘로푼도. Deme un perfume más profundo.
저는 마스크 팩을 사고 싶어요. I'd like to buy some face mask.	메 구스따리아 꼼쁘라르 알구나 마스까리야.① Me gustaría comprar alguna mascarilla.①
샘플이 있어요? Do you have samples?	띠에네 무에스뜨라스? ¿Tiene muestras?
피부가 건조하군요. Your skin is dry.	수 삐엘 에스따 세까. Su piel está seca.

참고하세요

① mascarilla는 máscara로 바꾸어 사용할 수 있다.

Lección 9   옷 가게

기본대화

A 치마를 사고 싶습니다.
I'd like to buy a skirt.
메 구스따리아 꼼쁘라르 우나 팔다.
Me gustaría comprar una falda.

B 이런 스타일은 어때요?
How about this style?
께 딸 에스떼 에스띨로?
¿Qué tal este estilo?

A 조금 헐렁거리네요.
It's a little loose.
에스따 운 뽀꼬 플로호.
Está un poco flojo.

B 이것이 잘 맞겠네요.
This would fit well.
에스떼 께다리아 비엔.
Este quedaría bien.

주요표현

어떤 사이즈를 원하나요? What size do you want?	께 따야 끼에레? ¿Qué talla quiere?
어떤 치수로 입으세요? What size do you wear?	께 따야 세 뽀네? ¿Qué talla se pone?①
다른 것을 보여주시겠습니까? Would you show me something else?	뽀드리아 모스뜨라르메 오뜨라 꼬사? ¿Podría mostrarme otra cosa?
좀 더 큰 치수가 있어요? Do you have larger sizes?	띠에네 따야스 마스 그란데스? ¿Tiene tallas más grandes?②
좀 더 작은 치수로 주세요. I want a smaller size.	끼에로 우나 따야 마스 뻬께냐. Quiero una talla más pequeña.
나에게 어울리지 않네요. I don't think it suits me well.	노 끄레오 께 메 께데 비엔. No creo que me quede bien.
너에게 잘 어울리네. It looks great on you.	세 베 비엔 엔 띠. Se ve bien en ti.
입어 봐도 될까요? May I try it on?	뿌에도 쁘로바를로? ¿Puedo probarlo?

참고하세요

① ¿Qué tlla le pone? 문장은 ¿Qué talla usa?로 바꾸어 사용할 수 있다.
② talla(치수, 사이즈)는 tamaño와 같은 의미로 사용한다.

poner 동사

1. poner 동사 : 영어의 to put 등과 비슷하게 사용

* 동사의 변화 : pongo, pones, pone, ponemos, ponéis, ponen
* 사용 용법

  일반적으로 '~놓다(두다), ~넣다'의 의미로 사용한다.

  Pongo la comida sobre la mesa. 나는 식탁 위에 음식을 **놓는다**.
  Puso el despertador a las ocho. 그는 8시에 자명종을 맞춰 **놓았다**.
  Hay que poner aire a la pelota de fútbol. 축구공에 공기를 **넣어야 한다**.
  Mi mamá **pone** sal en la sopa. 엄마는 국에 소금을 **넣는다**.
  Él **pone** los pantalones a su primo. 그는 사촌에게 바지를 **입힌다**(넣는다).

  '~시작하다, ~준비하다, ~상영하다' 등의 의미로도 사용한다

  Mario **pone** un negocio por el dinero. 마리오는 돈 때문에 사업을 **시작한다**.
  Mi hija **puso** la mesa. 나의 딸이 밥상을 **준비했다**(차렸다).
  Hoy **ponen** en el cine una película de horror. 오늘 극장에서 무서운 영화를 **상영한다**.
  Mi esposa **pone** la televisión para ver una telenovela muy popular.
  　나의 아내는 매우 인기있는 연속극을 보기위해 텔레비전을 **켠다**.

* ponerse + 옷 등 : ~입다, ~쓰다

  Voy a ponerme la camisa. 나는 셔츠를 **입을려고 한다**.
  Me pongo las gafas por el sol. 나는 햇빛 때문에 선글라스를 **착용한다**.

* ponerse + 형용사 : ~(상태가) 되다, ~하여지다

  Te pones rojo de ira. 너는 화로 (얼굴이) **붉어진다**.
  Me puse triste por las noticias. 나는 그 소식 때문에 슬퍼졌다.

* ponerse + a + 동사원형 : ~하기 시작하다

  Ella se pone a reír. 그녀는 웃기 **시작한다**.
  Tienes que ponerte a estudiar. 너는 공부를 **시작해야 한다**.

* 기 타

  El sol **se pone** por la montaña. 태양은 산쪽으로 **진다**.

Lección 10 신발 가게

기본대화

A 남자 구두를 찾고 있어요.
I'm looking for men's shoes.
에스또이 부스깐도 싸빠또스 빠라 옴브레스.
Estoy buscando zapatos para hombres.

B 네, 이것 어떠세요?
Yes, how about this?
시, 께 딸 에스또?
Sí, ¿qué tal esto? ①

A 다른 색깔은 없으세요?
Do you have any other colors?
띠에네 오뜨로스 꼴로레스?
¿Tiene otros colores?

B 이 색깔은 어떠세요?, 신어 보세요.
How about this color? Try them on.
께 딸 에스떼 꼴로르? 쁘루에벨로스.
¿Qué tal este color? Pruébelos.

주요표현

구두가 너무 꼭 끼어요.
These shoes are too tight.
에스또스 싸빠또스 손 무이 아쁘레따도스.
Estos zapatos son muy apretados.

다른 사이즈를 보여주세요.
Please show me another size.
뽀르 파보르 무에스뜨레메 오뜨로 누메로.
Por favor muéstreme otro número.

운동화를 찾고 있어요.
I am looking for sneakers.
에스또이 부스깐도 싸빠띠야스 데 데뽀르떼.
Estoy buscando zapatillas de deporte.

신발 치수가 몇이에요?
What's your shoe size?
꾸알 에스 뚜 따야 데 싸빠또스?
¿Cuál es tu talla de zapatos?

39이에요.
I wear an 39.
깔쏘 운 뜨레인따이누에베.
Calzo un 39. ②

편한 등산화를 보여주세요.
Show me comfortable hiking boots.
무에스뜨레라메 꼬모도스 보따스 데 센데리스모.
Muéstreme cómodas botas de senderismo. ③

더 낮은 굽은 없어요?
Do you have shoes with lower heels?
띠에네 사빠또스 꼰 따꼰네스 마스 바호스?
¿Tiene zapatos con tacones más bajos?

참고하세요

① ¿qué tal esto? 문장은 ¿qué te parece esto? 문장으로 바꾸어 사용할 수 있다.
② Calzo('Calzar' 신다) un 39 문장은 Me pongo('ponerse' 입다) un 39 문장으로 사용할 수 있다.
③ botas de senderismo는 botas de alpinista 또는 botas de montanista 등으로 사용할 수 있다.

Lección 11 — 마트 가기

기본대화

A 야채는 어디에 있나요?
Where are the vegetables?
돈데 에스딴 라스 베르두라스?
¿Dónde están las verduras?

B 오른쪽 끝에 있습니다.
It's at the far right.
에스따 엔 엘 엑스뜨레모 데레초.
Está en el extremo derecho.

주요표현

좋은 고기를 추천해주세요. Please recommend good meat.	뽀르 파보르 레꼬미엔데메 부에나 까르네. Por favor recomiéndeme buena carne.
카트는 어디에 있나요? Where are the carts?	돈데 에스딴 로스 까리또스? ¿Dónde están los carritos?①
올리브 오일은 어디에 있어요? Where is the olive oil?	돈데 에스따 엘 아쎄이떼 데 올리바? ¿Dónde está el aceite de oliva?
한국 상품은 어디에서 사나요? Where can I buy Korean products?	돈데 뿌에도 꼼쁘라르 쁘로둑또스 꼬레아노스? ¿Dónde puedo comprar productos coreanos?
이것을 맛봐도 되나요? Can I try this?	뿌에도 쁘로바르 에스떼? ¿Puedo probar este?
라면을 파나요? Do you sell ramen?	벤덴 라멘? ¿Venden ramen?
어디에 유통기한이 표시되어 있어요? Where is the expiration date?	돈데 에스따 라 페차 데 까두씨닫? ¿Dónde está la fecha de caducidad?②

참고하세요

① los carritos는 los caros의 축소사이다. 축소사(축대사)에 대한 세부 설명은 다음 페이지를 참고하세요.
② fecha de caducidad는 fecha de vencimiento로 바꾸어 사용할 수 있다.

추가 문법 익히기: 축소사, 증대사

1. 축소사 : 감정(사랑, 애정 등)과 축소 등을 나타낼 경우에 사용

* **-ito(a)**

hijo(아들)	hijito	ahora(지금)	ahorita
momento(순간)	momentito	muchacha(소녀)	muchachita

* **-cito(a)**

mujer(여자)	mujercita	tren(기차)	trenecito
pueblo(마을)	pueblecito	madre(어머니)	madrecita

* **-illo(a)**

pájaro(새)	pajarillo	ventana(창문)	ventanilla

* **-quito**

poco(조금)	poquito	chico(소년)	chiquito

2. 증대사 : 크기 등을 확대할 경우에 사용

* **-ón**

cuchara(수저)	cucharón(국자)	hombre(남자)	hombrón(몸집이 큰 남자)
caja(상자)	cajón(큰 상자)	cabeza(머리)	cabezón(머리가 큰 사람)

* **-ona**

soltera(미혼녀)	solterona(노처녀)	mujer(여자)	mujerona(몸집이 큰 여자)

* **-azo**

golpe(구타)	golpazo(심한 구타)	padre(아버지)	padrazo(너그러운 아버지)

* **-ote**

libro(책)	librote(큰 책)	beso(키스)	besote(강한 키스)

참고하세요

① 축소사와 증대사는 스페인에서 보다 중남미에서 많이 사용된다. 하지만 상황에 따라 좋지 않은 표현으로 의미를 줄 수 있기 때문에 조심스럽게 사용하여야 한다.

Lección 12 — 교환 / 환불

기본대화

A 이 셔츠를 교환하고 싶습니다.
I would like to exchange this shirt.
메 구스따리아 깜비아르 에스따 까미사.
Me gustaría cambiar esta camisa.

B 무슨 문제가 있나요?
What's the problem?
꾸알 에스 엘 쁘로블레마?
¿Cuál es el problema?

A 흠집이 좀 있어요.
There are some scratches.
아이 알구노스 라스구뇨스.
Hay algunos rasguños.

B 네, 다른 것으로 골라보세요.
Yes, choose another one.
시, 엘리하 오뜨라.
Sí, elija otra.①

주요표현

이것을 교환해 주실 수 있나요?
Could you exchange this?
뽀드리아 깜비아르 에스또?
¿Podría cambiar esto?

다른 것으로 바꾸고 싶어요.
I want to exchange it for another.
끼에로 깜비아를로 뽀르 오뜨로.
Quiero cambiarlo por otro.

이 상품은 흠집이 있어요.
The product is flawed.
엘 쁘로둑또 에스따 데펙뚜오소.
El producto está defectuoso.

환불해 주시겠어요?
Can I get a refund?
뿌에도 레씨비르 엘 레엠볼소?
¿Puedo recibir el reembolso?②

이 물건을 반품하고 싶어요.
I want to return this.
끼에로 데볼베르 에스또.
Quiero devolver esto.③

> **참고하세요**
> ① elija otra 문장에서 elija('elegir', 고르다)는 3인칭 명령형이다.
> ② reembolso(환불)는 devolución de dinero으로 바꾸어 사용할 수 있다.
> ③ Quiero devolver esto 문장보다 더 정중하게 표현하기 위해서는 Quisiera(querer의 접속법 과거) devolver esto로 바꾸어 사용할 수 있다.

스페인어 이름과 성

스페인에서 이름은 '이름 + 아버지 성 + 어머니 성'으로 구성되어 있습니다. 하지만 일반적으로 '이름 + 아버지 성'으로 사용합니다. 요즘은 법이 바뀌어 어머니 성과 아버지 성의 위치를 바꿀 수도 있습니다.

Mario(이름) Fernández(아버지 성) López(어머니 성)

Capítulo 9
전 화

전화 받기, 전화 걸기, 전화 끊기, 전화 통화,
전화 연결, 메세지 부탁, 전화 안내

Lección 1 — 전화 받기

기본대화

A 여보세요?
Hello?
올라?
¿Hola? ①

B 여보세요, 호세와 통화할 수 있나요?
Hello, may I speak to Mr. Jose, please?
올라, 뿌에도 아블라르 꼰 엘 세뇨르 호세, 뿌르 파보르?
Hola, ¿puedo hablar con el Sr. José, por favor? ②

A 전화하시는 분이 누구세요?
Who's calling, please?
끼엔 에스따 야만도, 뿌르 파보르?
¿Quién está llamando, por favor? ③

B 저는 고씨라는 사람입니다.
This is Mr. Ko.
소이 엘 세뇨르 고.
Soy el Sr. Ko.

A 잠시만 기다려 주세요.
Please hold on for a minute.
뽀르 파보르 에스뻬레 운 미누또.
Por favor espere un minuto.

주요표현

여보세요. 마리오와 통화하고 싶어요. Hello. I'd like to speak to Mario.	올라. 메 구스따리아 아블라르 꼰 마리오. Hola. Me gustaría hablar con Mario.
연결해 드리겠습니다. I'll connect you.	레 보이 아 꼬넥따르. le voy a conectar.
전화를 연결하는 동안 끊지 마세요. Don't hang up while connecting the phone.	노 꾸엘게 미엔뜨라스 꼬넥따 엘 뗄레포노 No cuelgue mientras conecta el teléfono.
누구를 찾으시나요? Who are you calling?	아 끼엔 에스따 야만도? ¿A quién está llamando?
그분은 지금 안 계십니다. He is not now.	엘 노 에스따 아오라. Él no está ahora.
무슨 일로 전화하셨어요? What are you calling about?	빠라 께 아 야마도? ¿Para qué ha llamado?

참고하세요

① ¿Hola?는 Oiga, Diga, Bueno 등으로 바꾸어 사용할 수 있다.
② 성 앞에 존칭어로 Sr. 또는 Sra.를 사용하며 이름 앞에서는 Don 또는 Doña를 사용한다.
③ ¿Quién está llamando? 문장은 ¿De parte de quién? 문장으로 바꾸어 사용할 수 있다.

Lección 2 — 전화 걸기

기본대화

A 파블로와 통화하고 싶습니다.
I want to speak to Pablo.
끼에로 아블라르 꼰 빠블로.
Quiero hablar con Pablo.

B 지금 외출 중입니다.
No, he's out now.
노, 엘 에스따 푸에라 아오라.
No, él está fuera ahora.

A 네, 김씨가 전화했다고 전해주세요.
Yes, please tell him that Mr. Kim called.
시, 뽀르 파보르 디갈레 께 아 야마도 엘 세뇨르 김.
Sí, por favor dígale que ha llamado el Sr. Kim.

주요표현

방금 전에 전화했던 사람입니다.
This is the person I just called.
에스 라 뻬르소나 께 아까보 데 야마르.
Es la persona que acabo de llamar.

그분하고 연락할 방법이 있나요?
Is there any way I can reach him?
아이 알구나 마네라 데 뽀데르 꼰딱따르 꼰 엘?
¿Hay alguna manera de poder contactar con él?

메모를 남겨도 되나요?
Can I leave a message?
뿌에도 데하르 운 멘사헤?
¿Puedo dejar un mensaje?

안부전화를 할려고 전화했어요.
I called to say hello.
야메 빠라 살루다르.
Llamé para saludar.

당신을 귀찮게 해서 죄송합니다.
I'm sorry to bother you.
뻬르돈 뽀르 몰레스따를레.
Perdón por molestarle.①

잠시 후에 다시 전화하겠습니다.
I'll call again in a moment.
야마레 데 누에보 엔 운 모멘또.
Llamaré de nuevo en un momento.

전화를 바로 못 드려 미안합니다.
I'm sorry I couldn't call you right away.
로 시엔또, 노 뿌데 야마를레 인메디아따멘떼.
Lo siento, no pude llamarle inmediatamente.

죄송합니다. 제가 전화를 잘못 걸었습니다.
I'm sorry. I have the wrong number.
로 시엔또. 뗑고 엘 누메로 에끼보까도.
Lo siento. Tengo el número equivocado.

너무 늦게 전화를 해서 미안합니다.
I'm sorry to call you so late.
뻬르돈 뽀르 야마를레 딴 따르데.
Perdón por llamarle tan tarde.

> **참고하세요**
>
> ① Perdón por molestarle 문장은 Siento molestarle 문장으로 바꾸어 사용할 수 있다.

전화 211

추가 문법 익히기 — 부정사

1. 부정사의 명사적 용법

* 스페인어의 부정사는 영어의 'to + 동사'와 같은 용법으로 사용되며 주로 명사적 용법으로 사용한다.

* 주어, 보어, 목적어 역할을 수행 : ~것은, ~것을 등

　　Vivir es comer.　　　　　　　　　사는 것이 먹는 것이다(주어 역할).
　　Lo bueno es **amar** a todos.　　　　좋은 것은 모두를 **사랑한다는 것**이다(보어 역할).
　　Hablé de **no fumar** en la clase.　　교실에서 **담배 피우지 말 것을** 말했다(목적어 역할).

* 조동사와 함께 사용

　　Él **quiere nadar**.　　　　　　　　그는 수영하기를 좋아한다.
　　Ella **desea beber** el refresco.　　　그녀는 음료수를 마시기를 원한다.
　　Yo **puedo conducir** el coche.　　나는 차를 운전할 수 있다.

* ser + 형용사(fácil, necesario, triste, imposibe 등) + 동사원형

　　Es fácil estudiar el inglés.　　　　영어를 공부하는 것은 쉽다.
　　Es necesario tener el dinero.　　돈을 가지고 있는 것이 필요하다.
　　Fue muy duro estar solo.　　　　혼자 있는 것이 무척 힘들었다.
　　Es imposible ir a Chile ahora.　　지금 칠레에 가는 것은 불가능하다.

* 감각 및 의지 동사 + 동사원형

　　Oigo hablar a mi profesor.　　　나의 선생님이 **말하는 것이** 들린다.
　　Veo comer la comida.　　　　　나는 음식을 **먹는 것을** 본다.
　　Mi mamá nos **mandó callar**.　　엄마는 우리에게 **조용히 하라고** 했다.
　　José me **dejó usar** su coche.　　호세는 나에게 그의 차를 **사용하라고** 했다.

* 수식어 + de + 동사원형 : de 앞의 수식어를 설명(~한 등)

　　El **cuarto de dormir**.　　　　　　**자는 방**(잠을 자기 위한 방).
　　Es **hora de caminar**.　　　　　　산책할 시간이다.

2. 부정사의 형용사 · 부사적 용법

* 부정사의 형용사 용법과 부사적 용법은 앞의 명사를 수식하거나 목적이나 이유 등의 문장을 표현하고자 할 때에 사용한다.

* 명사 + para + 동사원형, 명사 + 전치사 + 관계사 + 동사원형 : ~할

    No hay rosa **para dar**.   줄 장미가 없다.
    Casa **para vivir**.   살 집.
    Tiene casa **en que vivir**.   그는 살 집을 가지고 있다.

* 부정어(사) + que + 동사원형 : ~할 것을, ~할 것이

    Tengo **algo que hablar**.   나는 말할 것을 조금 가지고 있다(말하고 싶다).
    No tengo **nada que comer**.   나는 먹을 것이(아무것도) 없다.
    Hay **mucho que contarles**.   그들에게 할 말이 많이 있다.

* saber + 의문사 + 동사원형 : ~할 것을, ~할 것이

    Sé qué hacer.   나는 무엇을 해야 할지 안다.
    No sé cómo hacer.   나는 어떻게 해야 할지 모른다.
    Ya **sabe por dónde entrar**.   이제 그는 어느쪽으로 들어가야 할지 안다.
    Él **no sabe cuál coger**.   그는 어느것을 집어야 할지 모른다.

* 목적, 원인, 이유 등을 표현 : ~위하여, ~해서, ~하니, ~한다면

    Estudio mucho **para entrar** a una buena universidad(목적).
      나는 좋은 대학교에 **들어가기 위하여** 열심히 공부한다.
    No voy al cine **por no gustarme** la película(원인).
      나는 영화를 **좋아하지 않기 때문에** 영화관에 가지 않는다.
    Debe ser un tonto **para decir** eso(이유).
      그가 그것을 **말하는 것을 보니** 바보임에 틀림없다.
    Tú serás pobre **por gastarlo**.   그것을 소비한다면 너는 가난해질 것이다(조건).
    El inglés **es fácil de estudiar**. 영어는 **공부하기에 쉽다**(정도, 부사절).
    ⇒ **Es fácil estudiar** el inglés. 영어를 **공부하는 것은 쉽다**(명사절).

3. 전치사를 동반한 부정사

* 부정사가 전치사와 함께 문장 앞에서 사용되면서 다양한 부사적 표현을 보여준다.

* A + 동사원형, De + 동사원형 : ~이라면

    ¡A callar!   조용히 **해요**(명령형).
    A decirme su nombre.   그의 이름을 **나에게 말해준다면**.
    De hablarlo, Ella te odiará.   **그것을 말한다면** 그녀는 너를 싫어할 것이다.

* Al + 동사원형 : ~할 때에

    Al ponerse el sol, llegó allí.   **해가 질 때에** 그는 거기에 도착했다.
    Al fracasar en los exámenes.   시험에 **실패할 때에**.

* Con + 동사원형 : ~을 한다면, 때문에

    Con vivir juntos, sería feliz.   함께 **산다면** 행복할텐데.
    Con declarar, él vivió.   **고백했기 때문에** 그는 살 수 있었다.

* Por + 동사원형 : ~을 했기에

    Por trabajar mucho, fue ascendido a general.
      일을 많이 했기에 그는 장군으로 진급하였다.

Lección 3 — 전화 끊기

기본대화

A 회의가 있어서 전화를 끊어야겠네요.
I should hang up because I have a meeting.
데베리아 꼴가르 뽀르께 뗑고 우나 레우니온.
Debería colgar porque tengo una reunión.

B 네, 다음에 통화해요.
Yes, I'll call next time.
시 야마레 라 쁘록시마 베쓰.
Sí, llamaré la próxima vez.

주요표현

너무 오래 통화해서 미안합니다.
I'm sorry I talked to you for so long.
뻬르돈 뽀르 라 야마다 딴 라르가.
Perdón por la llamada tan larga.

용건만 간단히 얘기해요.
Let's just talk about the matter briefly.
아블레모스 브레베멘떼 델 아순또.
Hablemos brevemente del asunto.

그쪽에서 전화를 끊었어요.
He hung up.
엘 꼴고.
Él colgó.

다음에 이야기해요.
Let's have a conversation next time.
뗑가모스 우나 꼰베르사씨온 라 쁘록시마 베스.
Tengamos una conversación la próxima vez.

이 번호로 연락해 주세요.
Please call this number.
뽀르 파보르 야메 아 에스떼 누메로.
Por favor llame a este número.

바쁘니 이만 끊을게요.
I'm busy, so I'll hang up now.
에스또이 오꾸빠도, 아시 께 꼴가레 아오라.
Estoy ocupado, así que colgaré ahora.

문자 메시지 주세요.
Please send me a text message.
뽀르 파보르 엔비에메 운 멘사헤 데 떽스또.
Por favor envíeme un mensaje de texto.

전화

Lección 4   전화 통화

기본대화

A 목소리를 들으니 반갑습니다.
I'm glad to hear your voice.

메 알레그로 데 에스꾸차르 수 보쓰.
Me alegro de escuchar su voz.①

B 네, 오래간만입니다.
Yes, it's been a long time.

시, 아 빠사도 무초 띠엠뽀.
Sí, ha pasado mucho tiempo.

주요표현

제가 잘못 알아들었습니다. I didn't quite catch it.	노 로 엔뗀디. No lo entendí.
듣고 있나요? Are you listening?	에스따 에스꾸찬도 ¿Está escuchando?
잠깐만요. Hold on!	에스뻬레! ¡Espere!
정말로요? Really?	데 베르닫? ¿De verdad?②
당신 목소리가 명확하지 않네요. Your voice is not clear.	수 보쓰 노 에스따 끌라라. Su voz no está clara.
약간의 혼선이 있는가 봐요. I think there's some interference.	끄레오 께 아이 알구나 인떼르페렌씨아. Creo que hay alguna interferencia.
연결 상태가 좋지 않네요. We seem to have a bad connection.	빠레쎄 께 떼네모스 우나 말라 꼬넥시온. Parece que tenemos una mala conexión.
좀 더 크게 말해주세요. Speak louder, please.	아블레 마스 알또 뽀르 파보르. Hable más alto por favor.

참고하세요

① Me alegro de escuchar su voz 문장은 Estoy encantado de escuchar su voz 문장으로 바꾸어 사용할 수 있다.

② ¿De verdad? 문장은 ¿De veras?, ¿En serio?, ¿Ah sí? 등의 문장과 바꾸어 사용할 수 있다.

Lección 5 — 전화 연결

기본대화

A 사장님께 연결해 드리겠습니다.
I'll connect you to the boss.
레 빠소 꼰 엘 헤페.
Le paso con el jefe.

B 네, 감사합니다.
Okay, thank you.
시, 그라씨아스..
Sí, gracias.

주요표현

지금은 전화 연결하기가 어렵습니다. Now it's difficult to connect to the phone.	아오라 에스 디피씰 꼬넥따르세 알 뗄레포노. Ahora es difícil conectarse al teléfono.
전화를 비서실로 연결해 드리겠습니다. I'll put you through to the secretary's office.	레 빠사레 아 라 오피씨나 데 라 세끄레따리아. Le pasaré a la oficina de la secretaria.
바로 너에게 연락 하도록 전할게요. I'll tell him to call you right away.	레 디레 께 떼 야메 데 임메디아또. Le diré que te llame de inmediato.
급한 일은 아닙니다. It's not urgent.	노 에스 우르헨떼. No es urgente.
지금은 전화를 받을 수 없습니다. I can't answer the phone now.	노 뿌에도 꼰떼스따르 엘 뗄레포노 아오라. No puedo contestar el teléfono ahora.
전화하라는 메모를 받고 전화합니다. I got a message saying to call you.	레씨비 운 멘사헤 삐디엔도 께 레 야메. Recibí un mensaje pidiendo que le llame.

Lección 6 메시지 부탁

기본대화

A 여보세요. 후안 씨 있어요?
Hello. Is Mr. Juan there?
올라. 에스따 엘 세뇨르 후안 아이?
Hola. ¿Está el Señor Juan ahí?

B 그는 외출 중입니다.
He's out.
엘 에스따 푸에라.
Él está fuera.

A 언제 돌아오나요?
When is he coming back?
꾸안도 볼베라?
¿Cuándo volverá?

B 한 두시간 후에 돌아올 거에요.
He'll be back in an hour or two.
볼베라 엔 우나 오 도스 오라스.
Volverá en una o dos horas.

A 줄리오가 전화했었다고 메시지 남겨 주세요.
Please leave a message that Julio called.
뽀르 파보르, 데헤 운 멘사헤 께 아 야마도 훌리오.
Por favor, deje un mensaje que ha llamado Julio.

주요표현

제 메세지를 받아 주시겠어요?
Would you take my message?
뽀드리아 레씨비르 미 멘사헤?
¿Podría recibir mi mensaje?

제가 말하는 것을 메모해주세요.
Please make note of what I am saying.
뽀르 파보르 또메 노따 데 로 께 에스또이 디씨엔도.
Por favor tome nota de lo que estoy diciendo.

메시지를 남기시겠습니까?
Would you like to leave a message?
레 구스따리아 데하르 운 멘사헤?
¿Le gustaría dejar un mensaje?

다시 전화해 주시겠어요?
Would you call me back?
뽀드리아 볼베르 아 야마르?
¿Podría volver a llamar?

다시 전화하겠다고 말해 주세요.
Please tell him that I'll call back.
뽀르 하보르, 디갈레 께 볼베레 아 야마르.
Por favor, dígale que volveré a llamar.

메세지 좀 전해 주세요.
Can you pass on my message?
뿌에데 뜨란스미띠르 미 멘사헤?
¿Puede transmitir mi mensaje?

사무실로 전화하라고 전해 주세요.
Please tell him to call the office.
뽀르 파보르 디갈레 께 야메 아 라 오피씨나.
Por favor, dígale que llame a la oficina.

Lección 7 — 전화 안내

기본대화

A 전화번호 안내 서비스는 몇 번 입니까?
What number is the phone number information service?

께 누메로 에스 엘 세르비씨오 데 인포르마씨온 델 누메로 데 뗄레포노?
¿Qué número es el servicio de información del número de teléfono?

B 우리나라는 114입니다.
Our country is 114.

누에스뜨로 빠이스 에스 우노 우노 꾸아뜨로.
Nuestro país es 114.

주요표현

한국 대사관 전화번호를 알려주세요.
Please tell me the phone number of the Korean Embassy.

뽀르 파보르 디가메 엘 누메로 데 뗄레포노 데 라 엠바하다 데 꼬레아.
Por favor dígame el número de teléfono de la embajada de Corea.

'한강'이라는 식당 전화번호를 알려주세요.
Please tell me the phone number of the restaurant 'Hangang'.

뽀르 파보르, 디가메 엘 누메로 데 뗄레포노 델 레스따우란떼 '한강'.
Por favor, dígame el número de teléfono del restaurante 'Hangang'.

전화기를 가설하고 싶습니다.
I'd like to have a phone installed.

메 구스따리아 인스딸라르 우나 리네아 데 뗄레포노.
Me gustaría instalar una línea de teléfono.

전화가 언제 개통됩니까?
When does the phone open?

꾸안도 세 아브레 엘 뗄레포노?
¿Cuándo se abre el teléfono?

전화가 고장이 났습니다.
The phone is out of order.

엘 뗄레포노 에스따 푸에라 데 세르비씨오.
El teléfono está fuera de servicio.

전화요금은 언제까지 내야하나요?
When is this phone bill due?

아스따 꾸안도 뗑고 께 빠가르 에스따 팍뚜라?
¿Hasta cuándo tengo que pagar esta factura?

Capítulo 10

만남과 약속

이성 소개, 데이트 신청, 데이트 중, 데이트 후
애정 표현, 청혼 하기, 초대 하기, 손님 맞이, 식사 대접,
작별 인사, 약속 정하기, 약속 변경/취소

Lección 1   이성 소개

기본대화

A	너 사귀는 사람 있니? Are you dating anyone?	에스따스 살리엔도 꼰 알기엔? ¿Estás saliendo con alguien?
B	아니, 사귀는 사람 없는데. No, I am not.	노, 노 로 에스또이. No, no lo estoy.
A	그래, 내가 한 사람 소개해줄까? Well, can I introduce one person to you?	부에노, 뿌에도 쁘레센따르떼 아 우나 뻬르소나? Bueno, ¿puedo presentarte a una persona?
B	고마워. 어떤 스타일이야? Thanks. What style?	그라씨아스. 께 에스띨로 띠에네? Gracias. ¿Qué estilo tiene?
A	만나보면 알게 될거야. You will know when you meet.	로 사브라스 꾸안도 레 베아스.① Lo sabrás cuando le veas.

주요표현

남자 친구 있니? Do you have a boyfriend?	띠에네스 노비오? ¿Tienes novio?
우리는 친구 사이에요. We are friends.	노소뜨로스 소모스 아미고스. Nosotros somos amigos.
그 여자의 어디가 마음에 들었니? What is nice about her?	께 에스 부에노 데 에야? ¿Qué es bueno de ella? ②
어떤 스타일을 좋아해? What's your type?	꾸알 에스 뚜 띠뽀? ¿Cuál es tu tipo?
우리는 천생연분이야. We are a match made in heaven.	소모스 우나 빠레하 뻬르펙따. Somos una pareja perfecta.
난 사귀고 있는 사람이 있어. I'm seeing someone.	에스또이 살리엔도 꼰 알기엔. Estoy saliendo con alguien.

> **참고하세요**
>
> ① Lo sabrás cuando le veas 문장에서 sabrás는 'saber'의 2인칭 미래형이고, veas는 'ver'(보다)의 2인칭 접속법 현재형이다.
> ② ¿Qué es bueno de ella? 문장은 ¿Qué es lo que te gusta de ella? 문장으로 바꾸어 사용할 수 있다.

추가 문법 익히기 — saber, conocer, encontrar 동사

1. saber : 영어의 'to know'와 비슷하게 사용

* 일반적으로 객관적인 사실이나 정보를 '~알다'의 의미로 사용하며 saber 동사 뒤에 명사, 동사, 접속사(que, si 등) 등과 함께 표현한다.

Él **sabe** chino.	그는 중국어를 **안다**.
Ella **sabe** esquiar.	그녀는 스키탈 줄 **안다**.
Manuel **sabe mucho de** ordenadores.	마누엘은 컴퓨터**에 대해 잘 안다**.
Este vino **sabe a** manzana.	이 포도주는 사과 **맛이 난다**.
José **no sabe** qué contestar.	호세는 무엇을 대답해야할지 **모른다**.
Él **sabe** lo que piensas.	그는 네가 생각하고 있는 것을 **안다**.

2. conocer 동사 : 영어의 'to know'와 비슷하게 사용

* 일반적으로 본인이 직접 경험을 통해 '~알다'의 의미로 사용하며 conocer 동사 뒤에 명사(구) 등과 함께 표현한다. 특히 사람, 장소를 표현하는 문장에서는 saber 동사 보다 주로 conocer 동사를 사용한다.

María ya **conoce** a Lorenzo.	마리아는 이제 로렌쏘를 **안다**.
Él **conoce** bien este edificio.	그는 이 건물을 잘 **안다**.
Conozco Roma y Madrid.	나는 로마와 마드리드를 **안다(가 보았다)**.
Mi amigo **conoce** los vinos.	나의 친구는 포도주에 **정통하다**.
Cheolsu e Insu **se conocen** desde hace mucho tiempo.	
철수와 인수는 오래 전부터 **서로 아는** 사이다.	

3. encontrar 동사 : 영어의 'to find' 등과 비슷하게 사용

* 동사의 변화 : encuentro, encuentras, encuentra, encontramos, encontráis, encuenran

* 일반적으로 '~발견하다, ~찾아내다' 등의 의미로 사용한다.

Encontré la cartera que había perdido.	나는 잃어버렸던 지갑을 **찾았다**.
Mina **encontró** un objeto en la plaza.	미나는 광장에서 습득물을 **발견했다**.

* '~(을) 만나다' 등의 의미로도 사용한다.

    Encontré a Juana en el mercado.   나는 시장에서 후아나를 **만났다**.
    Nos encontramos con un gran obstáculo que nunca hemos experimentado.
        우리들은 지금까지 경험하지 못한 커다란 장애물을 **만났다**.

* encontrarse en(con) : ~에 있다, ~한 상태이다

    Misug **se encuentra bien** con familia.   미숙이는 그녀의 가족과 **잘 있다**.

스페인 알기

아랍 건축의 백미, 알람브라 궁전

   현빈과 박신혜 배우의 출연으로 화제가 된 '알람브라 궁전의 추억' 드라마에 나오는 알람브라 궁전. 이 알람브라 궁전은 아랍 왕조였던 나스르 왕국이 13세기 후반에 건설하기 시작하여 14세기 후반에 완성한 아랍 건축의 백미이다. 그라나다를 한눈으로 내려다보는 시에라 네바다 산맥 구릉에 지어진 이 궁전은 요새인 알까사바, 아라베스크 양식으로 지어진 나스리 궁, 르네상스 시기의 건물인 까를로스 궁, 아름다운 분수와 정원이 있는 헤네랄리페로 크게 나누어져 있다. 특히, 나스리 궁의 놀랍도록 아름다운 천장, 벽면의 섬세한 조각들, 방대한 장식을 가진 아치와 기둥 등은 보는 이로 하여금 감탄을 자아내게 한다. 마지막 왕인 모하메드 13세가 이 왕궁에서 이사벨 여왕에 의해 쫓겨 갈 때에 "스페인을 잃은 것은 아깝지 않지만 알람브라 궁전을 다시 볼 수 없는 것이 원통하다"며 통탄하였다고 한다. 한때 황폐화 되어 집시 등이 거주하기도 하였으나 19세기 이후에 복원되어 현재까지 이슬람 문화의 아름다움과 매력을 전하고 있다.

Lección 2 — 데이트 신청

기본대화

A 토요일에 뭐하니?
What are you doing on Saturday?
께 아쎄스 엘 사바도?
¿Qué haces el sábado?

B 왜? 무슨 일이 있어?
Why? What is going on?
뽀르 께? 께 빠사?
¿Por qué? ¿Qué pasa?

A 시외로 드라이브를 할려고.
I'm going to drive to the suburbs.
보이 아 꼰두씨르 아 로스 수부르비오스.
Voy a conducir a los suburbios.

B 그래, 좋아.
Okay, good.
데 아꾸에르도, 비엔.
De acuerdo, bien.

주요표현

너와 사귀고 싶어.
I'd like to go out with you.
메 구스따리아 살리르 꼰띠고.
Me gustaría salir contigo.

그녀에게 데이트를 신청해 봐.
Ask her for a date.
삐델레 우나 씨따.
Pídele una cita.

저 여자는 남자친구가 있을까?
Does she have a boyfriend?
에야 띠에네 노비오?
¿Ella tiene novio?

나와 데이트할래?
Would you like to go out with me?
끼에레스 살리르 꼰미고?
¿Quieres salir conmigo?

남자 친구로 나를 어떻게 생각해?
What do you think of me as a boyfriend?
께 삐엔사스 데 미 꼬모 노비오?
¿Qué piensas de mí como novio?

저런 스타일에는 관심이 없어.
I'm not interested in that style.
노 에스또이 인떼레사도 엔 에세 에스띨로.
No estoy interesado en ese estilo.

성탄절에 뭐해?
What are you doing on Christmas?
께 바스 아 아쎄르 엔 나비닫?
¿Qué vas a hacer en Navidad? [1]

> 참고하세요
>
> [1] ¿Qué vas a hacer en Navidad? 문장은 ¿Qué haces en Navidad? 문장으로 바꾸어 사용할 수 있다.

Lección 3 — 데이트 중

기본대화

A 너와 함께 있어서 행복해.
I'm happy to be with you.
에스또이 펠리쓰 데 에스따르 꼰띠고.
Estoy feliz de estar contigo.

B 나도 그래.
So do I.
요 땀비엔.
Yo también.

주요표현

너는 아름다운 눈을 가지고 있어. / You have beautiful eyes.	띠에네스 우노스 오호스 쁘레씨오소스. Tienes unos ojos preciosos.①
눈이 정말 크네. / Your eyes are really big.	뚜스 오호스 손 레알멘떼 그란데스. Tus ojos son realmente grandes.
머릿결이 예쁘네. / Your hair is pretty.	뚜 뻴로 에스 린도. Tu pelo es lindo.
너에게 원피스가 잘 어울리네. / The dress looks good on you.	엘 베스띠도 떼 께다 비엔. El vestido te queda bien.
영원히 너와 함께 있고 싶어. / I want to be with you forever.	끼에로 에스따르 꼰띠고 빠라 시엠쁘레. Quiero estar contigo para siempre.
너는 참 친절해. / You are very kind.	에레스 무이 아마블레. Eres muy amable.
넌 정말 아름다워. / You're so beautiful.	에레스 딴 에르모사. Eres tan hermosa.

참고하세요

① Tienes unos ojos preciosos 문장은 Tienes unos ojos hermosos 문장으로 바꾸어 사용할 수 있다.

Lección 4   데이트 후

기본대화

A   오늘 아주 즐거웠어.
I enjoyed myself today.

에 디스프루따도 무쵸 오이.
He disfrutado mucho hoy.

B   나도, 함께 있어서 좋았어.
Me too. it was nice to be with you.

요 땀비엔. 푸에 운 쁠라쎄르 에스따르 꼰띠고.
Yo también. Fue un placer estar contigo.

A   다음에 또 만나.
Let's meet again next time.

노스 베모스 데 누에보 라 쁘록시마 베쓰.
Nos vemos de nuevo la próxima vez.

주요표현

또 나를 만나 주겠니? Will you see me again?	뽀데모스 께다르 오뜨라 베쓰? ¿Podemos quedar otra vez? [①]
언제 또 볼수 있을까? When can I see you again?	꾸안도 뿌에도 베르떼 데 누에보? ¿Cuándo puedo verte de nuevo?
늦었어. 집에 가야해. It's late. I have to go home.	야 에스 따르데. 뗑고 께 이르 아 까사. Ya es tarde. Tengo que ir a casa.
집에 바래다 줄게. I'll escort you home.	떼 예보 아 뚜 까사. Te llevo a tu casa.
집까지 태워다 줄게. I'll drive you home.	떼 꼰두씨레 아스따 까사. Te conduciré hasta casa.
그 여자가 나를 바람 맞혔어. She stood me up.	에야 메 데호 쁠란따도. Ella me dejó plantado.

> **참고하세요**

① ¿Podemos quedar otra vez? 문장은 ¿Podemos vernos otra vez? 문장으로 바꾸어 사용할 수 있다.

만남과 약속   227

Lección 5 애정 표현

기본대화

A 첫눈에 너에게 반했어.
I fell in love with you at first sight.

메 에나모레 데 띠 아 쁘리메라 비스따.
Me enamoré de ti a primera vista.

B 나도.
Me too.

요 땀비엔.
Yo también.

주요표현

우리의 사랑은 영원할 거라고 믿어. I believe our love will be forever.	끄레오 께 누에스뜨로 아모르 두라라 빠라 시엠쁘레. Creo que nuestro amor durará para siempre.
매일 너를 생각해. I think of you every day.	삐엔소 엔 띠 또도스 로스 디아스. Pienso en ti todos los días.
너를 진심으로 사랑해. I love you with all my heart.	떼 아모 꼰 또도 미 꼬라쏜. Te amo con todo mi corazón.
우리를 떼어놓을 수는 없어. There's nothing to keep us apart.	노 아이 나다 께 노스 만뗑가 세빠라도스. No hay nada que nos mantenga separados.
너와 평생을 보내고 싶어. I want to spend my life with you.	끼에로 빠사르 미 비다 꼰띠고 Quiero pasar mi vida contigo.
너 없이는 살 수 없어. I can't live without you.	노 뿌에도 비비르 신 띠. No puedo vivir sin ti.
무슨 일이 있더라도 너를 믿어. Whatever happens, I trust you.	빠세 로 께 빠세, 꼰피오 엔 띠. Pase lo que pase, confío en ti.
너를 위해서라면 모든 것을 버릴 수 있어. I can throw everything away for you.	뿌에도 데하르 또도 뽀르 띠. Puedo dejar todo por ti.
죽을 때까지 나를 떠나지 마. Don't leave me until I die.	노 메 데하스 아스따 께 메 무에라. No me dejes hasta que me muera.

추가 문법 익히기

전치사를 동반하는 부정사들

1. 부정사 + a

Me aficioné a jugar al fútbol. 나는 축구하는 것을 **좋아했다**.
Mi maestro nos **ayuda a** entender el portugués.
　나의 선생님은 우리들에게 포르투갈어 공부하는 하는 것을 **도와준다**.

acceder a	접근하다	acercarse a	가까이하다
acomodarse a	자리잡다	acostumbrarse a	습관을 갖다
aficionarse a	열중하다	animarse a	기운을 내다
aplicarse a	열중하다, 적용되다	aprender a	배우다
atreverse a	감히 ~하다	ayudar a	돕다
comenzar a	시작하다	contribuir a	기여하다
decidirse a	결심을 하다	dedicarse a	전념하다
echarse a	시작하다	enseñar a	가르치다
habituarse a	익숙해지다	incitar a	자극하다

2. 부정사 + con

El ladrón me **amenazó con** el cuchillo. 그 도둑은 칼로 나를 **위협했다**.
Basta con verla a ella. 그녀를 보는 것으로 **충분하다**.
Me satisfecho con vivir en mi país. 나는 나의 나라에서 사는것에 **만족한다**.

3. 부정사 + de

Juan **se aburrió de** estudiar. 후안은 공부하는데 **싫증이 났다**.
Me arrepentí de no ahorrar dinero. 나는 저축을 하지 않은 것을 **후회했다**.

abstenerse de	삼가하다	aburrirse de	싫증이 나다
acabar de	방금 ~하다	acordarse de	기억하다
aleglarse de	기뻐하다	arrepentirse de	후회하다
asombrarse de	놀라다	cesar de	그만두다

만남과 약속　229

dejar de	그만두다	encargarse de	책임지다
enamorarse de	사랑에 빠지다	jactarse de	으시대다
olvidarse de	잊다	tratar de	다루다

4. 부정사 + en

Pienso en viajar a Europa.   나는 유럽에 여행하는 것을 **생각한다**.
Él **tardó** una hora **en** terminarlo.   그가 그것을 끝내는데 한시간 **걸렸다**.

complacerse en	기뻐하다	confiar en	믿다, 확신하다
insistir en	고집하다	interesarse en	관심을 갖다
pensar en	생각하다	tardar en	걸리다

5. 부정사 + por

Estaba por salir cuando mi amigo llegó a mi casa.
나의 친구가 나의 집에 도착했을 때 나는 곧 나갈려고 했었다.

afanarse por	애쓰다	comenzar por	~부터 시작하다
estar por	곧 ~하려고 하다	luchar por	싸우다

Lección 6 — 청혼 하기

기본대화

A 너와 결혼을 하고 싶어.
I want to marry you.
끼에로 까사르메 꼰띠고.
Quiero casarme contigo.

B 아직 마음의 준비가 되어있지 않아.
I'm not ready for my mind yet.
또다비아 노 에스또이 쁘레빠라도.
Todavía no estoy preparado.

주요표현

우리 결혼할까? Why don't we get married?	께 떼 빠레쎄 시 노스 까사모스? ¿Qué te parece si nos casamos?
결혼을 생각해 본 적이 있니? Have you ever thought about marriage?	아스 뻰사도 엔 엘 마뜨리모니오? ¿Has pensado en el matrimonio?
나는 너와 잘 어울려. I get along well with you.	메 예보 비엔 꼰띠고. Me llevo bien contigo.
너의 사랑을 받아들일게. I accept your love.	아셉또 뚜 아모르. Acepto tu amor.
그녀에게 청혼을 했어. I proposed to her.	레 뻬디 마뜨리모니오 아 에야. Le pedí matrimonio a ella.
당신 부모님을 만나 볼 수 있을까? Can I meet your parents?	뿌에도 꼬노쎄르 아 뚜스 빠드레스? ¿Puedo conocer a tus padres?
어제 그녀와 키스를 했어. I kissed her yesterday.	라 베세 아예르. La besé ayer.
너는 언제 결혼할 생각이니? When are you getting married?	꾸안도 떼 바스 아 까사르? ¿Cuándo te vas a casar?
너의 결혼을 축하해. Congratulations on your marriage.	펠리씨다데스 뽀르 뚜 마뜨리모니오. Felicidades por tu matrimonio.

만남과 약속

Lección 7　초대 하기

기본대화

A 토요일 저녁에 시간 있어?
Are you free on Saturday evening?
에스따스 리브레 엘 사바도 뽀르 라 노체?
¿Estás libre el sábado por la noche?

B 응, 그런데 왜?
Yes, but why?
시, 뻬로 뽀르 께?
Sí, pero ¿por qué?

A 저녁 식사에 초대하고 싶어서.
I want to invite you to dinner.
끼에로 인비따르떼 아 쎄나르.
Quiero invitarte a cenar.

B 좋아, 꼭 갈게.
Okay, I'll be sure to go.
발레, 메 아세구라레 데 이르.
Vale, me aseguraré de ir

주요표현

너에게는 언제가 좋아?
When would be good for you?
꾸안도 세리아 부에노 빠라 띠?
¿Cuándo sería bueno para ti?

내 초청을 받아줄거야?
Would you accept my invitation?
뽀드리아스 아셉따르 미 임비따씨온?
¿Podrías aceptar mi invitación?

이번 주말에 파티합시다!
Let's have a party this weekend!
아가모스 우나 피에스따 에스떼 핀 데 세마나!
¡Hagamos una fiesta este fin de semana!

너는 파티에 참석할 수 있지?
Can you attend the party?
비에네스 아 라 피에스따, 노?
Vienes a la fiesta, ¿no? ①

꼭 갈거라고 약속해.
I promise I'll be there.
쁘로메또 께 에스따레 아이.
Prometo que estaré allí.

고맙지만, 미리 약속이 있어.
Thanks, but I have a previous engagement.
그라씨아스, 뻬로 뗑고 우나 씨따 쁘레비아.
Gracias, pero tengo una cita previa.

다른 약속이 있어.
I have another appointment.
뗑고 오뜨라 씨따.
Tengo otra cita.

> **참고하세요**
>
> ① Vienes a la fiesta, ¿no? 문장은 ¿Puedes asistir a la fiesta? 문장으로 바꾸어 사용할 수 있다.

Lección 8 손님 맞이

기본대화

A 어서 와. 환영합니다.
Come in. Welcome.

엔뜨라. 비엔베니도.
Entra. Bienvenido.

B 파티에 나를 초대해 주어 감사해.
Thank you for inviting me to the party.

그라씨아스 뽀르 인비따르메 아 라 피에스따.
Gracias por invitarme a la fiesta.

주요표현

우리는 너를 기다리고 있었어. We've been waiting you.	떼 에모스 에스따도 에스뻬란도. Te hemos estado esperando.
신발을 벗어줘. Please take off your shoes.	뽀르 파보르 끼따떼 로스 싸빠또스. Por favor quítate los zapatos.
우리 집에 온 것을 환영합니다. Welcome to our home.	비엔베니도 아 누에스뜨라 까사. Bienvenido a nuestra casa.
편하게 있어. Please make yourself at home.	뽀르 파보르 시엔떼떼 꼬모 엔 까사. Por favor síentete como en casa.
여기 오는데 힘들지 않았어? Wasn't it hard coming here?	노 푸에 디피씰 베니르 아끼? ¿No fue difícil venir aquí?
이곳을 좋아하길 바래. I hope you like here.	에스뻬로 께 떼 구스떼 아끼. Espero que te guste aquí.
내 가족을 소개할게. Let me introduce my family.	데하메 쁘레센따르떼 아 미 파밀리아. Déjame presentarte a mi familia.
주인을 어떻게 알았어? How do you know the host?	꼬모 꼬누쎄스 알 안피뜨리온? ¿Cómo conoces al anfitrión?
불편한 것은 없니? Is there anything uncomfortable?	아이 알구나 잉꼬모디닫? ¿Hay alguna incomodidad?
뭐 좀 마실까? What would you like to drink?	께 떼 구스따리아 베베르? ¿Qué te gustaría beber?

만남과 약속

Lección 9 식사 대접

기본대화

A 마음껏 먹어.
Help yourself, please.
디스프루따 데 라 꼬미다, 뽀르 파보르.
Disfruta de la comida, por favor.

B 고마워.
Thank you.
그라씨아스.
Gracias.

A 부족한 것이 있으면 이야기 해.
Let me know if you need anything.
아비사메 시 네쎄시따스 알고.
Avísame si necesitas algo.

주요표현

천천히 식사해. Take your time eating.	꼬메 데스빠씨오. Come despacio.
식기 전에 먹어. Eat it before it gets cold.	꼬멜로 안떼스 데 께 세 엔프리에. Cómelo antes de que se enfríe.
불고기 좀 먹어 봐. Have a bulgogi.	쁘루에바 엘 불고기. Prueba el bulgogi.
맛이 어떤지? How does it taste?	꼬모 에스따 엘 사보르? ¿Cómo está el sabor?
한 잔 더 할래? How about another one?	께 딸 오뜨로? ¿Qué tal otro?
포도주 한잔 하고 싶어. I'd like a glass of wine, please.	메 구스따리아 우나 꼬빠 데 비노, 뽀르 파보르. Me gustaría una copa de vino, por favor.
커피 한 잔 할래? Would you like a cup of coffee?	떼 구스따리아 우나 따싸 데 까페? ¿Te gustaría una taza de café? [1]
식사 잘 했어. I really enjoyed your meal.	레알멘떼 디스프루떼 뚜 꼬미다. Realmente disfruté tu comida.

참고하세요

[1] ¿Te gustaría una taza de café? 문장은 ¿Te apetece una taza de café? 문장으로 바꾸어 사용할 수 있다.

Lección 10 작별 인사

기본대화

A 이제 가는 게 좋을 것 같아.
I think I'd better go now.
끄레오 께 세라 메호르 이르 아오라.
Creo que será mejor ir ahora.

B 벌써 시간이 많이 지났네.
It's already been a long time.
야 아 빠사도 무초 띠엠뽀.
Ya ha pasado mucho tiempo.①

A 잘 보냈기를 바래.
I hope you had a good time.
에스뻬로 께 로 아야스 빠사도 비엔.
Espero que lo hayas pasado bien.

B 정말 멋진 시간을 보냈어. 고마워.
I had a wonderful time. Thank you.
뚜베 운 띠엠뽀 마라비요소. 그라씨아스.
Tuve un tiempo maravilloso. Gracias.②

주요표현

미안하지만 가봐야겠어. I'm sorry, but I have to go.	로 시엔또, 뻬로 뗑고 께 이르게. Lo siento, pero tengo que irme.
좀 더 있다 가지 그래? Why don't you stay longer?	뽀르 께 노 떼 께다스 마스 띠엠뽀? ¿Por qué no te quedas más tiempo?
환대에 감사해. Thank you for the hospitality.	그라씨아스 뽀르 라 오스뻬딸리닫. Gracias por la hospitalidad.
오늘 즐거웠니? Did you enjoy today?	디스프루따스떼 오이? ¿Disfrutaste hoy?
살펴 잘 가. Take care.	꾸이다떼. Cuídate.
또 오기를 바래. Please come again.	뽀르 파보르 벤 데 누에보. Por favor ven de nuevo.
운전 조심해서 가. Drive carefully!	꼰두쎄 꼰 꾸이다도! ¡Conduce con cuidado!

참고하세요

① Ya ha pasado mucho tiempo 문장은 Ya es muy tarde 문장으로 바꾸어 사용할 수 있다.
② Tuve un tiempo maravilloso 문장은 Me lo he pasado genial 문장으로 바꾸어 사용할 수 있다.

Lección 11 — 약속 정하기

기본대화

A 너를 만나고 싶은데.
I'd like to see you.
메 구스따리아 베르떼.
Me gustaría verte.

B 언제 보기를 원하니?
When do you want to see?
꾸안도 끼에레스 께다르?
¿Cuándo quieres quedar?

A 내일 두시에 시간 있어?
Do you have time at 2:00 tomorrow?
띠에네스 띠엠뽀 마냐나 아 라스 도스 데 라 따르데?
¿Tienes tiempo mañana a las dos de la tarde?

B 좋아요, 그럼 그때 보자.
Okay, see you then.
시, 노스 베모스 엔똔쎄스.
Sí, nos vemos entonces.

주요표현

잠깐 만나 볼 수 있을까?
Can we meet for a moment?
뽀데모스 베르노스 운 모멘또?
¿Podemos vernos un momento?

지금 시간 있니?
Do you have time now?
띠에네스 띠엠뽀 아오라?
¿Tienes tiempo ahora?

약속이 있어?
Do you have an appointment?
띠에네스 우나 씨따?
¿Tienes una cita?

미안한데, 그 날은 선약이 있어.
I'm sorry, but I have a promise on that day.
로 시엔또, 뻬로 뗑고 우나 씨따 에세 디아.
Lo siento, pero tengo una cita ese día.

너에게는 몇 시가 가장 좋니?
What time is best for you?
아 께 오라 에스 메호르 빠라 띠?
¿A qué hora es mejor para ti?

언제, 어디서 만날까?
When and where should we meet?
꾸안도 이 돈데 데베리아모스 베르노스?
¿Cuándo y dónde deberíamos vernos?

네가 장소를 정해.
You pick the place.
뚜 엘리헤스 엘 루가르.
Tú eliges el lugar.

약속을 어기지 마.
Do not break your promise.
노 롬빠스 뚜 쁘로메사.
No rompas tu promesa.①

참고하세요

① No rompas tu promesa 문장은 No me falles 문장으로 바꾸어 사용할 수 있다.

Lección 12 — 약속 변경/취소

기본대화

A 오늘 약속 때문에 전화했어.
I called for our appointment today.
야메 뽀르 누에스뜨라 씨다 데 오이.
Llamé por nuestra cita de hoy.

B 무슨 일 있어?
Is there something wrong?
아이 알고 말?
¿Hay algo mal?

A 약속시간을 바꿀 수 있을까?
Can we change the appointment time?
뽀데모스 깜비아르 라 오라 데 라 씨따?
¿Podemos cambiar la hora de la cita?

B 그럼, 언제로 할까?
Sure, when do you want it?
끌라로, 빠라 꾸안도 라 끼에레스?
Claro, ¿para cuándo la quieres?

주요표현

약속 시간을 5시로 변경하자.
Let's change the appointment time to 5 o'clock.
깜비에모스 라 오라 데 라 씨따 아 라스 씬꼬.
Cambiemos la hora de la cita a las cinco.

급한 일이 생겼어.
Something urgent has come up.
아 수르히도 운 아순또 우르헨떼.
Ha surgido un asunto urgente.

얼마나 빨리 올 수 있어?
How soon can you make it?
께 딴 쁘론또 뿌에데스 아쎄를로?
¿Qué tan pronto puedes hacerlo? ①

약속을 취소해야 할 것 같아.
I think we need to cancel the appointment.
끄레오 께 데베모스 깐쎌라르 라 씨따.
Creo que debemos cancelar la cita.

너의 스케줄에 맞출게.
I'll arrange my schedule to fit yours.
깜비아레 미 오라리오 빠라 께 세 아후스떼 알 뚜요.
Cambiaré mi horario para que se ajuste al tuyo.

약속을 꼭 지켜.
I hope you keep your promise.
에스뻬로 께 꿈쁠라스 꼰 뚜 쁘로메사.
Espero que cumplas con tu promesa. ②

> **참고하세요**
>
> ① ¿Qué tan pronto puedes hacerlo? 문장은 ¿Cuánto tiempo necesitas para llegar? 문장으로 바꾸어 사용할 수 있다.
> ② Espero que cumplas con tu promesa 문장에서 cumplas는 'cumplir'(완수하다, 수행하다)의 접속법 2인칭 현재형이다.

만남과 약속

스페인 알기

스페인 무적함대의 최후

　스페인 축구 국가대표팀을 '무적함대'라고 부른다. 이 '무적함대'라는 명칭은 16세기에 펠리뻬 2세에 의해 구축된 함대를 지칭하는 것으로, 그는 스페인의 가장 위대한 왕 중의 한 사람으로 평가받고 있다. 그의 국가들은 유럽, 아시아, 아프리카, 아메리카 등에 걸쳐 있었으며 "그의 영토에는 해가지지 않는다"고 말할 정도였다. 이슬람 국가인 터키와의 레빤또 해전에서 승리를 거두었으나 그 영광은 오래가지 못하였다. 1588년 영국과의 해전에서 강한 태풍과 영국군의 치고 빠지는 작전에 밀려 대패하고 말았다. 이 패배로 스페인 제국은 결정적인 쇠퇴의 길로 접어들었고 해상의 주도권을 영국으로 내주는 계기가 되었다.

Capítulo 11

스포츠와 오락

경기장 관람, 경기 진행, 경기 응원, 경기 결과, 축구 경기,
야구 경기, 골프 경기, 헬스장, 컴퓨터 활용, 공연 티켓
공연 관람, 영화관, 미술관, 야외 공원

Lección 1 경기장 관람

기본대화

	당신이 좋아하는 스포츠는 무엇입니까? What is your favorite sport?	꾸알 에스 수 데뽀르떼 파보리또? ¿Cuál es su deporte favorito?
A		
B	저는 축구를 좋아합니다. I like football.	메 구스따 엘 푸뜨볼. Me gusta el fútbol.
A	어느 팀을 좋아합니까? Which team do you like?	께 에끼뽀 레 구스따? ¿Qué equipo le gusta?
B	저는 레알 마드리드 팬입니다. I'm a Real Madrid fan.	소이 파나띠꼬 델 레알 마드리드. Soy fanático del Real Madrid.[①]

주요표현

개막전은 언제입니까? When is the opening game?	꾸안도 에스 엘 쁘리메르 빠르띠도? ¿Cuándo es el primer partido?
몇 시에 경기가 시작됩니까? What time does the game start?	아 께 오라 엠뻬에싸 엘 빠르띠도? ¿A qué hora empieza el partido?
입장료는 얼마입니까? How much is the ticket?	꾸안또 꾸에스따 라 엔뜨라다? ¿Cuánto cuesta la entrada?[②]
당신이 응원하는 팀이 있습니까? What team are you cheering for?	께 에끼뽀 에스따 아니만도? ¿Qué equipo está animando?
응원 열기가 대단합니다. The enthusiasm for cheering is great.	엘 엔뚜시아스모 뽀르 아니마르 에스 헤니알. El entusiasmo por animar es genial.
내기하기를 원합니까? Do you want to make a bet?	끼에레 아쎄르 우나 아뿌에스따? ¿Quiere hacer una apuesta?

참고하세요

① Soy fanático del Real Madrid 문장에서 fanático는 afición, aficionado, entusiasta 등으로 바꾸어 사용할 수 있다.

② ¿Cuánto cuesta la entrada? 문장에서 la entrada는 billete, tiquete, tique 등으로 바꾸어 사용할 수 있다. 스페인에서는 주로 entrada를 많이 사용한다.

Lección 2 경기 진행

기본대화

A	언제 경기가 시작되었나요? When did the game start?	꾸안도 꼬멘쏘 엘 빠르띠도? ¿Cuándo comenzó el partido?
B	30분전에 시작했습니다. It started 30 minutes ago.	꼬멘쏘 아쎄 뜨레인따 미누또스. Comenzó hace 30 minutos.
A	어느 팀이 이기고 있어요? Which team is winning?	께 에끼뽀 에스따 가난도? ¿Qué equipo está ganando?
B	발렌시아 팀이 이기고 있습니다. The Valencia team is winning.	엘 에끼보 델 발렌씨아 에스따 가난도. El equipo del Valencia está ganando.

주요표현

이 팀의 코치가 누구입니까? Who is the coach of this team?	끼엔 에스 엘 엔뜨레나도르 데 에스떼 에끼뽀? ¿Quién es el entrenador de este equipo?
가장 유명한 선수가 누구입니까? Who is the most famous player?	끼엔 에스 엘 후가도르 마스 파모소? ¿Quién es el jugador más famoso?
매점은 어디에 있나요? Where is the canteen?	돈데 에스따 라 깐띠나? ¿Dónde está la cantina? ①
휴식 시간은 얼마나 되나요? How long is the break?	꾸안또 두라 엘 데스깐소? ¿Cuánto dura el descanso?
언제 경기가 종료되나요? When does the game end?	꾸안도 아까바 엘 빠르띠도? ¿Cuándo acaba el partido?

> **참고하세요**
>
> ① ¿Dónde está la cantina? 문장에서 cantina(매점, 술집 등)는 tienda, quiosco 등으로 바꾸어 사용할 수 있다.

스포츠와 오락 241

Lección 3 — 경기 응원

기본대화

A 열심히 응원합시다.
Let's cheer hard.
아니메모스 꼰 페르보르.
Animemos con fervor.

B 네, 우리 팀이 이길거에요.
Yes, our team will win.
시, 누에스뜨로 에끼뽀 가나라.
Sí, nuestro equipo ganará.

주요표현

우리 팀이 고전하고 있어요. Our team is having a hard time.	누에스뜨로 에끼뽀 에스따 빠산도 모멘또스 디피씰레스. Nuestro equipo está pasando momentos difíciles.
더 응원이 필요해요. Our team needs more cheer.	누에스뜨로 에끼뽀 네쎄시따 마스 아뽀요. Nuestro equipo necesita más apoyo.
공정하게 해라! Be fair!	세 후스또! ¡Sé justo! ①
힘내라! You can do it!	뿌에데스 아쎄를로! ¡Puedes hacerlo!
반칙이야! Foul!	팔따! ¡Falta!
경기는 일방적이네요. The game is one-sided.	엘 빠르띠도 에스 우닐라떼랄. El partido es unilateral.
그가 지쳐 보여요. He seems tired.	빠레쎄 깐사도. Parece cansado.
응원가를 부르자! Let's sing a cheering song!	깐떼모스 우나 깐씨온 데 아니모! ¡Cantemos una canción de ánimo!
우리 팀이 1 : 0으로 이기고 있어요. Our team is winning by 1 : 0.	누에스뜨로 에끼뽀 에스따 가난도 뽀르 우노 아 쎄로. Nuestro equipo está ganando por 1 : 0.

참고하세요

① ¡Sé justo!에서 sé는 'ser'동사의 2인칭 명령형이다.

Lección 4   경기 결과

기본대화

A 어느 팀이 이겼어요?
Which team won the game?
께 에끼뽀 가노 엘 빠르띠도?
¿Qué equipo ganó el partido?

B 발렌시아 팀이 이겼어요.
The Valencia team won.
엘 에끼뽀 델 발렌씨아 가노.
El equipo del Valencia ganó.

A 몇 대 몇으로 이겼어요?
What's the score?
꾸알 푸에 엘 레술따도?
¿Cuál fue el resultado?

B 우리가 삼 대 일로 이겼어요.
We won by three to one.
가나모스 뽀르 뜨레스 아 우노.
Ganamos por tres a uno.

A 대단한 경기였겠네요.
It must have been a great game.
데베 아베르 시도 운 그란 빠르띠도.
Debe haber sido un gran partido.

주요표현

우리 팀이 간신히 이겼어요.
Our team barely won.
누에스뜨로 에끼뽀 아뻬나스 가노.
Nuestro equipo apenas ganó.

그가 2연속 우승을 했어요.
He won two consecutive championships.
가노 도스 깜뻬오나또스 꼰세꾸띠보스.
Ganó dos campeonatos consecutivos.

우리 팀이 결승전에 진출했어요.
Our team made it to the finals.
누에스뜨로 에끼뽀 예고 아 라 피날.
Nuestro equipo llegó a la final.

우리 팀이 역전했어요.
Our team turned the game around.
누에스뜨로 에끼뽀 깜비오 엘 빠르띠도.
Nuestro equipo cambió el partido.

일 대 일로 비겼어요.
The game was tied one to one.
엘 빠르띠도 에스따바 엠빠따도 우노 아 우노.
El partido estaba empatado uno a uno.①

야호! 이겼다.
Hooray, we won!
우라, 가나모스!
¡Hurra, ganamos!②

> **참고하세요**
>
> ① El juego estaba empatado uno a uno 문장은 El partido quedó en empate uno a uno 문장으로 바꾸어 사용할 수 있다.
> ② Hurra(야호, 만세 등)는 Bravo, Viva 등으로 사용할 수 있다.

스포츠와 오락

Lección 5 — 축구 경기

기본대화

A 어느 팀이 이길 것 같아요?
Which team do you think will win?
께 에끼뽀 끄레에 께 가나라?
¿Qué equipo cree que ganará?

B 당연히 레알 마드리드가 이기죠.
Of course, Real Madrid wins.
뽀르 수뿌에스또 엘 레알 마드리드 가나.
Por supuesto, el Real Madrid gana.

주요표현

좋아하는 축구선수는 누구입니까?
Who is your favorite soccer player?
끼엔 에스 수 후가도르 데 푸뜨볼 파보리또?
¿Quién es su jugador de fútbol favorito?

메시는 유명한 공격수입니다.
Messi is a famous striker.
메시 에스 운 파모소 델란떼로.
Messi es un famoso delantero.

그의 포지션은 미드필더입니다.
His position is midfielder.
수 뽀시씨온 에스 쎈뜨로깜뻬스따.
Su posición es centrocampista.

라모스는 레알 마드리드의 수비수입니다.
Ramos is defender of Real Madrid.
라모스 에스 데펜사 델 레알 마드리드.
Ramos es defensa del Real Madrid.

그는 최고의 골키퍼입니다.
He is the best goalkeeper.
에스 엘 메호르 뽀르떼로.
Es el mejor portero.

손흥민, EPL '역사상 최고 골' 선수로 선정되었다.
Heung-Min Son, was selected as EPL 'Best Goal in History'.
흥민 손, 푸에 셀렉씨오나도 꼬모 EPL '엘 메호르 골 데 라 이스또리아'.
Heung-Min Son, fue seleccionado como EPL 'El mejor Gol de la Historia'.

그가 결승전에서 골을 넣었어요.
He scored a goal in the final.
마르꼬 운 골 엔 라 피날.
Marcó un gol en la final.

Lección 6 — 야구 경기

기본대화

A 오늘 선발 투수는 누구입니까?
Who is the starting pitcher today?
끼엔 에스 엘 란싸도르 이니씨알 데 오이?
¿Quién es el lanzador inicial de hoy?

B 잘 모르겠습니다. 알아볼게요.
I don't know. I'll find out.
노 로 세. 보이 아 아베리구아르.
No lo sé. Voy a averiguar.

주요표현

그는 1번 타자입니다. He's the first batter.	에스 엘 쁘리메르 바떼아도르. Es el primer bateador.
그는 유명한 포수입니다. He is a famous catcher.	에스 운 파모소 레셉또르. Es un famoso receptor.
그는 팀의 주장이자 1루수입니다. He is the team's captain and first baseman.	에스 엘 까삐딴 델 에끼뽀 이 라 쁘리메라 바세. Es el capitán del equipo y la primera base.
지금 만루입니다. The bases are loaded.	라스 바세스 에스딴 까르가다스. Las bases están cargadas.
정말 환상적인 캐취군요! What a fantastic catch!	께 깝뚜라 딴 판따스띠까! ¡Qué captura tan fantástica!
그는 오늘 4타수 3안타를 쳤어요. He made three hits in four at bats today.	이쏘 뜨레스 골뻬스 엔 꾸아뜨로 알 바떼 오이. Hizo tres golpes en cuatro al bate hoy.
그는 이번 시즌에 홈런 20개를 쳤어요. He hit 20 home runs this season.	골뻬오 베인떼 혼로네스 엔 에스따 뗌뽀라다. Golpeó 20 jonrones en esta temporada.

Lección 7 — 골프 경기

기본대화

A 오늘 오후에 골프를 칠까요?
Shall we play golf this afternoon?
끼에레 후가르 알 골프 에스따 따르데?
¿Quiere jugar al golf esta tarde?

B 좋습니다.
All right.
데 아꾸에르도.
De acuerdo.[①]

주요표현

핸디가 얼마입니까?
What is your handicap?
꾸알 에스 수 안디깝?
¿Cuál es su hándicap?[②]

그린 피가 얼마입니까?
How much is the green fees?
꾸안또 꾸에스따 엘 그린 피?
¿Cuánto cuesta el green fee?[③]

첫 타구 시간이 언제입니까?
When is tee time?
꾸안도 에스 라 오라 델 티?
¿Cuándo es la hora del tee?

누가 티샷을 할 차례입니까?
Whose turn is it to tee off?
아 끼엔 레 또까 후가르?
¿A quién le toca jugar?[④]

멋진 샷입니다.
Nice shot.
부엔 골뻬.
Buen golpe.

나인 홀(아홉 번째 홀)을 친 다음에 쉬어요.
Let's take break after the ninth hole.
또메모스 운 데스깐소 데스뿌에스 델 노베노 오요.
Tomemos un descanso después del noveno hoyo.

나에게 벙커샷은 좀 어렵습니다.
Bunker shots are a bit difficult for me.
로스 골뻬스 데 분께르 손 운 뽀꼬 디피씰레스 빠라 미.
Los golpes de búnker son un poco difíciles para mí.

참고하세요

① De acuerdo 문장은 Claro, Perfecto 문장으로 바꾸어 사용할 수 있다.
② ¿Cuál es su hándicap? 문장에서 hándicap(안디깝)는 영어발음(핸디캡)으로도 사용할 수 있다.
③ ¿Cuánto cuesta el green fee? 문장에서 green fee는 tiquete de entrada로 사용할 수 있다.
④ ¿A quién le toca jugar? 문장은 ¿De quién es el turno? 문장으로 바꾸어 사용할 수 있다.

Lección 8 — 헬스장

기본대화

A 헬스장에 등록을 하고 싶습니다.
I'd like to register at the gym.
메 구스따리아 레히스뜨라르메 엔 엘 힘나시오.
Me gustaría registrarme en el gimnasio.

B 몇 개월을 원하십니까?
How many months do you want?
꾸안또스 메세스 끼에레?
¿Cuántos meses quiere?

A 3개월요.
Three months.
뜨레스 메세스.
Tres meses.

B 네, 알겠습니다.
Yes, sir.
시 세뇨르.
Sí señor.

주요표현

어느 헬스장이 좋은가요? Which fitness center is good?	께 힘나시오 에스 부에노? ¿Qué gimnasio es bueno?
헬스장이 참 깨끗하군요. The gym is very clean.	엘 힘나시오 에스따 무이 림삐오. El gimnasio está muy limpio.
락카 사용료는 얼마예요? How much is the locker fee?	꾸안또 꾸에스따 라 따리파 데 라 따끼야? ¿Cuánto cuesta la tarifa de la taquilla?
나는 살을 빼고 싶습니다. I want to lose weight.	끼에로 바하르 데 뻬소. Quiero bajar de peso.
나는 매일 헬스장에 갑니다. I go to the gym every day.	요 보이 알 힘나시오 또도스 로스 디아스. Yo voy al gimnasio todos los días.
나는 근육을 만들고 싶습니다. I'd like to build muscle.	메 구스따리아 데사로야르 무스꿀로. Me gustaría desarrollar músculo.[1]

참고하세요

[1] Me gustaría desarrollar músculo 문장은 Quiero sacar músculos 문장으로 바꾸어 사용 할 수 있다.

Lección 9   컴퓨터 활용

기본대화

A	컴퓨터를 사러 왔습니다. I'm here to buy a computer.	에스또이 아끼 빠라 꼼쁘라르 운 오르데나도르. Estoy aquí para comprar un ordenador.
B	어느 제품을 원하십니까? Which product do you want?	께 쁘로둑또 끼에레? ¿Qué producto quiere?
A	삼성 제품이 있나요? Do you have any Samsung products?	띠에네스 알군 쁘로둑또 데 삼숭? ¿Tienes algún producto de Samsung?
B	여기 있습니다. 골라 보세요. Here it is. Please choose.	아끼 에스따. 뽀르 파보르 엘리하. Aquí está. Por favor elija.

주요표현

최신형 컴퓨터가 필요합니다. I need the latest computer.	네쎄시또 엘 오르데나도르 데 울띠마 모다. Necesito el ordenador de última moda.
인터넷을 연결하고 싶습니다. I'd like to connect to the Internet.	메 구스따리아 꼬넥따르 알 인떼르네뜨. Me gustaría conectar al Internet.
노트북을 사고 싶습니다. I'd like to buy a laptop.	메 구스따리아 꼼쁘라르 운 오르데나도르 뽀르따띨. Me gustaría comprar un ordenador portátil.
나는 화상 채팅을 하고 있습니다. I'm doing a video chat.	에스또이 아씨엔도 운 비데오 차트. Estoy haciendo un video chat.
나는 주로 컴퓨터를 활용하여 게임을 하고 있습니다. I mainly play games using a computer.	쁘린씨빨멘떼 후에고 후에고스 우산도 운 오르데나도르. Principalmente juego juegos usando un ordenador.

Lección 10   공연 티켓

기본대화

A 공연 프로그램을 볼 수 있을까요?
Can I see the performance program?

뿌에도 베르 운 쁘로그라마 데 악뚜아씨온?
¿Puedo ver un programa de actuación?

B 네, 이걸을 보세요.
Yes, look at this.

시, 미레 에스또.
Sí, mire esto.

A 좌석이 있나요?
Are there any seats available?

아이 아시엔또스 디스뽀니블레스?
¿Hay asientos disponibles?

B A석만 남은 상태입니다.
Only seats in row A are available.

솔로 로스 아시엔또스 엔 라 필라 A 에스딴 디스뽀니블레스.
Solo los asientos en la fila A están disponibles.

주요표현

안내 책자가 있나요?
Do you have a brochure?

띠에네 운 포예또?
¿Tiene un folleto?

오늘 프로그램은 뭐예요?
What is the program today?

꾸알 에스 엘 쁘로그라마 데 오이?
¿Cuál es el programa de hoy?

입장표은 어디에서 구입합니까?
Where can I buy admission tickets?

돈데 뿌에도 꼼쁘라르 엔뜨라다스?
¿Dónde puedo comprar entradas?

얼마동안 공연하나요?
How long does the performance last?

꾸안또 두라 라 악뚜아씨온?
¿Cuánto dura la actuación?

중간에 앉고 싶습니다.
I'd like a seat in the middle.

메 구스따리아 운 아시엔또 엔 엘 메디오.
Me gustaría un asiento en el medio.

할인되는 좌석이 있나요?
Are there any discounted seats?

아이 알군 아시엔또 꼰 데스꾸엔또?
¿Hay algún asiento con descuento?

서로 붙어 있는 좌석을 원합니다.
I'd like seats next to each other.

메 구스따리아 아시엔또스 알 라도 델 오뜨로.
Me gustaría asientos al lado del otro.

제 자리는 어디예요?
Where is my seat?

돈데 에스따 미 아시엔또?
¿Dónde está mi asiento?

Lección 11 — 공연 관람

기본대화

A 누가 주인공입니까?
Who is the main character?
끼엔 에스 엘 뻬르소나헤 쁘린씨빨?
¿Quién es el personaje principal? ①

B 이사벨이 주인공입니다.
Isabel is the main character.
이사벨 에스 라 뻬르소나헤 쁘린씨빨.
Isabel es la personaje principal.

주요표현

이 작품은 매우 인기가 좋습니다. This work is very popular.	에스따 오브라 에스 무이 뽀뿔라르. Esta obra es muy popular.
그의 인기가 시들해요. He's not popular.	엘 노 에스 뽀뿔라르. Él no es popular.
얼마나 휴식합니까? How long does the performance rest?	꾸안또 데스깐사 라 악뚜아씨온? ¿Cuánto descansa la actuación?
공연마다 사람들이 꽉 찼어요. Every performance was packed with people.	까다 악뚜아씨온 에스뚜보 예나 데 헨떼. Cada actuación estuvo llena de gente. ②
정말 환상적인 공연이었어요. It was a fantastic performance.	푸에 우나 악뚜아씨온 판따스띠까. Fue una actuación fantástica.

참고하세요

① ¿Quién es el personaje principal? 문장은 ¿Quién es el protagonista? 문장으로 바꾸어 사용할 수 있다.

② Cada actuación estuvo llena de gente 문장은 El teatro se llenó con cada actuación 문장으로 바꾸어 사용할 수 있다.

Lección 12 영화관

기본대화

A 추천할 만한 영화가 있습니까?
What movie do you recommend?
께 뻴리꿀라 메 레꼬미엔다?
¿Qué película me recomienda?

B '기생충'을 추천하고 싶습니다.
I'd like to recommend 'Parasite'.
메 구스따리아 레꼬멘다를레 '빠라시또스'.
Me gustaría recomendarle 'Parásitos'.

A 감사합니다. 꼭 볼게요.
Thank you. I'll make sure to watch it.
그라씨아스. 메 아세구라레 데 베를라.
Gracias. Me aseguraré de verla.

주요표현

주연 배우가 누구입니까? Who's the leading actor?	끼엔 에스 엘 악또르 쁘린씨빨? ¿Quién es el actor principal?
내일 영화 보러 가는 게 어때요? Why don't we go to the movies tomorrow?	뽀르께 노 바모스 알 씨네 마냐나? ¿Por qué no vamos al cine mañana?
더빙이에요? 자막이에요? Is it dubbed or subtitled?	에스따 도블라도 오 수브띠뚤라도? ¿Está doblado o subtitulado?
요즘 어떤 것이 인기가 있습니까? What's popular these days?	께 에스 뽀뿔라르 엔 에스또스 디아스? ¿Qué es popular en estos días?
매우 인상적이었어요. It was very impressive.	푸에 무이 임쁘레시오난떼. Fue muy impresionante.
심야 영화로 봅시다. Let's see a late-night movie.	베아모스 우나 뻴리꿀라 녹뚜르나. Veamos una película nocturna.
지금까지 본 것 중에 최고입니다. It's the best I've ever seen.	에스 로 메호르 께 에 비스또 엔 미 비다. Es lo mejor que he visto en mi vida.
지루했어요. It was boring.	푸에 아부리도. Fue aburrido.
아주 좋았어요. It was great.	푸에 그란디오소.① Fue grandioso.①

> 참고하세요
>
> ① grandioso는 magnífico, espléndido, estupendo 등으로 바꾸어 사용할 수 있다.

Lección 13 미술관

기본대화

A	쁘라도 미술관에 가본 적이 있으세요? Have you ever been to the Prado Museum?	아 에스따도 엔 엘 무세오 델 쁘라도? ¿Ha estado en el Museo del Prado?
B	네, 작년에 가보았어요. Yes, I've been there last year.	시, 에 에스따도 아이 엘 아뇨 빠사도. Sí, he estado allí el año pasado.
A	어땠습니까? How was it?	꼬모 에스뚜보? ¿Cómo estuvo?
B	너무 감동적이었습니다. It was so touching.	푸에 무이 꼰모베도르. Fue muy conmovedor.

주요표현

어디서 안내 책자를 받아요? Where can I get a brochure?	돈데 뿌에도 꼰세기르 운 포예또? ¿Dónde puedo conseguir un folleto?
한국어 안내 책자가 있나요? Is there a Korean brochure?	아이 운 포예또 꼬레아노? ¿Hay un folleto coreano?
너는 미술관에 자주 가니? Do you go to art museums frequently?	바스 아 무세오스 데 아르떼 꼰 프레꾸엔씨아? ¿Vas a museos de arte con frecuencia?
오늘 좋아하는 작가의 전시회가 있어요. There's an exhibition of my favorite artist today.	아이 우나 엑시비씨온 데 미 아르띠스따 파보리또 오이. Hay una exhibición de mi artista favorito hoy.
이 그림을 누가 그렸나요? Who painted this picture?	끼엔 삔또 에스떼 꾸아드로? ¿Quién pintó este cuadro?
고야의 작품은 어디에 있어요? Where is Goya's work?	돈데 에스따 라 오브라 데 고야? ¿Dónde está la obra de Goya?
기념품 가게는 어디에 있습니까? Where is the souvenir shop?	돈데 에스따 라 띠엔다 데 레꾸에르도? ¿Dónde está la tienda de recuerdo?
소장품이 너무 많네요. There are too many collections.	아이 데마시아다스 꼴렉씨오네스. Hay demasiadas colecciones.

Lección 14 야외 공원

기본대화

A	공원으로 놀러 갈까요? Shall we go to the park?		바모스 알 빠르께? ¿Vamos al parque?
B	언제요? When?		꾸안도? ¿Cuándo?
A	내일 놀러 갑시다. Let's go to a picnic tomorrow.		바야모스 데 엑스꾸르시온 마냐나. Vayamos de excursión mañana.
B	제가 준비할 것은 없나요? Do I have anything to prepare?		뗑고 알고 께 쁘레빠라르? ¿Tengo algo que preparar?
A	간단한 음료수만 준비하세요. Just prepare a simple drink.		솔로 쁘레빠레 우나 베비다 심쁠레. Solo prepare una bebida simple.

주요표현

잘 정돈된 공원입니다. It's a well-organized park.	에스 운 빠르께 비엔 오르가니싸도. Es un parque bien organizado.
공원에 고기를 구울 수 있는 곳이 있나요? Is there any place to grill meat in the park?	아이 알군 루가르 빠라 아사르 까르네 엔 엘 빠르께? ¿Hay algún lugar para asar carne en el parque? ①
야영장은 어디에 있습니까? Where are the camping grounds?	돈데 에스딴 로스 떼레노스 빠라 아깜빠르? ¿Dónde están los terrenos para acampar?
화장실은 어디에 있나요? Where is the restroom?	돈데 에스따 엘 바뇨? ¿Dónde está el baño?
물은 어디서 구할 수 있습니까? Where can I get water?	돈데 뿌에도 꼰세기르 아구아? ¿Dónde puedo conseguir agua?
이곳을 들어가면 안됩니다. It is not allowed to enter this place.	에스따 쁘로이비도 엔뜨라르 아끼. Está prohibido entrar aquí.

참고하세요

① asar(굽다) 사용법 : asar + a la brasa(숯불에), al horno(오븐에), a la plancha(철판에), a la parrilla(석쇠에) 등으로 사용할 수 있다.

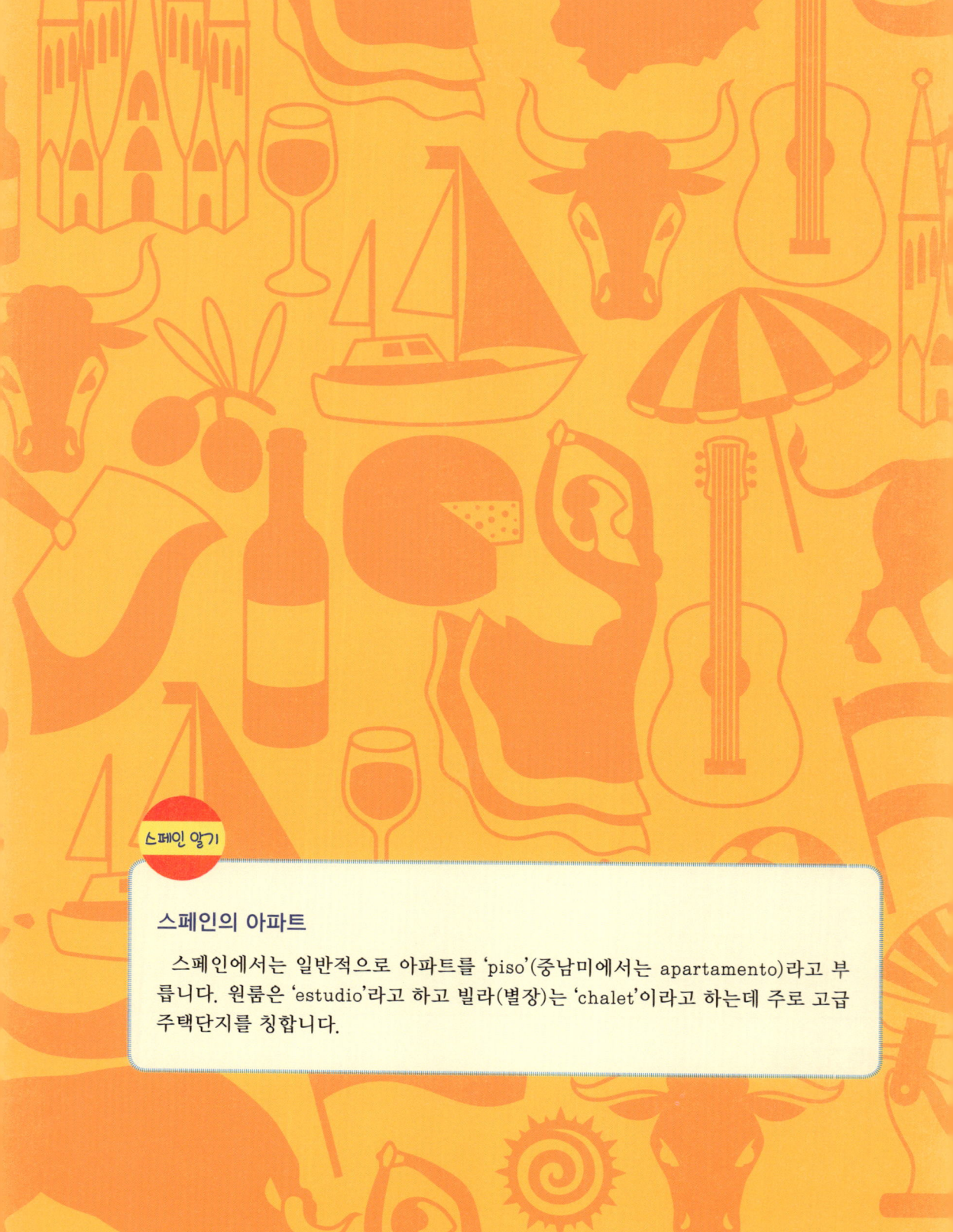

스페인의 아파트

스페인에서는 일반적으로 아파트를 'piso'(중남미에서는 apartamento)라고 부릅니다. 원룸은 'estudio'라고 하고 빌라(별장)는 'chalet'이라고 하는데 주로 고급 주택단지를 칭합니다.

Capítulo 12

일상 생활

부동산, 세탁소, 카센터, 미용실, 은행, 우체국,
약국, 병원, 도서관, 학교진학, 대학지원

Lección 1   부동산

기본대화

A	무엇을 도와드릴까요? What can I do for you?	께 뿌에도 아쎄르 뽀르 우스뗏? ¿Qué puedo hacer por Ud.?
B	아파트를 찾고 있어요. I'm looking for an apartment.	에스또이 부스깐도 운 삐소. Estoy buscando un piso.
A	언제 입주하실 수 있나요? When can you move in?	꾸안도 뿌에데 무다르세? ¿Cuándo puede mudarse?
B	4월 15일 이후에 가능합니다. It's available after April 15th.	에스따 디스뽀니블레 데스뿌에스 델 낀쎄 데 아브릴. Está disponible después del 15 de abril.

주요표현

남향의 집을 구하고 있습니다. I'm looking for a house facing south.	에스또이 부스깐도 우나 까사 꼰 오리엔따씨온 알 수르. Estoy buscando una casa con orientación al sur.
근처에 지하철역이 있습니까? Is there a subway station nearby?	아이 우나 에스따씨온 데 메뜨로 쎄르까 데 아끼? ¿Hay una estación de metro cerca de aquí?
주차장이 있습니까? Is there a parking lot?	아이 아빠르까미엔또? ¿Hay aparcamiento?
이 집의 가격은 얼마나 됩니까? How much does this house cost?	꾸안또 꾸에스따 에스따 까사? ¿Cuánto cuesta esta casa?
이 아파트는 방이 몇 개죠? How many rooms does this apartment have?	꾸안따스 아비따씨오네스 띠에네 에스떼 아빠르따멘또? ¿Cuántas habitaciones tiene este apartamento?
한 달에 관리비가 얼마 정도 나와요? How much is maintenance a month?	꾸안또 꾸에스따 엘 만떼니미엔또 멘수알? ¿Cuánto cuesta el mantenimiento mensual?
이 아파트로 계약할게요. I'll take this apartment.	메 예바레 에스떼 아빠르따멘또. Me llevaré este apartamento.[①]

참고하세요

① Me llevaré('llevarse'의 1인칭 미래형, 가지고 가다) este apartamento 문장은 Me quedo con este apartamento 또는 Voy a firmar el contrato para tomar este apartamento 문장으로 바꾸어 사용할 수 있다.

Lección 2 세탁소

기본대화

A 이 양복을 드라이클리닝해 주세요.
I want this suit dry cleaned.

끼에로 라바르 엔 세꼬 에스떼 뜨라헤.
Quiero lavar en seco este traje.

B 네, 3일 후에 찾으러 오세요.
Yes, come pick it up in three days.

시, 벵가 아 레꼬헤를로 엔 뜨레스 디아스.
Sí, venga a recogerlo en tres días. ①

A 네, 감사합니다.
Yes, thank you.

시, 그라씨아스.
Sí, gracias.

주요표현

이 옷을 다듬질을 해주세요.
I want this dress pressed, please.

끼에로 에스떼 베스띠도 쁠란차도, 뽀르 파보르.
Quiero este vestido planchado, por favor.

얼룩을 제거해 주시겠어요?
Could you remove the stain?

뽀드리아 끼따르 라 만차?
¿Podría quitar la mancha?

이 치마를 수선해 주시겠어요?
Could you mend this skirt?

뽀드리아 아레글라르 에스따 팔다?
¿Podría arreglar esta falda?

이 옷을 줄여 주세요.
Please have this dress shortened.

레두쓰까 에스따 로빠, 뽀르 파보르.
Reduzca esta ropa, por favor. ②

여기를 박음질해 주세요.
Can you put a seam in here?

뿌에데 뽀네르 우나 꼬스뚜라 아끼?
¿Puede poner una costura aquí?

세탁물을 찾으러 왔습니다.
I came to look for laundry.

비네 아 부스까르 라 로빠 라바다.
Vine a buscar la ropa lavada.

참고하세요

① Sí, venga a recogerlo en tres días 문장은 Sí, venga a buscarlo en tres días 문장으로 바꾸어 사용할 수 있다.

② Reduzca esta ropa, por favor 문장에서 Reduzca('reducir', 줄이다)는 3인칭 명령형이다. 2인칭 명령형은 Reduce이다.

과거분사

1. 과거분사 형태

동사원형	hablar	comer	vivir
과거분사	hablado	comido	vivido

2. 일반적인 용법

* 완료 시제 : haber + 과거분사(~했다, ~하였다)

  Yo **he comprado** tomates.   나는 토마토를 **샀다**.
  María **ha dormido** temprano.   마리아는 일찍 **잤다**.

* 수동태 : ser + 과거분사(~되다, ~하여지다)

  Los productos **fueron vendidos**.   그 제품들은 **판매되었다**.
  El poema **es escrito** por Octavio.   그 시는 옥따비오에 의해서 **쓰여진다**.
  Ella **fue elegida** por la junta directiva.   그녀는 이사회에서 **선출되었다**.

* 형용사 : 명사의 성·수에 일치

  Las casas **vendidas**.   **판매된** 집들.
  El poema **escrito** por Octavio.   옥따비오에 의해서 **쓰여진** 시.

* 부사구(때, 이유 등)의 의미를 표현

  Terminada la reunión, fuimos al bar(때).
  회의가 **끝나고 난 후**, 우리는 바에 갔다.
  Amados mutuamente, ellos se casaron(이유).
  그들은 서로 **사랑했기 때문에** 결혼하였다.

3. 불규칙 동사

* 어미가 -to-로 변하는 동사

  abrir(열다)   abierto   escribir(쓰다)   escrito
  morir(죽다)   muerto   poner(놓다)   puesto

romper(깨다)   roto   ver(보다)   visto

* 어미가 -cho-로 변하는 동사

decir(말하다)   dicho   hacer(하다)   hecho

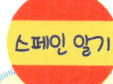

① 현재완료의 과거분사는 항상 단수로, 수동태의 과거분사는 항상 주어의 성·수에 일치해야 한다.

　　Nosotros **hemos comprado** tomates.　　　우리들은 토마토를 **샀다**(현재완료).
　　Las flores **fueron importadas**.　　　　　그 꽃들은 **수입되었다**(수동태).

서로 너무 다른 아메리카

북미와 중남미는 같은 신대륙임에도 불구하고 너무 다른 양상을 보이고 있다. 미국 등 북미 국가는 세계 최고의 국가로서 역할을 하고 있는 반면에 대부분 중남미 국가들은 아직도 불평등하고 불안한 상황이 지속되고 있다. 왜 같은 대륙이면서도 이렇게 다른 양상을 보이고 있는 것일까? 그 이유는 미국을 건설한 청교도들은 영국으로부터 정치적, 종교적 자유를 찾아 가족 단위로 이주를 하여 그들만의 새로운 세상을 만들려고 노력하였다. 하지만 중남미에 건너온 스페인 사람들은 대부분이 남성들로 구성되어 스페인식 중세 봉건적 사회를 그대로 유지하였고 스페인 보다 더 엄격한 신분 체계를 만들었다. 대지주, 성직자, 군인 등은 최상층부를 구성하였고 원주민들은 노예보다 못한 생활을 하였다. 스페인의 아메리카 식민지화는 금·은과 같은 자원의 착취였고 이들이 가져간 금·은 보화는 유럽에 들어와 자본주의의 젖줄이 되었고 산업혁명의 촉매 역할을 하였다.

Lección 3   카센터

기본대화

A 제 차가 어디에 문제가 있습니까?
What's wrong with my car?
께 쁘로블레마 띠에네 미 꼬체?
¿Qué problema tiene mi coche?

B 점검해 보겠습니다.
Let me take a look.
데헤메 베르.
Déjeme ver.

A 언제 완료됩니까?
When will it be completed?
꾸안도 에스따라 리스또?
¿Cuándo estará listo?

B 내일 2시에 완료될 겁니다.
It will be finished tomorrow at 2:00.
에스따라 리스또 마냐나 아 라스 도스 데 라 따르데.
Estará listo mañana a las dos de la tarde.

주요표현

차에서 이상한 소리가 납니다.
The car is making a strange noise.
엘 꼬체 에스따 아씨엔도 운 루이도 엑스뜨라뇨.
El coche está haciendo un ruido extraño.

차가 펑크났어요.
I have a flat tire.
뗑고 우나 루에다 삔차다.
Tengo una rueda pinchada.[①]

그것을 고치는 데 얼마나 걸릴까요?
How long will it take to fix it?
꾸안또 띠엠뽀 따르다라 엔 레빠라를로?
¿Cuánto tiempo tardará en repararlo?

견적 좀 내주시겠습니까?
Could you give me an estimate?
뽀드리아 다르메 엘 쁘레수뿌에스또?
¿Podría darme el presupuesto?

타이어 공기압을 점검해줄 수 있나요?
Can you check the tire pressure?
뿌에데 꼼쁘로바르 라 쁘레시온 데 로스 네우마띠꼬스?
¿Puede comprobar la presión de los neumáticos?

제 차는 언제 찾을 수 있나요?
When can I bring back my car?
꾸안도 뿌에도 레꼬헤르 엘 꼬체?
¿Cuándo puedo recoger el coche?

견인 좀 부탁해요.
Please tow my car.
뽀르 파보르 레몰께 미 꼬체.
Por favor remolque mi coche.[②]

참고하세요

① Tengo una rueda pinchada 문장은 La rueda se ha pinchado 문장으로 바꾸어 사용할 수 있다.
② remolque는 remolcar(견인하다)의 3인칭 명령형이다. 2인칭 명령형은 remolca이다.

Lección 4 — 미용실

기본대화

A 짧게 커트하고 싶습니다.
I'd like to cut my hair short.
메 구스따리아 꼬르따르메 엘 뻴로 꼬르또.
Me gustaría cortarme el pelo corto.

B 얼마나 자르기를 원합니까?
How much do you want to cut off?
꾸안또 끼에레 께 세 로 꼬르떼?
¿Cuánto quiere que se lo corte?

A 어깨 길이만큼 잘라 주세요.
Please cut it shoulder length.
뽀르 파보르, 꼬르뗄로 아스따 로스 옴브로스.
Por favor, córtelo hasta los hombros.

주요표현

파마를 하고 싶습니다.
I'd like to get a perm.
끼에로 아쎄르메 라 뻬르마넨떼.
Quiero hacerme la permanente.

어떤 스타일의 파마를 원합니까?
What style of perm do you want?
께 에스띨로 데 뻬르마넨떼 끼에레?
¿Qué estilo de permanente quiere?

머리 염색을 하고 싶어요.
I want to dye my hair.
끼에로 떼니르메 미 뻴로.
Quiero teñirme mi pelo.

갈색으로 염색해 주세요.
I'd like to dye my hair brown.
끼에로 떼니르메 엘 까베요 데 마론.
Quiero teñirme el cabello de marrón.

거울을 보여줄 수 있나요?
Can I see in the mirror?
뿌에도 베를로 엔 엘 에스뻬호?
¿Puedo ver en el espejo? ①

손톱 손질을 하고 싶어요.
I'd like a manicure.
메 구스따리아 아쎄르메 라 마니꾸라.
Me gustaría hacerme la manicura. ②

> **참고하세요**
>
> ① ¿Puedo ver en el espejo? 문장은 ¿Tienes un espejo, por favor? 문장으로 바꾸어 사용할 수 있다.
> ② Me gustaría hacerme la manicura 문장은 Quiero que me arregle las uñas 문장으로 바꾸어 사용할 수 있다.

Lección 5 — 은행

기본대화

A 계좌를 개설하고 싶습니다.
I'd like to open an account.
끼에로 아브리르 우나 꾸엔따.
Quiero abrir una cuenta.

B 신분증 좀 주시겠습니까?
Could you give me some identification?
메 뽀드리아 다르 알구나 이덴띠피까씨온?
¿Me podría dar alguna identificación?

A 여기 있습니다.
Here it is.
아끼 에스따.
Aquí está.

주요표현

유로를 달러로 바꾸어 주세요.
Please change euro to dollar.
뽀르 파보르 깜비에 데 에우로 아 돌라르.
Por favor cambie de euro a dólar.

직불 카드를 만들어 주세요.
I'd like to request a debit card.
끼에로 솔리씨따르 우나 따르헤따 데 데비또.
Quiero solicitar una tarjeta de débito.

오늘 환율이 얼마입니까?
What's the exchange rate today?
꾸알 에스 엘 띠뽀 데 깜비오 데 오이?
¿Cuál es el tipo de cambio de hoy?

대출을 받고 싶습니다.
I'd like to get a loan.
메 구스따리아 오브떼네르 운 쁘레스따모.
Me gustaría obtener un préstamo.

잔돈으로 바꾸어 주실 수 있어요?
Can I get this in change?
뽀드리아 깜비아르메 엔 디네로 수엘또?
¿Podría cambiarme en dinero suelto? ①

카드를 분실했어요. 정지해 주세요.
I lost my card. Could you cancel it?
뻬르디 미 따르헤따. 뽀드리아 깐쎌라를라?
Perdí mi tarjeta. ¿Podría cancelarla? ②

참고하세요

① ¿Podría cambiarme en dinero suelto? 문장은 Cámbieme en sencillo(잔돈, 주로 중남미에서 사용), por favor 문장으로 바꾸어 사용할 수 있다.

② Perdí mi tarjeta. ¿Podría cancelarla? 문장은 He perdido mi tarjeta. Bloquéela ('bloquear'의 3인칭 명령형, 차단하다), por favor 문장으로 바꾸어 사용할 수 있다.

Lección 6 우체국

기본대화

A 이 소포를 한국으로 보내고 싶습니다.
I'd like to send this package to Korea.

메 구스따리아 엔비아르 에스떼 빠께떼 아 꼬레아.
Me gustaría enviar este paquete a Corea.

B 무엇이 들어 있습니까?
What's in it?

께 아이 덴뜨로?
¿Qué hay dentro?

A 기념품이 들어 있어요.
There's a souvenir.

아이 운 수베니르.
Hay un souvenir.

B 소포를 보내는데 20유로입니다.
It's 20 euros to send the package.

손 베인떼 에우로스 빠라 엠비아르 엘 빠께떼.
Son 20 euros para enviar el paquete.

A 여기 있습니다.
Here you are.

아끼 에스따
Aquí está.

주요표현

우표를 좀 사고 싶어요. I'd like to buy some stamps.	끼에로 꼼쁘라르 셀료스 데 꼬레오스. Quiero comprar sellos de correos.
등기로 이 편지를 부쳐 주세요. Please send this letter by registered mail.	뽀르 파보르, 엠비에 에스따 까르따 뽀르 꼬레오 쎄르띠피까도. Por favor, envíe esta carta por correo certificado.
한국에 도착하는데 얼마나 걸립니까? How long does it take to arrive in Korea?	꾸안또 따르다 엔 예가르 아 꼬레아? ¿Cuánto tarda en llegar a Corea?
항공우편은 없어요? Do you have airmail?	띠에네 꼬레오 아에레오? ¿Tiene correo aéreo?
우편물을 찾으러 왔어요. I'm here for my mail.	에스또이 아끼 뽀르 미 꼬레오. Estoy aquí por mi correo.[1]

> **참고하세요**

① Estoy aquí por mi correo 문장은 Vengo a recoger mi correo 문장으로 바꾸어 사용할 수 있다.

Lección 7   약국

기본대화

A 무엇을 도와드릴까요?
How may I help you?
꼬모 뿌에도 아유다를레?
¿Cómo puedo ayudarle?

B 여기 처방전을 가지고 왔습니다.
I brought a prescription here.
뜨라헤 우나 레쎄따 아끼.
Traje una receta aquí.

A 잠시만요, 여기 있습니다.
Wait a minute, here it is.
에스뻬레 운 미누또, 아끼 에스따.
Espere un minuto, aquí está.

B 감사합니다. 안녕히 계세요.
Thank you. Good-bye.
그라씨아스. 아디오스.
Gracias. Adiós.

주요표현

소화제 좀 주세요.
Please give me some digestive medicine.
뽀르 파보르, 데메 우나 메디씨나 디헤스띠바.
Por favor, deme una medicina digestiva.

두통약 좀 주세요.
I'd like some medicine for a headache.
메 구스따리아 운 뽀꼬 데 메디씨나 빠라 엘 돌로르 데 까베싸.
Me gustaría un poco de medicina para el dolor de cabeza.

파스 좀 주세요.
I'd like some patches, please.
메 구스따리아 알구노스 빠르체스, 뽀르 파보르.
Me gustaría algunos parches, por favor.

감기약 있어요?
Do you have any medication for a cold?
띠에네 메디까멘또 빠라 엘 레스프리아도?
¿Tiene medicamento para el resfriado?

마스크 두장 주세요.
Please give me two masks.
뽀르 파보르, 데메 도스 마스까리야스.
Por favor, deme dos mascarillas.

좋은 영양제 좀 주세요.
Please give me good nutritional supplements.
뽀르 파보르, 데메 운 부엔 수쁠레멘또 누뜨리씨오날.
Por favor, deme un buen suplemento nutricional.

식사 후에 약을 드세요.
Take medicine after meals, please.
또메 라 메디씨나 데스뿌에스 데 꼬메르, 뽀르 파보르.
Tome la medicina después de comer, por favor.

Lección 8   병원

기본대화

A 다음주 월요일에 진료를 예약하고 싶습니다.
I would like to make an appointment for next Monday.
메 구스따리아 아쎄르 우나 레세르바 빠라 엘 쁘록시모 루네스.
Me gustaría hacer una reserva para el próximo lunes.

B 10시에 괜찮으시겠어요?
Are you okay at 10 o'clock?
에스따 비엔 아 라스 디에쓰 엔 뿐또?
¿Está bien a las 10 en punto?

A 좋습니다. 10시에 병원으로 가겠습니다.
Great. I'll go to the hospital at 10.
뻬르펙또, 이레 알 오스삐딸 아 라스 디에쓰.
Perfecto, Iré al hospital a las 10.

주요표현

좋은 의사를 추천해 주시겠습니까?
Can you recommend a good doctor?
뿌에데 레꼬멘다르메 운 부엔 독또르?
¿Puede recomendarme un buen doctor?

진료를 받고 싶습니다.
I'd like to see a doctor.
끼에로 베르 아 운 메디꼬.
Quiero ver a un médico.

얼마동안 기다려야 해요?
How long do I have to wait?
꾸안또 띠엠뽀 뗑고 께 데스뻬라르?
¿Cuánto tiempo tengo que esperar?

전에 오신적이 있나요?
Have you been here before?
아 에스따도 아끼 안떼스?
¿Ha estado aquí antes?

정밀 건강진단을 받도 싶습니다.
I'd like to have a thorough medical checkup.
메 구스따리아 떼네르 운 체께오 메디꼬 꼼쁠레또.
Me gustaría tener un chequeo médico completo.

의사께서 곧 당신을 진찰할 겁니다.
The doctor will examine you soon.
엘 메디꼬 레 엑사미나라 쁘론또.
El médico le examinará pronto.

일상 생활   265

Lección 9   도서관

기본대화

A 이 책들을 대출하고 싶습니다.
I'd like to check out these books.

끼에로 뻬디르 쁘레스따도 에스또스 리브로스.
Quiero pedir prestado estos libros.

B 학생증 좀 보여주시겠습니까?
Can I see your student ID?

뿌에도 베르 수 이덴띠피까씨온 데 에스뚜디안떼?
¿Puedo ver su identificación de estudiante?

A 여기 있습니다.
Here you are.

아끼 에스따.
Aquí está.

주요표현

그 책은 1주일간 대출할 수 있습니다. You can check out the book for a week.	뿌에데 뻬디르 쁘레스따도 엘 리브로 뽀르 우나 세마나. Puede pedir prestado el libro por una semana.
경제에 관한 서가가 어디에 있나요? Where can I find the section on economics?	돈데 뿌에도 엥꼰뜨라르 라 섹씨온 데 에꼬노미아? ¿Dónde puedo encontrar la sección de economía?
이 잡지를 빌리고 싶어요. I want to check this magazine out.	끼에로 뻬디르 쁘레스따도 에스떼 레비스따. Quiero pedir prestado esta revista.
하루에 몇 권 빌릴 수 있어요? How many books can I check out per day?	꾸안또스 리브로스 뿌에도 뻬디르 쁘레스따도 뽀르 디아? ¿Cuántos libros puedo pedir prestado por día?
얼마동안 책을 빌릴 수 있나요? How long can I check books out?	두란떼 꾸안또 띠엠뽀 뿌에도 뻬디르 쁘레스따도 로스 리브로스? ¿Durante cuánto tiempo puedo pedir prestado los libros? ①

> **참고하세요**
>
> ① ¿Durante cuánto tiempo puedo pedir prestado los libros? 문장은 ¿Por cuántos días se prestan los libros? 문장으로 바꾸어 사용할 수 있다.

Lección 10 학교진학

기본대화

A 학교 졸업 후에 어떻게 할려고 하니?
What are you going to do after graduation?

께 바 아 아쎄르 데스뿌에스 데 라 그라두아씨온?
¿Qué vas a hacer después de la graduación?

B 대학교에 갈려고 해.
I'm going to go to college.

보이 아 이르 아 라 우니베르시닫.
Voy a ir a la universidad.

A 어느 대학교에 진학할려고 하니?
Which university are you going to enter?

아 께 우니베르시닫 바스 아 잉그레사르?
¿A qué universidad vas a ingresar?

B 서울에 있는 대학교에 가려고 해.
I'm going to go to a university in Seoul.

보이 아 이르 아 우나 우니베르시닫 엔 세울.
Voy a ir a una universidad en Seúl.

주요표현

전공은 결정했어?
Have you decided on your major?

떼 아스 데씨디도 뽀르 뚜 까레라?
¿Te has decidido por tu carrera?

역사를 전공할 예정이야.
I am going to major in history.

보이 아 에스뻬씨알리싸르메 엔 이스또리아.
Voy a especializarme en historia.

나는 일하면서 대학을 다닐 거야.
I will go to college while working.

이레 아 라 우니베르시닫 미엔뜨라스 뜨라바호.
Iré a la universidad mientras trabajo.

아직 결정하지 못했어.
I haven't decided yet.

또다비아 노 메 에 데씨디도.
Todavía no me he decidido.

어느 대학교에 관심이 있니?
Which university are you interested in?

엔 께 우니베르시닫 에스따스 인떼레사도?
¿En qué universidad estás interesado?

일상 생활

Lección 11 — 대학지원

기본대화

A 입학에 필요한 서류는 무엇입니까?
What documents are required for admission?
께 도꾸멘또스 세 레끼에렌 빠라 라 아드미시온?
¿Qué documentos se requieren para la admisión?

B 안내 책자에 있습니다.
It's in the brochure.
에스따 엔 엘 포예또.
Está en el folleto.

A 지원 마감일은 언제입니까?
When is your final date to apply?
꾸안도 에스 라 페차 피날 빠라 아쁠리까르?
¿Cuándo es la fecha final para aplicar?

B 1월 30일입니다.
It's January 30th.
에스 엘 뜨레인따 데 에네로.
Es el treinta de enero.

주요표현

3개 대학교를 지원했습니다.
I applied for 3 universities.
아쁠리께 엔 뜨레스 우니베르시다데스.
Apliqué en tres universidades.

내가 열심히 공부했더라면 대학교에 있었을텐데.
If I had studied hard, I would have been in college.
시 우비에라 에스뚜디아도 무쵸, 아브리아 에스따도 엔 라 우니베르시닫.
Si hubiera estudiado mucho, habría estado en la universidad.

입학에 필요한 것이 무엇입니까?
What do I need for admission?
께 네쎄시또 빠라 라 아드미시온?
¿Qué necesito para la admisión?

언제 입학을 발표합니까?
When do you announce admissions?
꾸안도 아눈씨아 라스 아드미시온네스?
¿Cuándo anuncia las admisiones?

가을 학기에 시작할 수 있나요?
Can I start the fall semester?
뿌에도 꼬멘싸르 엘 세메스뜨레 데 오또뇨?
¿Puedo comenzar el semestre de otoño?

영어 시험점수가 필요합니까?
Do I need English test scores?
네쎄시또 레술따도스 데 엑사메네스 데 잉글레스?
¿Necesito resultados de exámenes de inglés?

외국학생을 위한 장학제도가 있습니까?
Is there a scholarship system for foreign students?
아이 알군 시스떼마 데 베까 빠라 에스뚜디안떼스 에스뜨랑헤로스?
¿Hay algún sistema de beca para estudiantes extranjeros?

가정문

1. si + 직설법 : 현실성 있는 단순한 가정을 표현

* 단순한 현재 가정 : si + 주어 + 직설법 현재시제, 주어 + 직설법 현재시제 또는 미래시제

    Si hace buen tiempo, **vamos** al parque. 　 날씨가 **좋다면** 공원으로 갑시다.
    Si me **pides perdón**, te **daré** dulces. 　 나에게 **사과한다면** 과자를 줄 것이다.
    Si Antonio **viene, preguntaré**. 　 안토니오가 **오는지를** 물어보겠다.

* 단순한 과거 가정 : si + 주어 + 직설법 과거시제, 주어 + 직설법 과거시제 또는 현재시제

    Si lo **sabías**, ¿por qué **no** me lo **dijiste**?
    　 네가 그것을 알고 있었더라면, 왜 나에게 그것을 말 안 했니?
    Si compraste el billete, **pago** el precio.
    　 네가 표를 샀다면, 나는 그 가격을 지불한다.

> **참고하세요**
>
> ① si + 직설법일 때에는 직설법 미래시제는 사용하지 않는다.
>
> **Si hace** buen tiempo, vamos al parque. 　 날씨가 좋다면 공원으로 갑시다(○).
> **Si hará** buen tiempo, vamos al parque. 　 날씨가 좋다면 공원으로 갑시다(×).

2. si + 접속법 : 현재, 과거 사실에 반대 표현

* 현재사실에 반대 : si + 주어 + 접속법 과거시제(불완료과거), 주어 + 조건법

    Si me **dieras** el dinero, lo **compraría**. 　 네가 나에게 돈을 **준다면** 그것을 **살텐데**.
    Si yo **fuera rico**, te **amaría**. 　 내가 **부자이라면** 너를 **사랑할텐데**.

* 과거사실에 반대 : si + 주어 + 접속법 완료시제, 주어 + 조건법 완료시제

    Si tú **hubieras**(hubieses) **ido** más temprano, **habrías tomado** el tren.
    　 네가 더 일찍 갔었더라면, 너는 기차를 **탈 수 있었을 것이다**.
    Si no hubiera llovido mucho, yo **habría**(hubiera) **partido** a Pusan.
    　 비가 많이 오지 않았더라면, 나는 부산으로 **출발했을텐데**.

> **참고하세요**
>
> ① 스페인에서는 접속법 불완료과거형(ra형, se형) 모두 사용한다. 하지만 중남미에서는 주로 ra형 위주

로 사용하는 경향이 있다.

Si tú **hubieses ido** más temprano, **habrías tomado** el tren.
네가 더 일찍 **갔었더라면**, 너는 기차를 **탈 수 있었을 것이다**.

스페인 알기

스페인과 한국이 닮은 것은?

스페인과 한국은 닮은 점이 너무 많다. 유라시아 서쪽 끝에 있는 스페인과 동쪽 끝에 있는 한국은 모두 반도국가이다. 이러한 지리적 요충지로 인해 스페인은 유럽에서 가장 외적의 침입을 많이 받은 나라이다. 또한 경제를 부흥시켜 놓고도 독재자 길을 걸었던 프랑꼬 총통에 대한 인식이 우리나라의 박정희 전 대통령에 대한 인식과도 상당히 겹친다. 정열적이면서 춤과 노래를 좋아하는 스페인 사람들의 성격도 우리네와 너무나 닮아 있다. 그래서 유럽에서 가장 친절한 국민을 꼽으라면 당연히 스페인 사람일게다. 음식 문화도 매우 흡사하다. 모든 음식에 마늘이 들어가고 싱싱한 생굴을 고급 음식으로 먹고 젓갈류도 주변 시장에서 쉽게 볼 수 있다. 유럽과 아시아 끝에 위치한 두 나라가 멀리 떨어져 있지만 서로 유사점이 많다는 게 신기하고 놀랍다.

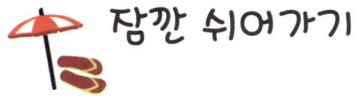

스페인의 대표적인 먹을거리

볼거리뿐만 아니라 먹을거리도 풍부한 스페인. 이 모든 먹을거리에 올리브유를 사용하고 마늘과 양파가 많이 들어간다는 공통점을 가지고 있다. 또한 빵과 샐러드를 함께 먹거나 식사 중 와인이 빠지지 않고 거의 물처럼 마시는 공통적인 음식문화가 있다.

하지만 스페인을 여행하다 보면 각 지방마다 고유의 음식문화가 있고 이것이 수백년의 문화와 역사의 흔적을 그대로 보여주고 있다. 그래서 스페인에서의 음식은 강한 지방색을 나타내주는 것으로 비추어 주는데 다음과 같은 음식이 대표적인 것들이다.

1. 하몬(Jamón) : 스페인의 모든 음식과 함께먹는 하몬은 우리나라의 김치와 같은 존재이다. 스페인 사람들의 하몬 사랑은 우리나라 사람들의 김치사랑보다 더 강하면 강했지 약하지 않다. 하몬은 '베요따'라고 하는 도토리 열매를 먹고 자란 돼지의 뒷다리를 소금으로 염장 처리한 후 건조시키고 숙성한 것이다. 오랫동안 숙성시킨 하몬일수록 맛이 더 부드럽고 비싸다. 하몬 중 남부 안달루시아의 하부고 하몬을 제일 상품으로 쳐 준다.

2. 따빠스(Tapas) : 따빠스는 '덮개'라는 의미로 유리잔에 술을 따른 후 파리나 먼지가 들어가지 않도록 빵 한 조각을 올려놓던 것이 기원이다. 현재는 또르띠야 하몬, 샐러드 등의 다양한 음식들을 조금씩 빵에 올려놓고 먹는 음식이다. 따빠스를 좋아하는 스페인 사람들은 식사 전에 간식처럼, 술과 함께 곁들여 먹는 안주처럼 먹는데 그 종류는 수십, 수백 가지가 넘는다. 스페인 북부 지방에서는 이쑤시개로 꽂아서 나오는 따빠스 일종인 삔초스(Pinchos)를 즐겨 먹는다.

3. 빠에야(Paella) : 빠에야라는 이름은 이 음식을 찌는 둥근 프라이팬의 명칭을 뜻하며 발렌시아 지방에서 유래되었다. 세상에서 가장 비싼 향신료인 샤프란과 쌀, 닭이나 토끼고기, 다양한 해물을 넣고 찐 음식이다. 우리나라의 볶음밥과 비슷하며 일반식당에서는 2인분 이상을 주문해야 먹을 수 있으나 관광지역에서는 1인분도 파는 식당이 늘어나고 있다.

4. 꼬치니요 아사도(Cochinillo Asado) : 세비야를 중심으로 한 까스띠야 지방의 대표적인 음식이다. 이 음식은 1개월 전후의 새끼돼지를 올리브유와 와인을 뿌려가면서 피부색이 황금빛을 띨 때까지 굽는다. 유명한 식당에서는 주인이 직접 손님 앞에서 접시로 고기를 잘라주고 다 끝난 다음에 접시를 깨뜨리는 모습을 보여준다. 이 고기가 그 만큼 어린 돼지로 만들었고 부드럽다는 것을 알려주기 위해서이다.

Capítulo 13

개인 생활

생년월일, 기상 및 취침, 가족 관계, 개인 신상, 여가와 취미, 날씨, 집안 일, 음식 만들기, 식사

Lección 1 생년월일

기본대화

A	나이가 어떻게 되십니까? What's your age?	꾸알 에스 수 에닫? ¿Cuál es su edad?
B	스물 다섯 살이에요. I'm 25 years old.	뗑고 베인티씬꼬 아뇨스. Tengo 25 años.
A	언제 태어났습니까? When were you born?	꾸안도 나씨오? ¿Cuándo nació?
B	10월 19일에 태어났습니다. I was born on October 19th.	나씨 엘 디에씨누에베 데 옥뚜브레. Nací el 19 de octubre.

주요표현

몇 살인지 여쭤 봐도 될까요? May I ask how old you are?	뿌에도 쁘레군따를레 꾸안또스 아뇨스 띠에네? ¿Puedo preguntarle cuántos años tiene?
당신은 저와 동갑입니다. You are my age.	띠에네 미 에닫. Tiene mi edad. ①
생일이 언제입니까? When is your birthday?	꾸안도 에스 수 꿈쁠레아뇨스? ¿Cuándo es su cumpleaños?
몇 년생이십니까? What year were you born?	엔 께 아뇨 나씨오? ¿En qué año nació?
저보다 두 살 많으시네요. You're two years older than I am.	우스뗃 띠에네 도스 아뇨스 마스 께 요. Ud. tiene dos años más que yo. ②
나는 1998년에 태어났어요. I was born in 1998.	나씨 엔 1998. Nací en 1998.
나이에 비해 어려 보여요. You look young for your age.	빠레쎄 호벤 빠라 수 에닫. Parece joven para su edad.

참고하세요

① Tiene mi edad 문장은 Tenemos la misma edad 문장으로 바꾸어 사용할 수 있다.
② Ud. tiene dos años más que yo의 문장은 비교급을 사용하고 있다. 세부내용은 P 157을 참고하세요.

Lección 2   기상 및 취침

기본대화

A	아침 몇 시에 일어납니까? What time do you get up in the morning?	아 께 오라 세 레반따 뽀르 라 마냐나? ¿A qué hora se levanta por la mañana?
B	아침 여섯 시에 일어납니다. At six in the morning	아 라스 세이스 데 라 마냐나. A las seis de la mañana.
A	나 보다 일찍 일어나네요. You get up earlier than I do.	세 레반따 마스 뗌쁘라노 께 요. Se levanta más temprano que yo.

주요표현

나는 매일 다섯 시에 일어난다. I get up at five every day.	메 레반또 아 라스 씬꼬 또도스 로스 디아스. Me levanto a las cinco todos los días.
너무 일찍 일어나서 피곤하다. I'm tired because I got up early.	에스또이 깐사도 뽀르께 메 레반떼 뗌쁘라노. Estoy cansado porque me levanté temprano.
소음 때문에 잠을 못 잤어요. I couldn't sleep because of the noise.	노 뿌데 도르미르 뽀르 엘 루이도. No pude dormir por el ruido.
너는 얼굴이 좋아 보인다. You look good.	떼 베스 비엔. Te ves bien.①
나는 일어나자 마자 샤워한다. I take a shower as soon as I wake up.	메 두초 딴 쁘론또 꼬모 메 데스뻬에르또. Me ducho tan pronto como me despierto.
잠자기 전에 항상 기도한다. I always pray before I go to bed.	시엠쁘레 레쏘 안떼스 데 이르메 아 라 까마. Siempre rezo antes de irme a la cama.
잠이 오지 않으면 음악을 듣는다. If I can't sleep, I listen to music.	시 노 뿌에도 도르미르, 에스꾸초 무시까. Si no puedo dormir, escucho música.
어제 밤을 새웠어. I was up all night.	에스뚜베 데스뻬에르또 또다 라 노체. Estuve despierto toda la noche.

참고하세요

① Te ves bien 문장은 Tienes buena cara 문장으로 사용할 수 있다.

Lección 3   가족 관계

기본대화

A 아이들이 몇 명입니까?
How many children do you have?
꾸안또스 이호스 띠에네?
¿Cuántos hijos tiene?

B 딸 두명이 있습니다.
I have two daughters.
뗑고 도스 이하스.
Tengo dos hijas.

주요표현

저는 부모님과 함께 살고 있습니다. I live with my parents.	비보 꼰 미스 빠드레스. Vivo con mis padres.
우리들은 아이를 가질 생각입니다. We're going to have a baby.	노소뜨로스 바모스 아 떼네르 운 베베. Nosotros vamos a tener un bebé.
결혼했습니까? Are you married?	에스따 까사도? ¿Está casado?
저는 독자예요. I'm an only child.	소이 이호 우니꼬. Soy hijo único.
나는 맏이예요. I'm the oldest.	소이 엘 마요르. Soy el mayor.①
나는 막내예요. I'm the youngest.	소이 엘 메노르. Soy el menor.
5살된 딸 아이가 있습니다. I have a 5 year old daughter.	뗑고 우나 이하 데 씬꼬 아뇨스. Tengo una hija de 5 años.
매우 화목한 가족이에요. We are a very harmonious family.	소모스 우나 파밀리아 무이 아르모니오사. Somos una familia muy armoniosa.②
우리 아버지는 매우 엄격해요. My father is very strict.	미 빠드레 에스 무이 에스뜨릭또. Mi padre es muy estricto.

참고하세요

① el mayor, el menor는 grande, pequeño의 최상급 표현이다. 세부내용은 P 157을 참고하세요.
② Somos una familia muy armoniosa 문장은 Somos una familia muy feliz 문장으로 바꾸어 사용할 수 있다.

Lección 4 — 개인 신상

기본대화

A 어느 대학교를 졸업하였습니까?
Which university did you graduate from?
데 께 우니베르시닫 세 그라두오?
¿De qué universidad se graduó?

B UIA 대학교를 졸업했습니다.
I graduated from UIA University.
메 그라두에 데 라 우니베르시닫 우이아.
Me gradué de la Universidad UIA.

주요표현

어느 학교에 다니나요? Which school do you go to?	아 께 에스꾸엘라 바? ¿A qué escuela va?
학교는 어디에서 다녔어요? Where did you go to school?	아 께 에스꾸엘라 푸에? ¿A qué escuela fue? ①
대학교에서 경제학을 전공했습니다. I specialized in economics at the university.	메 에스뻬씨알리쎄 엔 에꼬노미아 엔 라 우니베르시닫. Me especialicé en economía en la universidad.
나는 마드리드에서 삽니다. I live in Madrid.	비보 엔 마드리드. Vivo en Madrid.
고향이 어디죠? Where is your hometown?	꾸알 에스 수 씨우닫 나딸? ¿Cuál es su ciudad natal?
저는 천주교 신자입니다. I'm a Catholic.	소이 까똘리꼬. Soy católico.
저는 불교 신자입니다. I am a Buddhist.	소이 부디스따. Soy budista.
저는 기독교 신자입니다. I am a Christian.	소이 끄리스띠아노. Soy cristiano.

참고하세요

① ¿A qué escuela fue?에서 fue는 'ir'의 2인칭 단순 과거형이다.

Lección 5 · 여가와 취미

기본대화

A 주말에 특별한 계획이 있나요?
Do you have any special plans for the weekend?
띠에네 알군 쁠란 에스뻬씨알 빠라 엘 핀 데 세마나?
¿Tiene algún plan especial para el fin de semana?

B 등산을 생각하고 있습니다.
I'm thinking of hiking.
에스또이 뺀산도 엔 센데리스모.
Estoy pensando en senderismo.

주요표현

어떻게 여가시간을 보내나요? How do you spend your leisure time?	꼬모 빠사 수 띠엠뽀 리브레? ¿Cómo pasa su tiempo libre?
기분 전환을 위해 무엇을 하세요? What do you do for fun?	께 아쎄 빠라 디베르띠르세? ¿Qué hace para divertirse?
주말마다 주로 무엇을 해요? What do you do on weekends?	께 아쎄 로스 피네스 데 세마나? ¿Qué hace los fines de semana?
취미가 무엇이에요? What is your hobby?	꾸알 에스 수 빠사띠엠뽀? ¿Cuál es su pasatiempo? ①
여행하는 것을 좋아해요. I like to travel.	메 구스따 비아하르. Me gusta viajar.
운동하는 것을 좋아합니다. I enjoy exercising.	메 구스따 아쎄르 에헤르씨씨오. Me gusta hacer ejercicio.
뮤지컬 보는 것을 좋아해요. I like seeing musicals.	메 구스따 베르 무시깔레스. Me gusta ver musicales.
어떤 음악을 좋아하세요? What kind of music do you like?	께 띠뽀 데 무시까 레 구스따? ¿Qué tipo de música le gusta?
어떻게 그림을 그리게 되셨나요? How did you start painting?	꼬모 엠뻬쏘 아 삔따르? ¿Cómo empezó a pintar?

참고하세요

① ¿Cuál es su pasatiempo?의 문장은 ¿Cuál es su afición?으로 사용할 수 있다.

Lección 6 — 날씨

기본대화

A 내일 날씨는 어떻대요?
How is the weather tomorrow?
꼬모 에스따 엘 끌리마 마냐나?
¿Cómo está el clima mañana?

B 비가 올거래요.
It's going to rain.
바 아 요베르.
Va a llover.

주요표현

거기는 날씨가 어때요? What's the weather like there?	께 띠엠뽀 아쎄 아이? ¿Qué tiempo hace ahí?
오늘은 날씨가 화창합니다. It's sunny today.	오이 에스따 솔레아도. Hoy está soleado.
지금 기온이 몇 도예요? What temperature is it now?	께 뗌뻬라뚜라 아쎄 아오라? ¿Qué temperatura hace ahora?
지금 서울은 섭씨 20℃ 입니다. It's 20C(degrees Celsius) in Seoul right now.	아오라 세울 에스따 아 베인떼 그라도스 쎈띠그라도스. Ahora Seúl está a 20 grados centígrados(℃).
안개가 꼈네요. It's foggy.	아이 니에블라. Hay niebla.
내일 오후에 눈이 온다고 하네요. They say it will snow tomorrow afternoon.	엘료스 디쎈 께 네바라 마냐나 뽀르 라 따르데. Ellos dicen que nevará mañana por la tarde.
날씨가 흐리고 바람이 부네요. It's cloudy and windy.	에스따 누블라도 이 벤또소. Está nublado y ventoso.
오늘은 좋은 날씨입니다. Today is good weather.	오이 아쎄 부엔 띠엠뽀. Hoy hace buen tiempo.[1]
날씨가 후덥지근하네요. It's hot and humid.	에스따 깔루로소 이 우메도. Está caluroso y húmedo.[2]

참고하세요

[1] Hoy hace buen tiempo 문장은 Hoy hace un tiempo magnífico 문장으로 바꾸어 사용 할 수 있다.
[2] Está caluroso y húmedo 문장은 Hace calor y humedad 문장으로 바꾸어 사용할 수 있다.

개인 생활

Lección 7 — 집안 일

기본대화

A 오늘은 집안 청소를 합시다.
Let's clean the house today.
바모스 아 림삐아르 라 까사 오이.
Vamos a limpiar la casa hoy.

B 좋아. 먼저 문을 열게.
Okay, I'll open the door first.
부에노, 요 아브리레 라 뿌에르따 쁘리메로.
Bueno, yo abriré la puerta primero.

주요표현

화분에 물 좀 줘.
Please water the pots.
뽀르 파보르 리에가 라스 마쎄따스.
Por favor riega las macetas.

바닥을 닦아 줘.
Please wipe the floor.
뽀르 파보르, 림삐아 엘 삐소.
Por favor, limpia el piso.

청소기 필터를 바꿔야겠어.
I need to change the cleaner filter.
네쎄시또 깜비아르 엘 필뜨로 델 아스뻬라도르.
Necesito cambiar el filtro del aspirador.

쓰레기를 비워줘.
Please empty the trash.
뽀르 파보르, 바씨아 라 바수라.
Por favor, vacía la basura.

먼지를 제거해 줘.
Please remove the dust.
뽀르 파보르, 엘리미나 엘 뽈보.
Por favor, elimina el polvo.

화장실 청소를 깨끗이 해야겠어.
I need to clean the bathroom.
네쎄시또 림삐아르 엘 바뇨.
Necesito limpiar el baño.

변기를 뚫어 줘.
Please unclog the toilet.
뽀르 파보르, 데사따스까 엘 바테르.
Por favor, desatasca el vater.

Lección 8 음식 만들기

기본대화

A 요리하는 것을 좋아해?
Do you like cooking?
떼 구스따 꼬씨나르?
¿Te gusta cocinar?

B 그럼, 한국 요리하는 것을 좋아해.
Yes, I like cooking Korean food.
시, 메 구스따 꼬씨나르 라 꼬미다 꼬레아나.
Sí, me gusta cocinar la comida coreana.

주요표현

나는 불고기 요리하는 것을 좋아해. I like to cook bulgogi.	메 구스따 꼬씨나르 불고기. Me gusta cocinar bulgogi.
김치를 어떻게 만들지? How do you make kimchi?	꼬모 세 아쎄 엘 김치? ¿Cómo se hace el kimchi?
빠에야를 만드는 것이 쉬운가? Is it easy to make paella?	에스 파씰 아쎄르 빠에야? ¿Es fácil hacer paella?
중국 요리를 좋아해? Do you like Chinese food?	떼 구스따 라 꼬미다 치나? ¿Te gusta la comida china?
계란 후라이 해 줘. Make me a fried egg.	아쓰메 운 우에보 프리또. Hazme un huevo frito.
나는 라면을 잘 끓여. I cook ramen well.	꼬씨노 라멘 비엔. Cocino ramen bien.
아침에는 반드시 커피를 마셔야 해. I need my coffee in the morning.	네쎄시또 미 까페 뽀르 라 마냐나. Necesito mi café por la mañana.
보통 오후 여섯 시쯤 저녁을 먹어. I eat dinner around six p.m.	쎄노 알레데도르 데 라스 세이스 데 라 따르데. Ceno alrededor de las seis de la tarde.
요리법을 보면서 요리를 해봐. Try cooking while looking at the recipe.	인뗀따 꼬씨나르 미엔뜨라스 미라스 라 레쎄따. Intenta cocinar mientras miras la receta.[1]

> **참고하세요**
>
> [1] Intenta cocinar mientras miras la receta 문장은 Intenta cocinar siguiendo la receta 문장으로 바꾸어 사용할 수 있다.

Lección 9　식사

기본대화

A 맛이 어떤가?
How does it taste?
꼬모 에스따 엘 사보르?
¿Cómo está el sabor?

B 굉장히 맛있어.
It's very delicious.
에스따 무이 델리씨오소.
Está muy delicioso.①

주요표현

나는 아침 식사를 거르는 편이야. I usually skip breakfast.	노르마멘떼 메 살또 엘 데사유노. Normalmente me salto el desayuno.
어디서 점심식사를 하니? Where do you have lunch?	돈데 꼬메스 엘 알무에르쏘? ¿Dónde comes el almuerzo?
저녁식사로 무엇을 먹을까? What should we have for dinner?	께 노스 구스따리아 빠라 라 쎄나? ¿Qué nos gustaría para la cena?
맛있는 냄새가 나는군. It smells delicious.	우엘레 델리씨오소. Huele delicioso.
비린내가 나네. It smells fishy.	우엘레 아 뻬스까도. Huele a pescado.
이 음식은 너무 매워. This food is too spicy.	에스따 꼬미다 에스 무이 삐깐떼. Esta comida es muy picante.
고기가 아주 연하네. The meat is very tender.	라 까르네 에스 무이 띠에르나. La carne es muy tierna.
소스가 달콤하네. The sauce is sweet.	라 살사 에스 둘쎄. La salsa es dulce.
나는 다이어트 중이야. I'm on a diet.	에스또이 아 디에따. Estoy a dieta.

참고하세요

① Está muy delicioso 문장에서 delicioso는 sabroso, rico, apetitoso 등으로 사용할 수 있다.

추가 문법 익히기 — 국명

1. 스페인어 사용 국가(21개 국가)

국 명	남 성	여 성
Argentina	argentino	argentina
Bolivia	boliviano	boliviana
Chile	chileno	chilena
Colombia	colombiano	colombiana
Costa Rica	costarricense	costarricense
Cuba	cubano	cubana
España	español	española
El salvador	salvadoreño	salvadoreña
Ecuador	ecuatoriano	ecuatoriana
Guinea Ecuatorial	ecuatoguineano	ecuatoguineana
Guatemala	guatemalteco	guatemalteca
Honduras	hondureño	hondureña
México	mexicano	mexicana
Nicaragua	nicaragüense	nicaragüense
Panamá	panameño	panameña
Paraguay	paraguayo	paraguaya
Perú	peruano	peruana
Puerto Rico	portorriqueño	portorriqueña
Republica Dominicana	dominicano	dominicana
Uruguay	uruguayo	uruguaya
Venezuela	venezolano	venezolana

2. 주요 국가

국 명	남 성	여 성
Alemania	alemán	alemana
Australia	australiano	australiana
Bélgica	belga	belga
Canadá	canadiense	canadiense
China	chino	china
Estados Unidos	estadounidense	estadounidense

개인 생활

Francia	francés	francesa
Grecia	griego	griega
Holanda	holandés	holandesa
Inglaterra	inglés	inglesa
Italia	italiano	italiana
India	indio	india
Japón	japonés	japonesa
Rusia	ruso	rusa
Portugal	portugués	portuguesa
Suiza	suizo	suiza
Suecia	sueco	sueca
Corea	coreano	coreana

영어와 함께 스페인어 마스터

초판 2쇄 발행 2026년 1월 10일

지은이 고일권
펴낸이 서덕일
펴낸곳 도서출판 문예림

출판등록 1962.7.12 (제406–1962–1호)
문의사항 카카오문예림 검색, 대화 신청
홈페이지 www.moonyelim.com
전자우편 info@moonyelim.com

ISBN 978-89-7482-946-9 (13770)
이 책은 저작권법에 의해 보호를 받는 저작물이므로 무단 복제·전재·발췌할 수 없습니다.